国家出版基金项目
NATIONAL PUBLICATION FOUNDATION

“十四五”
国家重点出版物
出版规划项目

建设金融强国丛书
主编　张晓晶

数字金融

黄益平　黄卓　谢绚丽／著

SPM 南方传媒 | 广东经济出版社
·广州·

图书在版编目（CIP）数据

数字金融 / 黄益平，黄卓，谢绚丽著. -- 广州：广东经济出版社，2025. 4. --（建设金融强国丛书）. -- ISBN 978-7-5454-9466-2

Ⅰ. F832-39

中国国家版本馆 CIP 数据核字第 2024FD1581 号

策　　划：刘卫平　刘亚平
责任编辑：徐依然　曾常熠
责任校对：李　兰　吴莉娟
责任技编：陆俊帆
封面设计：奇文雲海 CHIVAL design

数字金融
SHUZI JINRONG

出 版 人：刘卫平
出版发行：广东经济出版社（广州市水荫路 11 号 11 ～ 12 楼）
印　　刷：广州市豪威彩色印务有限公司
（广州市增城区宁西街新和南路 4 号一楼 106 房）

开　　本：	787mm×1092mm　1/16	印　　张：	18
版　　次：	2025 年 4 月第 1 版	印　　次：	2025 年 4 月第 1 次
书　　号：	ISBN 978-7-5454-9466-2	字　　数：	259 千字
定　　价：	68.00 元		

发行电话：（020）87393830

总　序

2023年召开的中央金融工作会议提出了加快建设金融强国的宏伟目标。这是以习近平同志为核心的党中央深刻把握国际国内形势变化，立足两个大局，着眼于党和国家事业的长远发展所作出的重大战略部署。当前和今后一个时期的金融工作都要围绕加快建设金融强国这个目标来展开。

纵观公元1500年以来的大国兴衰史，金融在各国的现代化进程中发挥了不可或缺的关键支撑作用。“金融活，经济活；金融稳，经济稳。”作为国民经济的血脉，金融通过发挥资源动员、资源配置、交易媒介、风险管理、价格发现和支付清算等核心功能，为实体经济的发展创造稳定、安全、有活力的货币金融环境。同时也要注意到，金融强国应建立在强大的经济基础之上。“经济兴，金融兴；经济强，金融强。”实体经济是金融的根基，经济的繁荣和强盛为金融的强大提供坚实的物质基础。

当今世界，百年未有之大变局加速演进，大国博弈日趋激烈。俄乌冲突爆发之后出现的一系列对俄金融制裁事件清晰表明，金融是大国博弈的必争之地，金融对强国建设的作用更加凸显。如果一个国家的金融血脉受制于人，甚至被人“卡脖子”，势必导致经济与金融之间的循环不畅，那么该国的现代化进程就有可能迟滞甚至中断。

中国共产党在长期的革命和建设过程中高度重视金融工作。新中国成立70多年来，特别是改革开放40多年来，我国金融改革发展稳定各项工作取得历史性成就，金融业总体规模位居世界前列，金融体制改革沿着市场化法治化方向阔步前行，同时也牢牢守住了不发生系统性金融风险底线，助力创造“两大奇迹”，有力支撑了中国式现代化建设大局。

立足当下，面向未来，我国已进入新发展阶段，中国共产党正带领全国人民朝着全面建成社会主义现代化强国的宏伟目标前进。坚持高质量发展这个新时代的硬道理，推动我国经济实现质的有效提升和量的合理增长，是推进强国建设的必由之路，也为优化金融服务指明了方向和目标。金融乃国之重器，关系中国式现代化建设全局。加快推动金融高质量发展，进而实现我国金融由大到强的历史性转变，是以中国式现代化推进强国建设、民族复兴伟业的必然要求。金融强国建设是一项复杂的系统工程，绝不是轻轻松松、敲锣打鼓就能完成的。在加快建设金融强国的新征程上，我们必须保持历史耐心和战略定力，长期努力，久久为功，蹄疾步稳地做好金融改革发展稳定各项工作。

第一，加快建设金融强国，必须坚持守正创新，在坚定不移走中国特色金融发展之路的前提下不断深化金融体制改革。一方面，作为中国特色金融发展之路基本要义的“八个坚持”，是党和人民推动金融创新发展的经验总结和智慧结晶，必须长期坚持。另一方面，金融强国建设对金融体制改革提出许多新要求新任务，必须牢记金融服务实体经济的初心使命，根据生产力发展要求和金融强国建设要求，不断深化金融体制改革，建立与新质生产力发展相适应的新型生产关系，为金融强国建设提供强大动力。

第二，加快建设金融强国，必须坚持以高质量发展为主题。当前，我国金融发展的基本特征是“大而不强”，说到底就是金融发展质量不高，不能充分满足实体经济和人民群众的金融服务需要。必须坚持经济和金融“一盘棋”思想，统筹推进经济和金融高质量发展，在做好科技金融、绿色金融、普惠金融、养老金融、数字金融五篇大文章的过程中不断增强我国金融的适应性、竞争力和普惠性，逐步从金融大国迈向金融强国。

第三，加快建设金融强国，必须在确保国家金融安全的前提下稳步推进。安全是发展的前提，发展是安全的保障，二者辩证统一，必须把金融发展和金融安全统一到金融强国建设全局中加以系统谋划，系统把握金融发展与金融安全之间的内在关系。一方面，要树立底线思维，增强忧患意识，为推动高质量发展创造安定的环境和稳定的预期；另一方面，要在实现金融稳定的前提下推动经济增长，优化要素禀赋结构，改变力量对比，实现主动安全、动态安全。

在中国式现代化进程中，加快建设金融强国是一项前无古人的伟大事业，需要调动一切积极因素来加以推进，需要一系列主客观条件的支撑和保障。其中，金融强国理论研究的作用不可低估。正如恩格斯所说，“一个民族要想站在科学的最高峰，就一刻也不能没有理论思维”。对金融强国开展系统深入的理论研究，有助于全面总结全球范围内金融强国建设的经验教训，探究我国金融强国建设的历史逻辑、理论逻辑和实践逻辑，为加快建设金融强国提供学理支撑和理论先导。

基于上述考量，我们邀请多位国内一流金融学者，共同编写这套“建设金融强国丛书”，力图对金融强国建设问题进行多层面、多维度的理论透视，激发更多金融学人投身金融强国理论研究，为以金融高质量发展助力强国建设、民族复兴伟业作出积极贡献。

本套丛书由七部专著构成，可以用“1+6”（即“1个总论+6个分论”）来概括。

作为总论的《建设中国特色金融强国》一书由中国社会科学院金融研究所张晓晶、董昀撰写，力图从历史、理论和现实三个维度开展研究，为理解中国特色金融强国建设搭建“四梁八柱”。

在6个分论当中，中金公司彭文生等撰写的《科技金融》，复旦大学陈诗一、李志青、黄明撰写的《绿色金融》，中央财经大学李建军、彭俞超和首都经济贸易大学马思超撰写的《普惠金融》，西南财经大学林义等撰写的《养老金融》，北京大学黄益平、黄卓、谢绚丽撰写的《数字金融》等五部著作围绕做好金融五篇大文章这个总题目展开，深入探讨以做好五篇大文章推动金融高质量发展和金融强国建设的一系列关键问题，涉及相关理论基础、现状、目标、路径、方法等方面。西南财经大学王擎等撰写的《大国金融安全》则从统筹发展和安全的战略视角，系统探讨维护国家金融安全的若干重大理论和现实问题，致力探寻为金融强国建设提供可靠安全屏障的战略路径。

建设金融强国是一项极具开拓性和探索性的事业，需要我们在实践中持续探索。同样，推进中国特色金融强国理论建设、建构中国自主的金融学知识体系，也绝非一朝一夕可以完成的工作，亦需要我们持之以恒地推进。从这个意义上讲，“建设金融强国丛书”的编写和出版只是一个开始。我们恳切期望得到广大同行和各界朋友的批评指正。

張曉晶

2024年11月

目　录

CONTENTS

Chapter 1

第一章

中国特色金融发展道路

第一节

数字技术时代的金融强国建设

金融是资金的融通，其基本功能是通过期限、规模和风险的转换，实现收益共享和风险分担。金融是人类历史上最为伟大的经济发明之一。金融交易的出现，使得规模生产和劳动分工成为可能，从而有效地促进经济发展。诺贝尔经济学奖得主约翰·希克斯曾经作出论断，“工业革命不得不等待金融革命”[1]。在第一次工业革命发生之前，蒸汽机技术早已成熟，但技术只有与相应的金融工具结合，才能催生新的产业，如纺织产业、铁路产业等。从历史演进的角度看，资本在经济发展中有三个重要功能：首先是流动资本，早期资金融通的目的是满足企业日常运营的需要；其次是固定资本，在工业革命发生时，资本就增加了一个新的功能，即通过投资固定资产，形成新的产能；最后是创新资本，一旦创新成为推动经济增长的主要力量，金融支持创新活动的意义就变得十分重大。在当前经济中，资本往往同时具备这三个方面的功能。

我国从1978年开始为重建并改革金融体系而努力，目前已经建立了一个机构数量众多、产品种类丰富、资产规模庞大的金融部门[2]。从经济发展的成绩看，这个新的金融部门发挥了非常积极的作用。不过，近10年来，一些金融矛盾变得日益突出，集中体现在两个方面：一是金融支持实体经济的效率下降；二是系统性金融风险上升。前者的例子包括中小微企业融资难和老百姓投资难，金融支持创新活动的能力也不尽如人意。后者的例子是在中小金融机构、互联网金融、地方融资平台等领域接二连三地出现金融风险。这就引出了未来金融模式的问题：中国经济发展正

[1] 希克斯．经济史理论［M］．厉以平，译．北京：商务印书馆，1987.

[2] 黄益平，王勋．读懂中国金融：金融改革的经济学分析［M］．北京：人民日报出版社，2022.

进入新的阶段，也需要有与新发展阶段相适应的金融部门，持续地支持经济增长。

2023年10月底召开的中央金融工作会议首次提出建设金融强国的新目标，既考虑了当前金融体系中亟须解决的一些问题，又勾画了未来金融体系的蓝图。中央金融工作会议明确指出，“金融是国民经济的血脉，是国家核心竞争力的重要组成部分，要加快建设金融强国，全面加强金融监管，完善金融体制，优化金融服务，防范化解风险，坚定不移走中国特色金融发展之路，推动我国金融高质量发展，为以中国式现代化全面推进强国建设、民族复兴伟业提供有力支撑。”[1]2024年1月，习近平总书记在省部级主要领导干部推动金融高质量发展专题研讨班开班式上强调，金融强国应当基于强大的经济基础，具有领先世界的经济实力、科技实力和综合国力，同时具备一系列关键核心金融要素，即：拥有强大的货币、强大的中央银行、强大的金融机构、强大的国际金融中心、强大的金融监管、强大的金融人才队伍[2]。

金融强国除了需要拥有上述类似于硬配件的关键核心金融要素之外，还需要具备以下三个方面的软实力。一是优质的服务。金融体系应该具备有效服务实体经济的能力，能够提供多样化的金融服务和产品，满足市场需求。这就要求金融部门具有较强的科技与创新能力，能较快地适应不断变化的市场环境。检验金融服务质量的指标很多，比如融资成本、投资回报等，金融服务的普惠金融也是一个特别重要的指标，现在可能还要加上支持创新活动的能力。二是稳健的系统。金融交易的最大挑战是信息不对称，但信息不对称的矛盾不可能完全消失，因此金融风险也很难避免。一个稳健的金融系统要有一套完整的监管框架，以有效地预警并防范金融风险；还得有一个风险处置与化解机制，以有效应对已发生的金融风险。这就要求金融机构、监管部门、中央银行和政府共同努力，既要各自为政，明确分工与责任，又要密切配合，协同作战，守住不发生系统性金融风险的底线。三是强大的国际影

[1]　中央金融工作会议在北京举行[N].人民日报，2023-11-01（1）.

[2]　张莫，向家莹.金融强国六大核心要素明确[N].经济参考报，2024-01-18（1）.

响力。金融强国是全球性的概念，不仅要看全球市场份额，更要看国际话语权。

建设金融强国，意味着金融体系要具备服务优质、系统稳健和国际影响力强大三方面的特征，这是一个非常复杂的系统工程，至少需要从四个方向作出努力。一是深化市场化改革。当前金融体系的一些问题，多少跟市场化改革不彻底有关，市场机制尚未能在资源配置和价格形成中发挥决定性作用，既影响风险定价发挥作用，也不利于金融效率的提升。二是鼓励金融创新。传统的金融模式对过去粗放式的要素投入型增长比较有效，但对创新驱动型增长就有点力不从心，还留有许多普惠金融服务的空白。因此，要鼓励金融创新，更好地缓解信息不对称的矛盾。三是加强金融监管。不同的金融风险有不同的诱发因素，但总体看来，金融监管没有很好地发挥防范风险、化解风险的作用。虽然金融监管体系的人员、机构、规则比较完备，但还需灵活利用政策使之真正落到实处。四是稳慎推进金融国际化。金融国际化包括金融机构跨境展业、资本跨境流动和人民币国际化，在推进的过程中需要维持效率与稳定之间的合理平衡，守住开放条件下的金融安全底线。

当前正在发生的第四次工业革命，为我国的金融强国建设提供了新的方法与途径。2023年10月召开的中央金融工作会议提出做好五篇大文章，即科技金融、绿色金融、普惠金融、养老金融、数字金融。如果说前面四篇大文章明确了金融服务的对象，比如科技金融就是要解决金融如何为科技创新服务的问题，那么最后一篇大文章数字金融应该是一个更为广泛的概念，即如何利用数字技术改善金融的产品、流程和业务模式，提高金融服务的质量。因此，数字金融同样可以支持科技创新、绿色发展等。数字技术可以在金融强国建设中发挥关键性的促进作用，包括支持市场化改革、促进金融创新、加强金融监管和推进金融国际化等。

本书关注的核心问题是中国应该如何走数字化的金融强国道路。在当今世界，数字技术虽然不能帮助解决所有的金融难题，但在金融体系中已经几乎无处不在。虽然数字技术的金融效应并不总是正面、积极的，但它起码提供了一个前所未有的帮助改善金融服务、防范化解风险的机会。事实上，数字技术正在激烈地改变世界各国的金融体系。我国的数字金融革命可以追溯到2004年底支付宝的上线，由此催生了从移动支付到数字信贷、从线上投资到央行数字货币等一系列金融创新。这些数字金融创新不仅触及了海量的长尾客户，服务了传统金融机构很难覆盖的群体，还在就业、收入、消费、统一大市场等方面发挥了积极的作用[1]。应该说，数字金融创新的浪潮才刚刚开始，而我国在一些领域的创新是相对领先的，这为我国利用数字技术建设金融强国提供了千载难逢的机会。

分析“如何走数字化的金融强国之路”这一问题时可以从不同的角度切入、展开具体分析。第一，可以具体分析数字金融对建设金融强国六大关键核心要素的贡献。比如，数字技术如何提升金融机构和中央银行的服务质量、如何改进人民币的国际国内功能、如何加强金融监管等。第二，可以从支撑市场化改革、促进金融创新、加强金融监管和推进金融国际化等四个大方向来阐述数字技术的作用。比如，数字技术如何缓解普惠金融客户群体信息不对称的问题，以及如何缓解中小微企业融资难的矛盾。第三，可以从优质的服务、稳健的系统和强大的国际影响力等三大功能的视角看数字技术可以提供的帮助。比如，数字技术在金融中的应用会对金融风险的形成和传导产生什么样的影响，更重要的是，应该采取什么样的监管手段来维持系统的稳定。毫无疑问，这三个层次的分析视角并非完全相互排斥，实际上它们在很大程度上是重合的。

[1] 黄益平，杜大伟. 数字金融革命：中国经验及启示［M］. 北京：北京大学出版社，2023.

第二节

当前金融体系的四大特征

在深入分析数字化的金融强国之路之前，需要认真讨论一下金融体系面临的主要挑战，这其实也是中央金融工作会议提出金融强国建设任务的现实基础。当前的主要金融矛盾可以集中归结为：效率不高、风险很大。这些矛盾也促使决策部门对金融政策作了一些节奏上甚至方向上的调整。比如，2012年的全国金融工作会议强调放宽准入，鼓励、引导和规范民间资本进入金融服务领域；2023年的中央金融工作会议则提出要加强对中小金融机构准入的监管。再比如，2017年的全国金融工作会议明确表示要稳步推进资本项目的开放；2023年的中央金融工作会议虽然也提出了金融的高水平开放问题，但同时还提到了经济与金融安全的重要性，并将开放政策的重点放在了吸引外资金融机构和长期资本来华展业兴业上。如果说过去的重点是提高金融效率，那么现在更加关注的是金融稳定。

那么，我国的金融体系究竟是如何走到今天这一步的？对这个问题的回答，有助于理解金融强国建设的逻辑依据。而这个问题又可以分解为几个方面的子问题：第一，为什么中国政府改革开放以来一直保持对金融体系的高度干预？第二，为什么这样的抑制性金融政策没有阻碍经济实现高速增长和金融保持相对稳定？第三，为什么最近几年关于“金融不支持实体经济”和“小微企业融资难、融资贵”等问题的抱怨越来越多？第四，中国这几年的系统性金融风险是怎么积聚起来的？第五，未来的金融体系可能会是什么样子？这些就是本章接下来要分析的主要内容。

先看我国改革开放以来的金融政策。我国实行改革开放政策已经有40余年，令人困惑的是在金融体系当中采取抑制性金融政策的情况仍然比较普遍。为什么会采取这样的金融改革策略？1978年党的十一届三中全会是改革开放政策的起点。但在当时，中国的金融体系基本上就是一家机构，即中国人民银行。这家金融机构大到什么程度呢？它的资产当时占到全国金融总资产的93%，它既是一家商业银行，同时也是一家中央银行，另外还是一家监管机构。直到1984年1月1日，中国人民银行才一分为二，一半变成了今天的中国工商银行，一半变成了今天的中国人民银行，把商业运行和政策决策这两个功能分开了。后来又将证券、保险和银行监管的功能逐步分离出来，到2003年终于形成了“一行三会”，即中国人民银行，中国银行业监督管理委员会、中国保险监督管理委员会、中国证券监督管理委员会的格局。

1978年的时候金融交易不多，一般的资金调配都是由国家计委统一部署。社会对金融中介的需求很少，所以当时只有一家金融机构也没有问题。但是党的十一届三中全会决定把党和国家的工作中心转移到经济建设上来，这就意味着未来金融交易中，金融中介的需求将会大大增加，因此马上开始重建、发展金融体系，最初是恢复中国银行、中国农业银行和中国建设银行。

现在40多年过去了，今天再看中国的金融体系，我们可以用四个词来归纳其特征：“规模大、监管弱、管制多、银行主导”[1]。

规模大，可以从机构规模和资产规模两方面来看。从机构规模的角度看，1978年只有一家金融机构，而今天金融机构的数量多、种类也很完备，包括“一行三会”的监管部门，三大政策性银行，六大国有商业银行，还有十几家股份制商业银行，如果再加上城商行、农商行和村镇银行，一共大概有4000多家银行。此外还有保险公司、证券公司、资产管理公司等，可以说，市场经济国家所有类型的金融机构我们几乎全有了，而且我们的金融机构的数量庞大。在商业银行领域，工、农、中、建四大国有商业银行在全世界排名都非常靠前，也就是说我们的金融机构不但数量多，规模也非常大。

从资产规模来看也相当惊人。中国的金融体系是典型的银行主导，也就是说，在金融体系当中，银行的比重非常高，相对而言，资本市场不够发达。但即便是不

[1]　《径山报告》课题组．中国金融改革路线图：构建现代金融体系[M]．北京：中信出版社，2019.

够发达的资本市场，在国际上也已经很大了，从市值看，股票和债券两个市场在全世界都能排在前三位。资产规模大小也可以看一个宏观指标：广义货币供应量与国内生产总值（GDP）的比例。广义货币就是在银行部门和社会上流通的现金加上活期存款以及定期存款。这个广义货币供应量与GDP的比例可以反映银行部门的规模，也是反映相对金融资产规模的一个指标。截至2022年底，中国的这个比例接近220%，明显高于多数国家。所以，中国的金融资产规模确实很大。当然，这个指标的另一面，就是中国的负债率或者杠杆率也很高。在我国所有的金融市场中，最不发达的一个市场应该是金融衍生品市场，这可能跟我们对它的潜在风险的担心有关。

监管弱，主要是指当前的监管体系防范与处置金融风险的能力不强。这个问题在后面讨论系统性金融风险的时候再展开讨论。需要指出的是，这里所说的"监管弱"，并不是说监管部门不强势或者无实权，实际上可能正好相反。但一个客观事实是，经过40多年的金融改革与发展，我国已经建立了一个庞大的监管部门，有人员、有机构、有政策、有手段，这个部门可以与其他市场经济国家的监管部门相提并论，缺憾是这个部门似乎没有有效地管住我国的金融风险，特别是自美国次贷危机以来，几乎年年都有金融风险事件发生。起码从表面看，金融监管部门似乎是有其形但无其实。

管制多，表明政府对金融体系的干预还比较普遍。经济学中有一个"金融抑制"的概念，这个概念是前斯坦福大学教授麦金农提出来的。他提出的"金融抑制"这个概念，主要是指政府对利率、汇率、资金配置、大型金融机构和跨境资本流动的各种形式的干预。我们利用他的定义和世界银行的数据构建了一组金融抑制指数，这个指数的取值范围是从0到1。1意味着没有市场化，完全由政府控制；而0则意味着完全市场化。我们找到了100多个国家的数据，具体测算了每个国家从1980年到2018年每年的金融抑制指数。

中国的金融抑制指数在1980年为1，那时金融改革刚刚开始，基本上是政府在干预金融运行的各个方面。之后，这个指数就开始持续下降，到2018年为0.6。把这个数字和国际经验作一个比较，有三点有意思的发现。第一，在过去近40年间，中国的市场化金融改革在不断推进，金融抑制指数下降了0.4，这反映市场化的程度在不断提高。第二，金融抑制指数往下走的速度相对较慢。这可以从中国与其他转型国家的金融抑制指数的比较中看出来，俄罗斯的改革比中国晚10年左右，但2018年俄罗斯的金融抑制指数已经达到0.4，时间跨度更短、下降速度更快。这也佐证了中国的金融改革确实是渐进式的。第三，中国的金融抑制水平仍然很高。2018年为0.6，在有数据的130个国家中，这个指数水平排在第14位。也就是说，中国政府对金融体系干预的程度在全世界而言仍然是非常高的，这就是管制多的证据。

当然，今天金融体系中的管制与计划经济年代的管制不是一个概念，现在所说的管制更多的是一些体现政策意图的限制。比如，我国的资本项目尚未完全放开，一些领域的跨境资本流动是完全禁止的，比如金融衍生品、房地产等。还有一些领域是有条件地放开，比如外国合格投资者机制、国内合格投资者机制、沪港通、债券通等。另外也有一些领域基本上没有什么限制，比如外国直接投资。再比如，我国有管理的浮动汇率制度，以及监管部门对金融机构资金配置的政策引导特别是窗口指导，均可以被看作是管制的特定形态。

银行主导，根据中国人民银行发布的数据，2019年末，我国金融业机构总资产为318.69万亿元，其中银行业机构总资产为290万亿元，约占金融业机构总资产的91%。金融交易通常有两种形式，即直接融资和间接融资，前者的主要形式是资本市场，后者的主要形式是商业银行。基于这两种融资形式，可以将各国的金融体系分为两大类，即市场主导的金融体系和银行主导的金融体系，前者的典型是英国和美国，后者的典型是德国和日本。在这个分类中，中国的金融体系显然属于后者。直接融资和间接融资都是金融交易的形式，差别主要体现在识别风险与承担后果的方式上。不过在金融领域有一个共识，即资本市场是领先国家的标配，商业银行则是赶超国家的手段[1]。或许，正是因为这样一个银行主导的金融体系，金融部门在创新驱动型增长模式中的功效大不如前。

首先需要回答的问题是：既然中国是走市场化改革的道路，政府为何还要如此高度干预金融体系？为什么金融部门没有更快地实现更为彻底的市场化？一个合理的解释可能是中国政府实施的是总体的双轨制改革策略。这和苏联、东欧的做法不太一样，其改革策略是“休克疗法”，一步到位。从理论上说，“休克疗法”可能是最简单、高效的解决方案，能瞬间完成从计划经济向市场经济的过渡。不过在实践中，这种做法会遇到很多困难。

一方面，“休克疗法”不可避免地会导致改革初期经济的显著滑坡。“休克疗法”意味着立刻把计划体制全部取消、把所有的国有企业私有化。这样就会导致很多工厂不再生产，出现很多失业人口，所以改革初期经济很容易崩盘。事实上苏联经济在改革初期确实出现了大规模的滑坡，甚至引发了社会动荡与政治动荡。

另一方面，“休克疗法”有一个很重要的假设：今天把计划体制取消掉，明天早上市场机制就开始有效工作了。但实际并非如此。市场机制的培育和发展，需要相当长的时间。市场经济国家相对成熟的市场机制，其实是经过几十年甚至几百年发展形成的。中国的市场化改革进行了40多年，至今还经常能听到某些地方的工厂或者农民生产的产品卖不出去，这实际就是信息不对称的问题。解决信息不对称问题、动态匹配供求双方的机制，需要逐步发展，不是晚上睡一觉、第二天一早起来问题就已经得到解决那么简单。

与此相对应，中国采取的是渐进式改革方式，其中一个重要的策略就是双轨制改革：计划与市场、国企和民企两轨并存。在改革开放初期，国企在经济中占主导地位，改革期间政府继续支持国企的发展。与此同时，政府又努力为民企发展提供更好的政策环境与市场空间。有的学者称之为增量改革，也就是说，存量先不动，让增量快速扩张，经过一段时间之后，非计划或非国有这一块经济就会替代计划或

[1] 《径山报告》课题组．中国金融创新再出发[M]．北京：中信出版社，2020.

国有这一块经济成为主导力量。这样，中国经济也就成功地从计划经济过渡到市场经济。应该说，中国的这个策略还是比较成功的。一是在改革初期没有出现全面性的产出崩盘；二是在整个改革期间经济保持了高速增长，有学者甚至将其称为“经济奇迹”。

在这个“经济奇迹”的背后，有一个很重要的力量在作贡献。国有企业效率相对较低，但它保持了持续增长，没有造成太多人员失业，对社会稳定、政治稳定和经济稳定起到了很大作用。问题是，既然效率相对较低，那么国有企业怎样才能持续运行呢？答案是需要外部支持。最简单的外部支持的方法当然是通过财政补贴。但是自改革开始以后，政府的财政能力一直在不断地减弱，财政收入占GDP的比重从1978年的36%下降到1996年的11%。财政没有钱，但又需要支持国有企业，怎么办？最后找到的办法就是对要素市场尤其是对金融部门实施各种干预，包括干预汇率、利率、银行和资本市场的资金配置、大型金融机构经营和跨境资本流动。与目前讨论的主题直接相关的干预体现在两个方面：一是金融部门把利率压得非常低，即通过政策干预，降低资金的成本；二是配置资金的时候明显地偏向国有企业。这样一来，政府虽然没有足够的财政资源来补贴、支持国有企业，但可以通过对金融政策的引导甚至干预，让金融机构将大量廉价的资金配置给国有企业，那么，国有企业支付的资金成本就低于市场价格，这其实就是一种变相的补贴。所以，政府在改革期间保持对金融体系的高度干预的一个目的就是支持双轨制改革策略。

从宏观层面看，改革政策的目的就是要推动中国从以前的计划经济体制转向社会主义市场经济体制。但在转型过程中出现了一个非常独特的“不对称的市场化”现象。一方面，产品市场几乎全部放开，几乎所有农产品、制造品和服务的交易都是通过市场机制完成的，价格也完全由供求关系决定。但另一方面，资金、土地和能源等要素市场依然存在严重的政策扭曲。这个不对称的市场化的目的是保证双轨制改革策略的顺利推进，而抑制性金融政策正是不对称的市场化的重要组成部分[1]。

[1]　黄益平．告别“中国奇迹”[M]．北京：社会科学文献出版社，2012．

第三节

金融抑制没有妨碍“经济奇迹”

第二个需要回答的问题是：既然金融抑制这么严重，又如何解释改革期间所创造的“经济奇迹”？这实际涉及如何评价改革期间抑制性金融政策的作用，金融抑制究竟是催生了“经济奇迹”还是没有妨碍“经济奇迹”？这个问题的答案很重要，不仅仅在于如何理解过去，更在于如何应对未来。比如双轨制改革取得了好的结果，有的说是因为（市场）“放得好”，有的则说是因为（计划）“管得好”。对金融改革的实证分析则表明，其政策机制的复杂性，并非简单的“放得好”还是“管得好”能够涵盖的。如果对分析得出的结论作一个简单的概括，那就是改革期间抑制性金融政策对经济增长与金融稳定的影响在不断地变化。在改革开放的前期，金融抑制对经济增长的影响是正面的，但进入21世纪以后，这个影响就变成了负面的。

根据省级面板数据估算结果作一个简单的测算，假定将金融抑制指数降到0，即彻底消除抑制性金融政策、实现完全的金融市场化，中国的经济增速会怎样变化？结果非常有意思，20世纪80年代的经济增速会下降0.8个百分点，90年代的经济增速会下降0.3个百分点，但在21世纪的头十年，经济增速反而会提高0.1个百分点。这说明，早期的抑制性金融政策是能够促进经济增长的，只是到了后来，这种促进作用转变成了遏制作用，所以现在如果把抑制性金融政策全部取消，中国的经济增长会更快一些[1]。为什么会这样？进一步的分析表明，金融抑制对经济增长与金融稳定的影响可能存在两重性。

[1] HUANG Y P, WANG X. Does financial repression inhibit or facilitate economic growth? a case study of Chinese reform experience[J]. Oxford bulletin of economics and statistics, 2011, 73（6）：833-855.

第一个是麦金农效应。麦金农的基本观点是金融抑制会降低金融资源配置效率，遏制金融发展，所以对经济增长与金融稳定是不利的。

第二个是斯蒂格利茨效应。斯蒂格利茨发现，在20世纪的最后20年，一方面各国积极推进金融的市场化、国际化改革，另一方面金融波动的频率越来越高，对经济增长与金融稳定造成很大的伤害。他进而指出，如果一个经济体还没有形成完善的市场机制和监管框架，完全的市场化可能对经济增长与金融稳定不利。政府适度的干预反而可能更加有益。

一种可能的情形是，上述两个效应在任何经济体当中都同时存在，唯一的区别也许是在不同的经济体中甚至不同的时期由不同的效应占主导。如果一个经济体的金融市场机制相对健全、监管框架相对成熟，大幅降低金融抑制的程度应该有利于经济增长与金融稳定。但是如果一个经济体的金融市场机制、监管框架尚不成熟，完全放开不仅不能带来好处，反而有可能造成灾难性的后果。市场化改革的目的是提高效率，但伴随市场开放而来的是市场的波动和风险增加。举个例子，很多国家都在开放资本项目，但这经常会带来汇率的大起大落和资本的大进大出。有的国家很容易承受这样的变化，比如澳大利亚和加拿大；而有的新兴市场国家和发展中国家在资本项目放开以后，很快就发生了金融危机。所以，同样的政策带来的结果是不一样的，抑制性金融政策的作用机制也是这样。

金融抑制听起来虽然是一个负面的政策安排，但在改革的前期却对中国经济增长与金融稳定带来了正面影响，这可以从两个方面来看：第一，大多数银行由国家控股，资金配置和定价也受到政府多方面的干预，这些都会带来效率损失，但是这个金融体系在把储蓄转化成投资的过程中是非常高效的，只要有储蓄存到银行，很快就能转化为投资，直接支持经济增长；第二，政府干预金融体系，对金融稳定有一定的支持作用，最好的例子是在1997年亚洲金融危机期间，中国银行业的平均不良贷款率超过了30%，但没有人去银行挤兑，原因就在于存款人相信，只要政府还在，放在银行的钱就是有保障的。中国改革开放40多年期间没有发生过一次系统性金融危机，并不是说没有出现过金融风险，而是政府用国家信用背书，为金融风险兜底。反过来设想一下，如果中国在1978年就完全放开了金融体系，走向市场化与国际化，几乎可以肯定的是，中国一定已经发生过好几次金融危机。

这个关于金融抑制的分析其实具有一般性的意义，即任何政策的决策都必须考虑客观经济环境，而任何政策的评估也必须同时考虑成本和效益两个方面。任何看上去不怎么合理的政策，其实都是有原因的，即便要改变，也需要充分理解最初制定这些政策的动机。中国制定抑制性金融政策的初衷是支持双轨制改革策略。与此同时，几乎所有的政策效应都同时存在正反两个方面，所作的经济决策往往不是非黑即白，而是在成本和效益之间权衡后的结果。实际上，在相当长的时期内，金融抑制对中国的经济增长与金融稳定发挥了正面的作用，但如果这种作用变成了负面影响，就应该尽快考虑改变。

第四节

金融矛盾突出的原因

第三个需要回答的问题是：为什么抑制性金融政策的作用从正面转向了负面？虽然在改革前期，中国在经济增长与金融稳定上的表现都非常好，但最近几年却发生了不少变化，对金融体系的抱怨也越来越多。具体有两种说法：一是“金融不支持实体经济”；二是“小微企业融资难、融资贵”。这和实证分析的结论是一致的，抑制性金融政策确实已经成为拖累经济增长与金融稳定的重要因素。可以看一下中国近年边际资本产出率（ICOR）[1]的变化。自2008年全球金融危机爆发以来，中国的经济增速放缓，从2011年的9.2%降到了2023年的5%左右。与此同时，ICOR从2007年的3.5上升到2019年的6.3，这确实表明金融的效率在下降，或者金融支持实体经济的力度在不断减弱。

发生这个变化的原因可能有很多，其中一个重要的原因是中国经济增长模式的改变。中国改革前期的经济增长主要是发挥低成本优势，依靠劳动密集型制造业的迅速扩张，大批农村剩余劳动力从农村进到城里，变成产业工人，制造业快速发展，劳动生产率也不断提高。但这种高速增长基本上是要素投入型的。尽管技术水平相对比较低，但只要不断地增加对生产的投入，经济就会持续发展。不过，现在中国经济发生了一个重要变化，就是成本水平急剧上涨。2007年，即全球金融危机爆发的前一年，中国的人均GDP是2600美元，2023年增加到12000多美元。伴随收入水平提高的是成本水平，原来的低成本优势完全消失了，原先基于低成本建立的制造业也丧失了竞争力。几十年间的直观变化，就是原来成本低、现在成本高。经济政策理论中有一个名词叫“中等收入陷阱”，它是指大多数国家都有能力从低

[1]　即每生产一个新的单位的GDP，需要几个新的单位的资本投入。

收入水平发展到中等收入水平，但是很少有国家能从中等收入水平提高到高收入水平。原因就在于，从低收入到中等收入，可以依靠要素投入型的增长模式；而从中等收入到高收入，则必须依靠创新驱动型的增长模式。“中等收入陷阱”就意味着大部分国家没有能力持续创新以支持产业升级换代，所以一旦经济发展到中等收入水平，就上不去了。而这也是我国今天所面临的一个重大挑战，即能否通过创新支持产业升级换代，保持可持续的经济增长。

对于经济创新，容易产生一种误解，以为创新就是指前沿的技术开发。其实创新在现代经济生活中几乎无处不在，在制造业和服务业中都有，有的是商业模式的创新，还有的是生产技术的创新。创新既包括无人机、新能源、人工智能（AI）等新型技术和产品、产业的更新换代，也包括汽车、家电、机械装备甚至农业等传统产业的更新换代。那么谁是创新的主力？在企业层面，民营企业贡献了70%的知识产权，国有企业贡献了5%，而外资企业贡献了剩下的25%。这组数据可能多少有点令人意外，毕竟一般的印象是国有企业虽然效率上差一些，但技术力量肯定要比民营企业强很多。但事实证明，技术力量并不等于创新能力。因此，如果以2008年全球金融危机为界，我国前后的经济模式发生了很大的改变。全球金融危机发生以来，经济增速和金融效率不断下降，可能都与经济模式发生改变有关系。换句话说，创新驱动型的增长模式能否顺利运作，在很大程度上取决于民营企业或者中小企业能否健康发展。客观地说，中国目前的金融体系在服务民营企业和中小企业方面，存在一些天生的短板。

前面讲到中国金融体系的两大特征是银行主导和政府干预比较多，这个金融体系比较擅长服务大企业、制造业和粗放型经济发展方式。对于受政府干预较多的银行来说，风险控制的传统办法：一是看历史数据，主要是三张表，即资产负债表、利润损益表和现金流量表；二是看抵押资产，有抵押资产，银行的信贷风险就比较容易控制；三是看政府担保，有的银行直接拿政府产业目录来决定信贷配置，原因就在于万一贷款出现问题，还有政府承担责任。正因为这样，大企业比较容易获得融资支持，因为大企业往往历史较长、数据完整规范。而制造业大多有固定资产，银行做风控和获得融资支持都比较容易。另外，粗放型经济发展方式的不确定性相对低一些，比如原来已经有一家服装厂，再开一家服装厂，还是使用原来的技术甚至是营销渠道，经营风险低。哪怕是小企业，对其进行融资支持往往也没有多大风险。这也从另一个角度证明：虽然过去金融抑制的程度比较高，却并未妨碍中国经济有一个良好的表现。这个金融体系对于民营企业或者中小企业来说，则存在一些天生的"歧视"，除了在双轨制改革策略框架下，金融政策偏好国有企业外，另外一方面就是这些政策天生"歧视"民营企业。更进一步讲，当前的这些金融政策很难有效地服务民营企业或者中小企业，因为它们缺乏历史数据，没有抵押资产，也没有政府担保。而中小企业本身的不稳定性比较高，中国民营企业的平均寿命不到五年，创新型中小企业的风险更高，它们想要获取金融服务就难上加难了。

应该认识到，这些年银行也在不断地市场化。过去说银行在配置金融资源的时候歧视民营企业、偏好国有企业，但很多银行的业务人员可能会觉得这个指责不符合实际，银行考虑的并非产权本身，而是风险与回报。从银行的角度看，国有企业拿到了很多贷款，主要还是因为它们回报稳定、风险较低。最近的一个实证研究就发现，如果以所有制来解释银行的信贷配置，确实可以看到代表国有的变量显著为正，但如果再加入企业规模的变量，企业规模的重要作用则更加显著，使得所有制变量变得不显著了。这个简单的统计分析表明，银行将很多贷款配置给国有企业，主要还是因为它们比较稳健。换句话说，银行对大企业的偏好远远超过对小微企业的偏好。如果一家民营企业是大型企业，那么它的融资可能也不是那么难。这并非否定国有企业依然在享受所有制溢价，但银行考虑的因素确实在逐步发生变化。

另一个抑制性金融政策的作用可能同样突出，那就是利率的双轨制。政府为了支持国有企业，人为地压低了正规市场的利率。2024年7月的银行一年期贷款市场报价利率（LPR）为3.35%，这个利率水平与G20发达经济体成员的平均贷款利率相当，而远远低于G20发展中经济体成员的平均贷款利率。这样一个偏低的银行贷款利率水平，实际上增加了中小微企业获得银行贷款的难度，同时提高了它们在非正规市场融资的成本。

为了说明这一点，可以假设一个经济体中存在两个金融市场：一个正规市场，比如银行；一个非正规市场，比如民间借贷、影子银行和数字金融。在这两个市场中，利率水平即资金的价格都是由资金的供求决定的，如果忽略借贷本身的风险水平不同，同时不考虑监管政策的后果，那么正规市场与非正规市场的均衡利率应该是相等的，不然就会出现套利。但现在政府在正规市场引进了利率管制政策，直接将正规市场的利率往下压。这样，正规市场就出现了供给不足的问题。也就是说，虽然正规部门降低了融资成本，但它能服务的客户数量反而减少了，供求缺口扩大，相当一部分企业的融资需求无法得到满足。不难猜测，大部分不再能获得融资的是民营企业、小微企业。这部分企业只好到非正规市场去融资，相当于把需求曲线往外推，这样就会提高非正规市场的利率。

这个简单的分析说明两个道理：第一，强制降低正规市场的利率，既会恶化（正规市场）中小微企业融资难的问题，也会进一步加剧（非正规市场）中小微企业融资贵的困境；第二，中小微企业融资难与融资贵两个问题，最好不要混在一起解决。对于绝大部分中小微企业来说，最大的困难是融资难而不是融资贵。

货币银行学的一个基本原则是资金的成本一定要覆盖交易的风险。对金融机构来说，风险高的客户有风险高的服务办法，风险低的客户有风险低的服务办法。很多创投基金的投资回报率很高，但它们所面临的客户的风险往往也很高，其客户大部分都是初创企业。服务这样的企业，一是要有专业能力的人从事投资决策。投资经理要从大量的项目中筛选优质客户，他不仅需要有专业的金融知识，也需要了解技术、市场、管理等方面的情况。二是风险高回报也高。创投基金给10个项目投资，很可能其中四五个项目的投资打水漂，但只要剩下的项目能够提供很高的回报就行。这也是直接融资更加适合这类不确定性高的投资项目的原因，只要算总账合算就行，但间接融资很难承受相当大比例的失败案例。

现在对第三个问题的分析作一个简单的总结：为什么今天对金融体系的抱怨变得越来越多？关键机制在前面分析金融抑制对经济增长与金融稳定的影响的时候已经指出来了，就是原来抑制性金融政策没有妨碍经济增长与金融稳定，但现在它成了一个负担。最直观的体现就是边际资本产出率的改变，同样的资本投入所产生的回报越来越少了。具体地讲，是有很多企业对金融服务的需求没有得到满足。小微企业在支持创新、支持经济增长中的作用越来越大，但金融部门并不能很好地为它们提供融资服务。尤其是随着人口老龄化程度的不断加深，人们对资产投资收入的需求越来越高，但可投资的地方很少。曾经有些决策者设想，让老百姓把一部分钱从银行拿出来，到股票市场和债券市场去投资，这样既可以帮助家户提高投资回报，又可以帮助国家发展资本市场，提高直接融资在金融交易中的比重，是一件一举两得的事情。但结果出乎意料，一部分钱从银行出来之后并没有去资本市场，而是一拐弯去了影子银行和数字金融。这背后的原因很多，简单一句话总结就是资本市场对居民完全没有吸引力。一个金融部门，既不能有效地满足企业的融资需求，又不能很好地满足居民的需求，显然是有问题的，全社会抱怨“金融不支持实体经济”，似乎也是理所应当。根本的原因在于经济增长模式在转型，但金融部门没有跟着转型。

第五节

从金融稳定到金融风险

第四个需要回答的问题是：为什么这段时间系统性金融风险变成了一个大问题？风险又是怎么积累起来的？2018年政府集中力量打三大攻坚战：一是消灭贫困；二是清理环境污染；三是防范系统性金融风险。系统性金融风险上升表现在很多方面，最重要的就是杠杆率上升。杠杆率上升大概是近年来国际人士最关注的中国经济的风险问题。在2008年全球金融危机以前，中国的杠杆率略高于新兴市场国家，但后来上升加快。美国经济学家莱因哈特和罗格夫在《这次不一样？800年金融荒唐史》（*This Time is Different*：*Eight Centuries of Financial Folly*）一书中，总结了过去800年间发生的金融危机历史，试图找出一个规律性的机制。根据作者的总结，钱借多了会出问题，换句话说，杠杆率太高就会有风险[1]。

从理论上说，杠杆率是一个中性的概念。债务本来就是一个重要的金融现象，它可以帮助人们提高效率，支持劳动分工，推动经济发展，应该说是一件好事。但如果家户、企业和政府借的钱太多就容易出问题，比如现金流一旦断裂，就容易造成恐慌，甚至造成系统性风险。所以高杠杆率值得关注，杠杆率快速上升更需要高度关注。

中国的杠杆率为什么这么高？首先，中国的金融体系是典型的银行主导，这意味着每一笔金融交易都是以存贷款的形式实现，贷款就意味着杠杆。反过来，如果金融体系是市场特别是股票市场主导，股权融资就不会增加杠杆。所以，中国的杠杆率高，有部分是因为银行主导的金融体系。其次，在改革期间，企业“出生容易

[1] 莱因哈特，罗格夫. 这次不一样？800年金融荒唐史[M]. 綦相，刘晓峰，刘丽娜，译. 北京：机械工业出版社，2010.

死亡难”，这样就形成了大批质量差的企业，甚至还有资不抵债的“僵尸企业”。“僵尸企业”持续运营，说明社会在直接、间接地补贴它们，但这些补贴不是财政补贴，更多的是金融市场提供的廉价资金。以国家统计局统计的规模以上制造业企业的相关数据为例，其中正常企业的资产负债率平均为51%，而“僵尸企业”的资产负债率平均为72%[1]。这说明“僵尸企业”的存在，使本来应该被淘汰的企业没有被淘汰，大大降低了金融资源的利用效率，也就是缺乏市场纪律。而为了保持一定的经济增长速度，货币政策只好进一步扩张，提供更多的流动性，这样就会进一步推升企业杠杆率与综合杠杆率。在改革期间，货币政策总体上是宽松容易、紧缩困难，现在依然如此。

而近年来杠杆率问题变得突出，并不只是表现在高杠杆率水平本身，更重要的是表现在杠杆率的快速上升，这是更加危险的一件事，因为它往往伴随着资金的低效配置、资产泡沫的形成等。在2009年以后的10年间，非金融部门的杠杆率大概上升了100个百分点，这引起了国际投资者的高度关注与普遍担心，显然，这段时间，杠杆率上升的一个重要推动力量是政府在2008年底宣布的“四万亿”刺激政策。

那么，中国的高杠杆率究竟会带来什么样的后果呢？一些官员和学者担心中国出现“明斯基时刻”，就是在杠杆率稳定上升一段时间之后，投资者的信心忽然丧失，市场崩盘，由此引发金融危机。但其实中国发生这样的情形的可能性不太大，原因是虽然总的杠杆率上升很快，水平也很高，但是如果分部门看，中央政府的杠杆率并不是那么高。国际货币基金组织（IMF）对中国政府的综合杠杆率有一个评估，在60%左右，如果横向作比较，这个比率并不算高。居民的杠杆率最近几年有所上升，但也不是特别高。居民借的钱有很多放在了房地产市场，如果房地产市场发生波动，会对金融体系造成压力。

[1]　谭语嫣，谭之博，黄益平，等．僵尸企业的投资挤出效应：基于中国工业企业的证据[J]．经济研究，2017，52（5）：175-188.

杠杆率中最大的问题在非金融企业，其杠杆率现在已经到了GDP的160%左右，这个数字在全世界可能都属于很高的。非金融企业还可以分为国企和民企。在2008年全球金融危机以后，民企去杠杆化非常明显。当金融危机爆发时，全球经济进入衰退，一个理性的企业家要做的事情就是暂时不要再投资、暂时不要再扩张，如果有钱先把欠款还掉，因为不知道下一步会怎么样，这时其实是“现金为王”。问题是国企的杠杆率相对比较稳健，开始还往上升，后来略微有所下降。所以总体看来，民企和国企的杠杆率出现了分化，国企的杠杆率相对较高，而民企的杠杆率已经下降了很多。这样的杠杆率分化可能是不幸的，因为无论是从利润率、生产率的指标来看，还是从资金回报的指标来看，民企的表现都比国企好，这个分化意味着好杠杆在下降，而坏杠杆则在上升。但这个分化也有好处，即不太可能因为信心崩溃而导致金融危机，因为国企还是有政府信用支持的。

但这并不是说高杠杆率不会有不利后果，后果就是金融资源的利用效率不断下降。前面提到过的边际资本产出率的变化就是一个证据。这个比率上升的趋势如果不转变，最后的结果很可能是重演日本的“失去的3年”，即使有很多资本投入经济中，产出也不会再有反应。过去的经验是，金融危机总是在你最意想不到的时候，以你最意想不到的方式发生，所以一定要防范金融危机。

近年系统性金融风险明显上升，还有一个重要因素，就是创新频频，但监管跟不上。许多实证研究发现，自2013年以来，监管政策的有效性确实在不断下降。可以说，金融风险的根源就是监管问题，具体反映在三个方面。

第一，过去的监管框架对审慎监管不够重视。客观地说，中国改革40多年，没有发生过系统性金融危机，原因不在于监管做得好，而是因为两个因素的贡献：一是经济持续高增长，这样就可以在发展中解决问题；二是政府兜底，出现问题时投资者的信心不会动摇，由政府处置金融风险问题，同时努力改变造成问题的因素。最典型的案例是亚洲金融危机期间，中国银行业的平均不良贷款率超过30%，但没有发生银行挤兑，原因就在于有政府的担保。后来通过冲销坏账、注入资本金、引入战略投资者和资本市场上市等一系列举措，四大国有商业银行都成长为国际大银行。但这样的做法也有问题，政府兜底会降低监管部门与金融机构努力工作的动力与压力，也就容易造成道德风险问题，很多风险因素可能会重演甚至放大。2019年爆发的以包商银行为代表的中小型银行风险问题，就是一个很典型的“银行乱来、监管缺位”的例子。

第二，中国的监管框架还有一个内在的矛盾，就是监管部门的双重责任——既要承担对行业的监管责任，又要承担行业的发展责任，而这两个责任之间有时是会发生矛盾的。如果一个监管部门的目标是把本行业做大，就可能会在一定程度上忽略风险因素，因为做大本行业对于监管部门是有政治利益的，因此在两大责任之间，监管部门很容易出现重发展、轻监管的倾向。这个矛盾前几年在保险行业就发生过。

第三，分业监管的政策框架已经不太适应金融创新的现实需求。分业监管就是“谁发牌照，谁监管”，核心是机构监管，这套做法在过去应该算是行之有效的，银、证、保三大监管部门，加上央行，各司其职。按道理，把所有持牌机构管住了，金融业也就被管住了。但问题是这几年交叉业务和新兴金融业务十分活跃，比如银行借用资管企业的通道做投资，这样的业务超越了传统分业监管的范畴，应该由银监会还是证监会监管？还有更多的新型业务完全不知道应该如何归类，特别是部分提供金融服务的机构根本没有申请牌照。以个体网络贷款（P2P）为例，第一家平台上线是在2007年，到2016年第一份暂行管理办法出台，中间隔了9年时间，这段时间基本上就是监管空白期，各种平台野蛮生长，平台总数累计将近6000家。同时酿成了很大的风险，问题平台所占的比例非常高，原因就在于缺乏资质审查，整个行业鱼龙混杂。好在虽然平台数量多，参与的投资者众，但所涉及的资金数目不是特别大，尚不构成系统性金融风险。按说金融交易应该实现监管的全覆盖，但事实上没有实现全覆盖。所以现在监管要从过去的机构监管转向功能监管，只要做交易就必须受到监管，而不是说银行做的由银监会监管，保险公司做的由保监会监管，证券公司做的由证监会监管，应该是按照业务类型来分工。

所以，监管改革的第一条是要做到监管全覆盖，影子银行也好，数字金融也好，都必须在监管框架内开展业务。过去这几年政府也确实一直在努力做这件事。不过，在加强监管的时候，也需要尽量做得稳妥一些。加强监管的目的是防范风险，但同时也会使实体经济受到一定的冲击。比如在2018年，一对影子银行加强监管，小微企业就开始叫苦。原因就在于大多数影子银行业务是有实体经济需求的，现在要整治，没有问题，但如果减少了对实体经济的金融服务，就需要考虑后果，应该尽量让调整过程平稳一些。比如说让影子银行回到资产负债表内，这个思路是对的，但怎么回却又有讲究。

一方面，回表就意味着原来表内的监管要求都会重新生效。银行比较典型的是两大监管要求。一是对流动性存款准备金的要求。如果要把100万元从表外贷款拿到表内，要求有10%的存款准备金率，就必须把10万元存在央行，这么一算，100万元的业务规模，实际成本是大于100万元的。二是现在很多银行缺乏有效的补充资本金的手段，资本金不能增加，表外业务就无法回表。2019年初，央行允许一些商业银行发永续债，目的就是使其通过发永续债来补充资本金，这样，一部分影子银行的交易就可以回到表内。

另一方面，影子银行还有一个重要动机，就是规避正规金融部门的利率与其他管制。现在要回表，能不能同时把那些管制取消掉，也就是进一步推进市场化改革，比如利率市场化？如果政策不能调整，那么回表以后只能终止其原来在表外为实体经济尤其是小微企业提供的金融服务。这方面是有先例的。中国东南沿海一些地方的民间借贷一直很活跃，做得也不错，有一套独特的信用评估与风险控制手段，唯一的问题是没有受到监管，一旦出现风险就很难提供帮助并处置风险。所以有的地方就在做民间借贷阳光化的试点，试图让民间借贷变成正规交易、接受监管。问题是一旦阳光化，原来的那一套就做不了了，然后又重新出现一批新的民间借贷机构。因此，在整治影子银行和数字金融的时候，控制风险很重要，但同时必须考虑为什么当初会产生这样的一些交易。

如果简单地作一个总结，近年系统性金融风险上升的原因有很多，但归根到底有两点。一是缺乏市场纪律。这造成了严重的道德风险问题，金融风险越积越多，高杠杆率就是其中一个表现。二是监管管不住。新兴业务不想管，交叉业务管不了，机构业务也没管住。按说银行都是正规的持牌金融机构，接受监管没有什么障碍，政策框架也十分清晰，结果还是出现了问题，这当然可以责怪董事长、大股东，但监管的责任是推卸不掉的。再进一步看，这两点原因的背后有一个共同的导火索，就是政府干预，政府做了很多本该由市场、监管部门做的工作。因此，防范系统性金融风险，应该从进一步推进市场化改革出发，同时改革监管框架。

第六节

对未来金融体系的展望

在讨论结束之前，还有最后一个问题：未来中国的金融体系会是什么样子？这个问题的答案有很大的不确定性，会随着经济环境的变化而变化。因此，很难作完整的预测，只能提出一些大方向上的猜测。很多学者原来认为中国应该往欧美模式的方向努力。现在的问题是欧美自己也发生了重大危机，这个方向是不是还要继续坚持？更重要的是，欧美的金融体系其实也各不相同，并不都是统一的模式。前面讲过英美和德日的模式就不一样，那么中国未来的目标是瞄准英美模式还是德日模式，或者是构建中国特色的社会主义金融体系，这些都需要认真思考。

目前看，未来的走向可以从两个方面来考量。

第一，往市场化的方向走。从大方向来说，既然中国的金融抑制已经变成限制经济增长和影响金融稳定的重要因素，下一步就应该往市场化的方向走，这个应该没有什么争议。所谓往市场化的方向走，主要是三句话：一是发展多层次资本市场；二是让市场机制在资源配置中发挥决定性作用；三是守住不发生系统性金融风险的底线。这三点都是在往市场化的方向走，让市场来配置资源，让市场的规模扩大，改善监管体系，未来在这三个方向还有很长的路要走，但不是简单地往那里走，在走的过程中需要考虑哪些适合中国国情、哪些不适合中国国情。过去40多年的经验已经表明，不能认为政府在金融体系中发挥的作用一定是负面的，其实它是一个动态的过程。1978年改革开放时中国没有选择一步到位的“休克疗法”，即便到今天，恐怕也不会“一放了之”。政府在金融体系中究竟应当发挥什么样的作用，需要更多深刻的思考。在市场化的过程中，有许多特殊的现象和关系需要应对。比如资本流动是不是要完全自由，如果金融体系不够健全，一旦出现资本大进大出的情况，就容易影响金融稳定，这个时候选择适度地对短期跨境资本流动进行管理，反而可能是有益的。再比如国有企业改革，官方文件提出了“竞争中性”的概念，这是很好的改革方向，但什么时候真正做到“竞争中性”，必须有一个客观的估计。在这个过渡阶段，完全放开不见得是好事，比如利率市场化以后，如何应对国有企业非市场化的行为？也许适当的政府干预仍然是必要的，目的是既保持金融稳定，同时又不对金融效率造成太大的影响。

第二，发展资本市场。这个肯定没有错，已经写入党的十八届三中全会的决议，中央金融工作会议也重申了这项任务的重要意义。但问题是：中国的资本市场能发挥多大的作用？在国际上，英美的金融体系是市场主导，德日的是银行主导。要补充说明的是，即便是英国和美国这样的所谓市场主导的金融体系，银行和非银行机构的贷款比例在企业外部融资中仍然超过一半。也就是说，英美的金融体系市场占主导只是相对而言，说明它们的市场融资比重比较高而已。以美国次贷危机前夜的数据为例，美国债券市场为32%，股票市场为11%，两个加在一起为43%，虽不到一半，但比例还是非常高的。德国和日本分别大约是14%、15%。中国的数据显示，在非金融企业外部融资当中，股票和债券市场的融资比重大概为15%。这个比例还能提高到多少？未来中国金融体系要发展，恐怕在相当长时间内，银行和间接融资渠道（像保险公司、信托公司这些机构）在金融体系中的重要性不会大幅度地下降。

这里有几个方面的原因。一是如果说未来金融改革的目的是解决小微企业、民营企业的融资问题，由资本市场来解决这个问题的可能性不是很大。间接融资也好，直接融资也好，主要的目的是降低信息不对称程度，银行干的是这个工作，资本市场干的也是这个工作。对于企业融资来说，进入资本市场融资的门槛远远高于到银行融资的门槛。股票市场发达以后，大企业跑到股票市场融资的可能性要远远超过小企业。不能达到银行融资门槛的小企业如果要达到资本市场的融资门槛，难度会更大一些。二是不同国家的金融体系构成不一样，它不仅仅是由政府的政策偏好决定的，在很大程度上还受政治、文化、历史、经济等很多因素的综合影响。那些市场主导的国家，一般都是自由主义、个人主义至上，更加崇尚对个人权利的保护和分散决策，英国、美国就是这样的体系。而银行主导的国家，比如日本和德国，更多强调的是集体主义、合作、统一决策。未来中国金融体系更可能往哪个方向走？中国的方向肯定是让市场发挥更大的作用，但在短期内把市场做得特别大，难度会很高。三是技术会使未来的金融体系产生很大改变。金融科技或数字金融确实在很多方面改变了金融体系。下一轮的改变，可能会越来越多地体现在传统金融部门，比如银行、保险公司、证券公司，它们未来可能会变成数字金融的主力。当然，大科技公司还会继续做，也许还会出现新的劳动分工，擅长做技术的做技术，擅长做金融的做金融。这样一个体系形成以后，对金融体系和整个宏观经济都会带来翻天覆地的变化。这就是本书聚焦“数字化的金融强国之路”这个主题的主要考量。

Chapter 2

第二章

数字技术如何改变金融

第一节

数字金融创新的促成因素

数字金融泛指金融机构与科技公司利用数字技术创新金融产品、业务流程与商业模式的金融实践，目的是改善金融服务、加强风险管理。中国人民银行等十部门曾经在2015年联合发布的《关于促进互联网金融健康发展的指导意见》中提出“互联网金融”的概念，将其定义为传统金融机构与互联网企业利用互联网技术和信息通信技术实现资金融通、支付、投资和信息中介服务的新型金融业务模式。金融稳定理事会（Financial Stability Board, FSB）对金融科技的定义是，通过技术手段推动金融创新，形成对金融市场、机构及金融服务产生重大影响的商业模式、技术应用、业务流程和创新产品。数字金融的含义与互联网金融、金融科技基本上是相同的，因此在实际工作中，这三个概念经常被交替使用。但从直观上理解，互联网金融更多地被看作互联网公司从事金融业务[1][2]；而金融科技则更突出技术特性。数字金融涵盖的内容相对更泛一些，关注点是数字技术在金融活动中的应用。也许将来有一天，在金融领域里数字技术无处不在，就不必再强调“数字金融”这个概念了。

数字金融是随着第四次工业革命的步伐发展起来的。20世纪90年代，互联网开始普及，数字金融工具开始出现，比如1998年面世的线上支付工具PayPal（贝宝）。经过二三十年的创新与发展，数字技术在金融领域的运用已经越来越多，也形成了许多新的金融产品与业务模式，但世界各国的进程差异很大。三个国家——美国、英国和中国走在了全球数字金融创新的第一排。美国通常是引领科技创新

[1] 谢平，邹传伟．互联网金融模式研究[J]．金融研究，2012（12）：11-22.

[2] 谢平，邹传伟，刘海二．互联网金融的基础理论[J]．金融研究，2015（8）：1-12.

的。除了首创的PayPal，在利用非传统数据和机器学习的方法评估信用风险方面，美国也是走在前列的。最近几年，美国又在人工智能方面发力，其大语言模型创新居于全球领导地位。英国则是以商业模式创新见长。英国于2005年首创了个体对个体借贷平台Zopa。英国还有一项更具影响力的政策创新——“监管沙盒”。金融交易需要受到监管，但现行的监管政策不一定适用于数字金融业务，“监管沙盒”的关键就是在监管部门的允许与监视下，机构从事一些具有突破性的金融试验，如果试验成功，监管部门再发正规的牌照。与美国和英国相比，中国的比较优势是应用，其移动支付、大科技信贷、线上投资和央行数字货币等业务及其规模处于全球前列。

中国的数字金融创新相对领先，其实是一个非常难得的成就，毕竟中国还是一个发展中国家。横向比较，中国金融业务并没有突出的竞争优势，数字技术创新也并不领先。概括起来看，大概有三个方面的因素，让中国的数字金融创新走在了世界前列。

第一，中国金融体系为数字金融创新提供空间。

中国的金融体系虽然规模庞大，但结构性金融服务供给不足的矛盾十分突出，尤其是在普惠金融领域。中国在改革期间建立起来的金融体系有四个明显的特征，即规模大、监管弱、管制多和银行主导。这个金融体系从两个方面影响普惠金融业务的发展。一方面，金融服务中本来就存在一个非常普遍的“二八法则”，即金融机构只要服务好市场上20%的大客户，通常就可以抓住80%的市场份额。这里的大客户既可能是规模大、盈利好的企业，也可能是收入高、资产多的家户。在我国的金融体系中，“二八法则”的表现可能就更为明显，因为政府对金融交易包括利率、汇率、资金配置和跨境资本流动保留了形式多样的引导、鼓励、指导甚至管制，这些都会显著限制金融机构对普惠金融客户群的服务。比如，普惠金融客户群的特点是数量大、规模小、财务数据不完整、地理位置分散，简单地说，就是为这类客户提供金融服务的风险更大一些，按照金融交易的成本必须与风险匹配的原则，这类交易的融资成本包括贷款利率就必须大幅提高。但如果金融机构不能自由决定利率，它们自然也就不愿意为这样的客户提供金融服务。另一方面，普惠金融的主要客户群包括中小微企业、低收入家庭和农村经济主体。虽然政府一直在倡导建设公平竞争的市场环境，但在现实生活中不太容易实现。我国早期经济改革的一个策略是双轨制改革，即先保留计划这一轨，再逐步放开市场这一轨，等到合适的时机再考虑双轨合并。同样，在改革早期，经济政策的主要做法是为民营企业提供日益宽松的发展空间，同时为国有企业提供一定程度的支持，比如更为有利的融资成本。这样做的目的是保障平稳过渡，避免生产、就业与人民生活的大起大落。但这样的做法也意味着国有企业和民营企业之间并没有真正实现完全平等。在经济快速增长的时期，这个矛盾并不突出，因为蛋糕的规模正在迅速扩张，几乎所有企业都能从中获益。在美国次贷危机之后，中国经济的增长速度在2010年之后的12年间几乎被腰斩，这个矛盾就变得突出起来。2012年召开的党的十八大明确提出“两个毫不动摇”，即“毫不动摇巩固和发展公有制经济”与“毫不动摇鼓励、支持、引导非公有制经济发展”，提出“保证各种所有制经济依法平等使用生产要素、公平参与市场竞争、同等受到法律保护”。但追求公平竞争是一个渐进的过程，很难一蹴而就。

总之，我国传统金融部门发展普惠金融的缺口大、任务重，这是多方面的因素造成的。但这在客观上也是一个巨大的市场机会。布鲁金斯学会高级研究员亚伦·克莱恩在分析肯定中国的移动支付创新的同时，也指出这一业务模式在美国不太可能得到大的发展，原因在于美国已经拥有一套完整、高效的信用卡支付体系，而在以前的中国，居民除了使用现金别无选择，这等于为移动支付创新提供了非常好的市场基础，使得支付宝和微信支付一落地，就受到市场极其热烈的欢迎。简单来说，传统金融服务缺口大，等于为数字金融创新提供了难得的空间。

第二，数字技术进步为数字金融创新提供了前所未有的机遇。

数字技术主要指的是互联网、科技平台、人工智能、区块链、大数据和云计算等新兴技术。我国并不是这些技术的原创者，但作为一个发展中国家，一直紧追着前沿技术的发展及其应用。我国于1994年接入互联网后，一大批互联网公司便应运而生，像腾讯、百度、阿里巴巴和京东等，这些公司的诞生和发展与美国的科技巨头如亚马逊、谷歌、苹果等基本上是同步的。如果看平台规模、市场渗透率、业务种类，我国的这些科技公司并不落后于国际上的头部公司。以移动支付为例，我国的两家头部移动支付工具支付宝和微信支付分别创立于2004年和2013年，依托的分别是电商和社交平台，它们的市场覆盖均超过10亿人，考虑到这两家支付机构的国际业务都还十分有限，在一个14亿多人口的国度，这个覆盖率已经是一个十分了不起的成就。

这些互联网公司特别是数字金融公司的成功，得益于传统金融服务的供给不足，也得益于中国是一个人口大国这一先天优势，甚至得益于这几家机构的研发与业务发展能力，但其实还有一个十分重要的有利因素，就是相对发达的数字技术基础设施条件。一方面，政府与企业持续、大规模地建设信息与通信系统，推动3G、4G和5G移动通信技术落地，大幅提高互联网和智能手机的普及率，为平台经济发展创造了有利的硬件条件。另一方面，各级政府特别是杭州、深圳等地的政府，主动支持平台企业的建立与发展，为平台经济的发展创造了有利的软件条件。

数字技术具有改善金融服务的优势，这些优势可以概括为“三升三降”，即提高金融交易的效率、扩大金融服务的规模和改善金融客户的体验，以及降低融资成本、控制金融风险和减少直接接触。科技平台的一个重要技术特性是长尾效应，即在平台建立以后，增加新的用户通常不会大幅增加成本，实际上是规模越大，效率越高。科技平台拥有上亿甚至数亿用户，是一个比较常见的现象。科技平台、大数据和云计算的结合又可以大大地提高个性化服务的效率。再以移动支付为例，2010年支付宝每秒钟可以处理300笔交易，现在每秒钟已经可以处理上百万笔了。效率高、错误率低，用户体验也就好了。假如消费者在使用移动支付工具时经常遇到困难，那么他们使用移动支付工具的意愿会大幅下降。数字金融交易的一个特点是交易双方不需要线下见面，这也是效率提高、体验改善的重要原因。数字技术还有一个重要的潜力，就是帮助降低交易双方信息不对称的程度，如果做得好，可以更好地控制金融风险。

第三，中国金融监管部门总体上采取了相对宽容的立场，这也为数字金融创新提供了较大的空间。

欧洲大陆的数字金融创新相对比较迟缓，可能与监管比较严格有关。当然，如果请不同的专家事后对我国监管部门的态度及其后果作评价，结论可能也会有差异。比如有的专家可能会强调，我国的监管部门管得比较少，主要是因为我国采取的是机构监管的方式，实质是“谁发牌照，谁监管”，许多金融创新业务没有清晰地落在特定的业务领域，或者至少监管部门并没有发牌照，也就没有实施监管的动力。还有专家可能会指出，监管宽容可能弊大于利，因为金融交易没有得到一视同仁的监管，即催生了不少套利行为，也造成了一些严重的金融风险，后来个体对个体借贷平台出现了严重问题就是很清楚的证据。这些观点都是十分有道理的，而且事后再看，更好的做法是在坚持金融监管一视同仁原则的前提下，实行“监管沙盒”那样的监管创新，让金融机构与监管部门合作，有条件地试验创新业务，从而更好地实现创新与稳定之间的平衡。

但在2004年阿里巴巴开始做支付宝的时候，并没有这样的监管意识。不过，可能是因为监管部门看到了这种金融创新的价值，尤其是在我国这样一个普惠金融服务缺口非常大的市场，如果央行从一开始就不允许电商平台做支付工具，那么我国今天也就不会有这样一个庞大的移动支付体系。更重要的是，央行虽然没有明确实施“监管沙盒”，但实际上还是一直在关注、监测支付宝的发展的。经过几年的观察、分析、探索，央行于2010年颁布了第三方支付的管理办法，不仅给支付宝补发了牌照，后来还发放了约300张支付牌照。至于这300家机构的业务路径、市场发展与风险状况，那是后话了。

简单地作一个总结，过去20年来，我国的数字金融创新走在世界前列，在市场规模和业务创新方面的表现尤其突出，确实有一些重要的促成因素。从时机看，就是赶上了以数字技术创新为核心的第四次工业革命，这些新技术的落地，为改善金融服务提供了前所未有的机会，而中国的一些机构抓住了这次机会。当然，政府在数字技术基础设施建设方面也作出了十分重要的贡献。从市场看，我国金融服务供给不足的矛盾确实非常突出，数字金融开创的一些领域，比如支付、信贷、投资等，传统金融机构能提供的服务是非常不充分的，这也为数字金融创新提供了十分关键的土壤和市场。从监管看，起码在前期，监管部门宽容的态度为数字金融创新提供了难得的空间。

第二节

我国数字金融创新的逻辑路径

我国数字金融创新始于哪一年？不同的人可能会给出不同的回答，国内很多人把2013年看作“互联网金融元年”，因为在那一年余额宝上线，引爆了全社会对数字金融的关注和热情，且腾讯也在同一年推出微信支付。国外有专家把2009年看作历史性的转折点，因为2008年爆发的全球金融危机，极大地损害了公众对金融机构和中央银行的信任，公众开始寻找去中心化、匿名的金融产品，虚拟货币比特币应运而生，并受到热烈追捧。还有的专家将金融科技创新追溯到1866年跨大西洋海底电缆的建设和1918年美国联邦储备通信系统的建立[1]。不过，按照今天被普遍接受的概念，1998年两位企业家Peter Thiel和Max Levchin共同创建数字支付工具PayPal可能是更为关键的时间节点。

一、移动支付工具

我国的移动支付工具主要有支付宝和微信支付。

支付宝最初出现，主要是为了解决现实中的一个具体问题。2003年5月，阿里巴巴建立了电商平台淘宝。将商场开到互联网上，是数字技术时代的一个重大创新。当然，电商并非阿里巴巴首创。亚马逊公司于1994年成立，在1995年就开始运营网上书店业务。与传统商场相比，电商的最大创新是突破了物理空间与时间的限制，故淘宝一上线就能服务全国的消费者，服务几乎是每周7天、每天24小时不间断。不过，与传统商场相比，电商平台也有一个明显的不足，即买卖双方不能直接

[1] ARNER D W, BARBERIS J N, BUCKLEY R. The evolution of fintech: a new post-crisis paradigm?［J］. Georgetown journal of international law, 2016, 47（4）: 1271-1319.

见面，加剧了信息不对称的矛盾，降低了信任。在传统商场，消费者如果看中一个商品，可以当即购买，货款两清。在电商平台上却不行，即便买卖双方达成了交易意向，但如何完成交易确实是一个巨大的考验，最为根本的问题在于缺乏信任。简单地说，就是应该先付全款还是应该先寄商品：卖方担心发货之后款项不能及时到账，而买方则担心付款以后卖方不发货或者发的货与描述不符。所以，早期曾经有一段时间，电商平台上很多都是“同城交易”，即买卖双方达成交易意向之后，约时间地点见面，一手交货，一手交钱。但这也就从根本上让电商平台的优势打了极大的折扣。

为了解决这个问题，阿里巴巴于2003年10月推出了担保交易服务。担保交易的流程是这样的：在买卖双方达成交易意向之后，买方先把货款打给阿里巴巴，阿里巴巴收到货款之后通知卖方发货，然后买方在收到商品之后再告诉阿里巴巴，最后阿里巴巴将货款转给卖方。这个流程听起来有点复杂，但有效地解决了交易双方的信任问题，这使电商业务开始进入快速增长时期。当然，建立信任也不是很容易做到的，尤其是在早期。与现在的情形不同，当年的阿里巴巴并不是家喻户晓的大公司。当年的第一笔业务就发生了一个小插曲。当时的情况是在日本横滨留学的崔卫平转让一台二手的富士相机，在中国西安一所大学读书的焦振中有意购买。2003年10月18日，焦振中把750元货款打给了阿里巴巴，但几分钟之后他就后悔了，要求阿里巴巴把钱还给他。据说作为客服的梁彬最终说服了他，从而完成了阿里巴巴历史上的第一笔担保交易。焦振中可能是第一个信任阿里巴巴的消费者，今天他的照片还挂在杭州蚂蚁集团总部的展厅。

担保交易的做法虽然为解决信任问题提供了一个方案，但也存在一些明显的短板，总体来说就是交易成本非常高。完成一笔交易需要比较长的时间，这与消费者通常的行为是相悖的。更重要的是，担保交易的清算成本很高，阿里巴巴的员工每天都需要跟银行的员工一起对账，每一笔汇款的明细都要跟商品和卖方对上。这听起来容易，做起来很难，特别是在淘宝的业务量增长以后，支付的笔数非常多，但每笔的交易金额都不大，有不少买方在汇款的时候忘了写备注，这样就进一步增加了处理的难度，以至于到最后，合作的银行都不愿意做这项业务了。这样，马云才开始关注到PayPal的独特性，下决心自己在平台上做一个个体化的虚拟支付体系。在2023年，支付宝的全球用户数量已经超13亿。

另一个头部移动支付工具微信支付的形成路径不太一样。如果说支付宝的诞生就是为了解决业务发展中出现的瓶颈问题，那么微信支付的诞生更多的则是因为发起机构看到了机会。腾讯旗下的财付通于2011年获得第三方支付的牌照，2013年8月，财付通与同为腾讯旗下业务的微信合作，推出了微信支付工具。支付宝依托的是淘宝平台，微信支付依托的是微信平台。微信支付在早期利用线上红包极大地拓展了业务，特别是2014年春节的新年红包和2015年的春晚红包。在随后的发展过程中，对社交媒体平台用户黏性较强的优势也得到充分的发挥。到2024年一季度，微信支付活跃用户的数量已接近14亿。

中国的移动支付在诞生之后迎来了几次比较大的转变。第一次转变是在2011年，从原先的台式机互联网支付变成智能手机移动支付。支付工具为台式机时，支付宝的使用时间基本上集中在每周工作日的早餐和晚餐时间，变成移动工具之后，支付就不再受时间、地点的限制，这也是数字金融创新的一个革命性的进步，此后，只要有一部智能手机，只要能够连上移动信号，不管身处何地，都可以自由地享受数字金融服务。这一突破并不仅仅限于移动支付。就在同一年，支付宝还做了第一个用于支付的二维码，这样就使移动支付从纯线上走到了线下。到2018年，二维码支付大面积铺开，这同样也是一次革命性的变化。

在过去的20多年间，监管政策也作了几次大的调整。第一次也是在2011年，中国人民银行制定了关于第三方支付机构的监管政策，并开始发放牌照。第二次是在2017年，央行全面存管第三方支付机构的备付金。第三次是在2018年，央行明确要求第三方支付机构不能变相行使清算的职责，要求“断直连”，即其与银行的清算都要经网联或银联完成。

用这么多的篇幅介绍移动支付业务的创新与发展主要有两方面的原因。一方面，移动支付确实是中国数字金融创新的起点。另一方面，移动支付在数字金融的发展过程中在一定程度上发挥了基础设施的功能，后来的很多业务最初都是基于移动支付的平台创立的，移动支付业务所形成的平台、客户、数据，是其他金融业务发展的重要条件。同样重要的是，几个头部的移动支付工具都建立了庞大的生态系统，提供诸如健康、旅行、购物等方面的服务，这样既增加了移动支付工具的网络价值，也增加了客户黏性。

二、数字信贷与其他

有了支付宝提供的结算服务，阿里巴巴的电商业务就快速地成长起来了。随着业务的发展，平台上的商家提出了融资的需求，流动性不足，往往会成为一些电商业务发展的重要约束因素。但阿里巴巴自己并没有银行牌照，就跟银行商量展开信贷合作。当时的思路大概是这样的，因为平台上可以看到每家电商商家的业务、现金流和顾客评价等方面的信息，阿里巴巴就可以据此向银行推荐资质比较好的电商商家，银行再在此基础上进行传统的信用风险评估，然后进行信贷决策。问题是，按照这个思路运营了一段时间，基本上没有电商商家获得银行的贷款。原因其实也很简单，银行进行信用风险评估主要依靠的是财务数据或者软信息或者抵押品，但这些电商商家都没有，也就无法达到获得信贷的基本门槛。

但阿里巴巴不接受这个结果，于是决定自己动手干，于2009年成立项目小组，2010年6月联合复星集团、万向集团和银泰集团申请了阿里巴巴小额贷款股份有限公司（简称“阿里小贷”）的牌照。阿里小贷从2010年6月开始向电商商家发放小额信贷。显然，与支付宝一样，阿里小贷的诞生，也是为了解决实体经济中面临的实际问题。这是中国第一张由大科技平台获得并且主要向平台上的商家提供信贷服务的信贷牌照，事后看，阿里小贷也是全球第一家依托科技平台从事信贷业务的机构。目前在韩国、印度、美国、巴西等国家都有从事信贷业务的大科技公司，但它们的起始点都要晚于阿里小贷。

不过，一开始的时候，阿里小贷并没有真正采用后来被称为大科技信贷的业务模式。虽然阿里小贷也会利用平台上的一些信息，但信贷决策的逻辑与其他的小贷公司差别不大。阿里小贷实行大科技信贷的做法，应该是从2015年开始的，即开始利用平台上的大数据和机器学习的方法进行信用风险评估。大科技信贷的基本构架是利用诸如电商、短视频、打车、外卖、社交媒体等的大科技平台，海量、快速、低成本地获客，客户在平台上活动就会留下数字足迹，累积起来构成大数据，大数据可以发挥两个作用：一方面，大数据可以帮助平台实时监测客户的状况，包括金融与非金融活动的状况，这有利于采取灵活的风控措施，部分解决道德风险的问题，支持还款管理。另一方面，大数据与人工智能方法结合，可以更好地评估信用风险，部分解决逆向选择的问题。从实际效果看，大科技信贷的风控效果是不错的，虽然不同阶段、不同平台的效果有明显的差异，但总体看来，这类业务的不良贷款率通常要低于商业银行同类贷款的不良贷款率。

但利用非传统数据进行信用风险评估这一套方法，好像主要是通过从美国引进人才来实施的。所以，虽然后来被改组为小微金服（2013年）、蚂蚁金服（2014年）和蚂蚁科技集团（2020年）的阿里小贷是第一家依托大科技平台做小贷业务的机构，但它可能不是大科技信贷业务模式的首创者。与支付宝一样，大科技信贷提供了一种全新的业务模式，最重要的贡献在于让原本无法获得信贷服务的很多群体都有可能被覆盖。过去很多小微企业的信贷主要依靠抵押品，但很多小微企业缺乏抵押品，这就加剧了普惠金融服务不足的矛盾。客观地说，信贷业务很难说哪个先进、哪个落后，关键是贷款放出去之后能否连本带利地收回来。如果管不住风险，再先进的方法也没有意义。但不得不承认，利用大数据进行信用风险评估这一套方法，现在在银行也已经得到了应用。

同样在2015年，蚂蚁借着政策的东风，成立了新型互联网银行——网商银行，当时这类银行主要有三家，在网商银行之前成立的是腾讯支持的微众银行，之后是新希望支持的新网银行。相比较而言，新网银行的业务模式更为特别一点，因为它没有依托发起机构的平台，而是独立建立了一个数字化银行平台，然后去对接其他的大科技平台，比如滴滴、美团等。网商银行一开始承接了阿里小贷的业务，蚂蚁金服把消费金融比如花呗、借呗等留在了本公司内部，消费金融使用的也是大科技信贷这套做法，只是服务的对象有所差异。

网商银行一成立，就宣布以中小型银行、小微企业和农村经济主体为目标客户群，但它很快放弃了服务中小型银行的提法，而改为与商业银行进行业务合作。网商银行在业务方面作了几次拓展：一是跟各地的县政府合作，打通地方的社保、水电、税收等公共数据，支持信贷决策，更好地服务县域经济，特别是乡村的小微企业和其他农村经济主体。二是铺开对利用二维码收款的小商小贩的信贷服务，这样等于进一步扩大了客户群，这个被称为“码商”的群体，数量非常大，往往不在传统金融机构的视野之内。三是利用供应链上下游的信息，进一步增强信用风险评估的效果。网商银行同时还做了许多创新，比如利用航拍照片，确认偏远地方农民生产、收成状况，鼓励潜在的借款人上传证据，由机器人信贷员判断是否提升授信额度。借助所有这些创新达成一些重要的目的，以减少对平台系统内数据的依赖。目前自己平台上的内部收集的数据占比不到1/3，2/3的数据来自外部，既可以改善风控的效果，也可以扩大服务的覆盖面。

蚂蚁在建立阿里小贷之后、设立网商银行之前，还做了另一件惊天动地的事情。2013年6月，蚂蚁推出了线上投资工具余额宝。拥有支付宝的消费者可以非常灵活地将零钱转到余额宝，余额宝里的资金则由天弘基金投资到货币基金。货币基金是聚集社会闲散资金，由基金管理人运作，基金托管人保管资金的一种开放式基金，专门投向风险小的货币市场工具。有别于其他类型的开放式基金，货币基金具有高安全性、高流动性、稳定收益性，拥有“准储蓄”的特征，大大降低了人们投资货币基金的门槛。非常巧的是，2013年6月，我国的货币市场发生了“钱荒”事件，货币基金7天期年化收益率超过了6%。作为对比，2024年6月中旬，7天期年化收益率只有1.5%。虽然到2013年6月底该收益率已经回到了正常水平，但“钱荒”相当于为刚刚上线的余额宝做了一个免费的广告：只要把钱转到余额宝，无论数额大小，都可以获得很好的收益。因此，在短短几个月的时间里，余额宝的投资总额就达到将近1万亿元，也让天弘基金迅速上升为中国规模最大的投资基金。这恰恰是长尾效应的充分体现，虽然每一笔资金的规模都非常小，但聚在一起，却让天弘基金成了中国规模最大的投资基金。由于增长速度过快，余额宝很快开始限制个人的投资总额。

在随后的几年间，所谓的“宝宝类”投资产品的数量迅猛增长，不仅数字金融平台积极参与，传统商业银行也纷纷推出自己的“宝宝类”投资产品。余额宝像一条鲇鱼，搅动了金融体系，甚至在一定程度上推动了实质性的利率市场化进程。

在这一系列进程渐次展开的同时，另外一些数字金融创新也在不断发生，其中包括一些不算成功的尝试，受到比较多关注的有智能投顾和个体对个体借贷平台（P2P）。国内的第一个智能投顾产品是招商银行于2016年开发的摩羯智投，这是中国财富管理人与机器、线上线下的融合服务新模式的起点。可惜在经过6年的尝试之后，摩羯智投在2021年底宣布，为了配合监管要求，暂停申购业务。在2022年中又宣布，从7月1日起，招商银行摩羯智投业务将不再提供购买、调仓、业绩展示、投资陪伴等服务，赎回交易不受影响。智能投顾创新没有取得成功，具体的原因可能有很多，究竟哪个是最主要的原因，还需要作深入的分析，既可能是因为投资者对机器决策没有足够的信任，也可能是因为智能投顾提供的解决方案还不成熟，还有可能是市场上缺乏可供配置的金融资产。原先对智能投顾的期待很高，是因为中国的老百姓特别是中产阶层积累了一定规模的财富，却缺乏好的财富管理服务，智能投顾也许可以提供一个潜在的解决方案，相当于为每个家庭提供一个个性化、数字化的私人财富管理顾问。目前看来，离那个目标还有较大的距离。

另一个不太成功的尝试是P2P。2007年中国第一家P2P平台拍拍贷在上海上线，紧随2005年英国的Zopa和2006年美国的Prosper，也算是走在了国际创新的前列。不同的是，在英美，P2P平台虽然一直在经营，但并没有做大。在中国却不一样，2013年后各类P2P迅猛增长，总数一度达到6000多家。可惜的是，起得快，落得也快。2015年底，一家涉近百万投资者的平台“e租宝”爆雷。2016年，监管部门发布P2P平台的管理办法，明确了其信息中介的定位，不许增信、不许搞资金池，实际上宣判了平台的终结。虽然政策落实的期限一拖再拖，最终在2020年，平台总数清零。从2007年到2020年，用十几年时间走完了一个完整的数字金融创新的周期，虽然不成功，但也提供了非常有价值的经验教训。与所有的金融交易一样，平台上的借贷（或投资）也需要做风控，但监管部门将平台定位为“信息中介”，意味着平台除了提供信息，不能做任何金融中介的事情，那就只能靠借贷双方自己做风控，但这实际上是不可能的。借贷双方完全没有打过交道，也缺乏足够的信息，可能也没有能力辨别风险，更没有能力管理道德风险。说到底，P2P的最大问题是没有进行有效的风控，而没有风控的金融交易不可持续，这个道理显而易见。这个责任究竟应该由谁来承担，借贷者、平台方还是监管者？这个问题如果回答得好，可以为未来的金融创新提供一些有益的启示。

三、数字人民币

最后一项重要的数字金融创新是中国人民银行开发的央行数字货币，即数字人民币。自2009年比特币出现以来，数字货币一直备受关注。比特币因其去中心化、匿名和总量给定的特性而受到欢迎，但其内在价值的不确定性使得许多国家的监管部门和央行对其持怀疑态度。2019年6月18日，Facebook发布的Libra白皮书引发人们关注。Libra是Facebook推出的虚拟加密货币，是一种有内在价值的稳定币。Libra一旦落地就可以成为跨境支付工具与国际货币。由于Libra受到各国监管部门的质疑，Facebook后来根据反馈进行了多方面的修改，将Libra改名为Diem，并于2020年4月发布了第二版白皮书。Facebook在全球拥有将近30亿用户，如果其推出的数字货币得以落地，将导致资金在全球范围内自由流通，这会对现有的金融体系造成巨大的冲击。后来，各国央行开始意识到数字货币的重要性并加快了研发步伐，因为如果不采取行动，其他数字货币可能会涌入市场，从而对各国的货币主权构成威胁。从2020年开始，我国多个城市陆续试点数字人民币。

央行数字货币通常分为批发型和零售型。批发型主要供机构使用，而零售型则面向普通民众。国际清算银行（BIS）2023年的调查显示，在全球67家央行中，有近90%的央行已经开始了不同阶段的央行数字货币的研发工作。对于发展中国家来说，研发央行数字货币的主要目的是实现普惠金融、提高支付效率、增强货币政策的有效性。中国的数字人民币已在冬奥会场馆内投入使用，其设计已相当成熟。数字人民币采用的是独特的双层发行机制，即中国人民银行授权权威机构发行，而这些机构自行设计钱包并向公众发行数字人民币。此外，银行不会为数字人民币支付利息，这可能是为了维护现有金融体系的稳定。

经常有人问数字人民币的核心功能是什么，因为他们觉得数字人民币与其他移动支付方式并没有太大的差别。这一感觉其实是正确的。从本质上看，数字人民币是一种移动支付方式。既然它也是一种移动支付方式，那么我们为什么还要推出数字人民币呢？一些专家表示，推出数字人民币的目的是实现普惠金融。首先，数字人民币是法定货币，具有法偿性，这与其他移动支付方式有所不同。其次，数字人民币是一种法定货币，取现或提现是不收取任何手续费的。最后，推行数字人民币有利于提升普惠金融服务水平，它支持双向离线支付。与此同时，数字人民币在设计阶段充分考虑到残障人士、老年人等特殊群体的需求。数字人民币未来是否会取代移动支付？目前还无法给出明确的答案。尽管数字人民币和移动支付在某些方面存在一定的共性，但它们的功能和定位是不同的。移动支付不仅是一种支付工具，还拥有一个完整的生态系统，涉及多种场景。数字人民币能否发展出便捷的、具有黏性的生态系统，还有待进一步观察和评估。

目前被广泛使用的支付工具存在一定的局限性。比如，支付宝账户中的钱只能转入支付宝账户，微信支付账户中的钱只能转入微信支付账户。这种分割虽然会给人们带来一定的不便，但也具有一定的好处。这种分割使每个支付系统内部的数据都是完整的。比如在支付宝系统中，每一笔转账的流动轨迹都可以被完整地追溯，各个机构可以对这些数据进行深入分析，从而更好地理解用户的行为和需求。然而，未来如果支付方式变得更加多样化，那么各个机构可能只能获取一部分数据。将来央行会不会掌握总体的支付数据，目前尚不清楚。

为什么试点这么久但数字人民币尚未正式推出？曾有专家解释过，大致是因为三个方面的工作还需要进一步加强。首先，为了使数字人民币得到广泛应用，受理终端的建设问题需要被重视起来，这意味着需要有足够多的地方支持数字人民币的使用。如果数字人民币只适用于某些特定场所，那么人们使用数字人民币的积极性就会降低。因此，数字人民币应当支持人们随时随地完成交易，就像支付宝和微信支付一样。其次，数字人民币的推出对安全风险管理体系提出了更高的要求。随着数字人民币的推出，信息安全问题将成为重大挑战。新的支付系统可能会成为黑客攻击的目标，需要采取有效的措施来确保资金流转的安全性。最后，还需要考虑如何应对各种潜在风险，如系统故障等。数字人民币的推出还涉及监管方面的问题。如果监管模式和政策不明朗，就可能对数字人民币的推广和使用造成一定的影响。数字人民币不计付利息，也可能影响用户的使用动机。

目前，中国人民银行正在与香港金融管理局等机构进行合作，共同探索数字人民币的国际应用。如果技术条件成熟，数字人民币可以直接用于国际支付，但数字人民币只是人民币的数字形式，它能否在国际市场上流通主要取决于国际市场对人民币的认可度和接受度。想要推动数字人民币国际化进程，需要综合考虑多个方面的因素，包括政策环境、市场机制和系统技术支持等。这些因素对数字人民币的国际应用至关重要，因为它们将决定数字人民币在国际市场上的竞争力、稳定性和可信赖度。如果国际市场对人民币的认可度提升，数字人民币的国际化进程将变得更加顺畅。期待未来数字人民币能够在国际市场上发挥更大的作用。

四、未来的演变方向

经过20年的努力，我国的数字金融创新取得举世瞩目的成就。虽然大部分数字技术和商业模式不是中国原创的，但应用做得非常好，无论是看市场渗透率，还是看市场规模，或者看服务质量，我国许多数字金融业务确实是走在世界前列的，作为一个发展中国家，这是一个非常了不起的成就。从业务分类看，差异也很大。比如，移动支付和大科技信贷已经做得比较成熟，但智能投顾没有形成好的实践；保险方面的工作主要体现在一些流程方面，包括销售、理赔等，全新、全流程的商业模式还没有出现，一些互助性质的保险平台已经停止运作；P2P的尝试已经以失败告终；传统金融机构的数字化转型已经起步，并且取得了不少亮眼的成绩；数字人民币的创新也走在了世界主要国家的前列，但还没有正式推出，在如何确保普遍使用与系统平稳方面还有很多工作要做。因此，离最后的成功还有一段路程。

除了业务的差异性表现，过去20年的数字金融创新还有几个比较鲜明的特点。一是科技公司冲在了数字金融创新的第一线，特别是蚂蚁和腾讯。二是大部分成功的业务创新都是依托消费互联网实现的，包括电商、社交媒体等。三是绝大部分创新业务都在国内市场，跨境交易虽然也有，但很少。

我国数字金融创新还有一个突出的特征，就是监管行动相对滞后。该特征的好处是给创新机构提供了相当大的空间，缺点是一些行为和业务没有受到有效的监管，从而引发了不小的风险。对数字金融的监管起步于2011年央行发布关于第三方支付机构的监管政策。2015年，央行等十部门发布关于互联网金融监管的政策；2016年，银监会宣布对P2P平台的管理办法；2020年底，监管部门正式开启对数字金融特别是平台金融的专项整治工作，尽可能做到对所有金融交易一视同仁、监管全覆盖；2023年，监管部门宣布专项整治告一段落，开始实行常态化监管。

常态化监管的开启可能标志着我国的数字金融创新走入新的时代。在这个新的阶段，数字金融创新也可能会呈现出一些新的特征，其中有三个值得密切关注的方向。

第一，数字金融创新的主力有可能会由科技公司变成金融机构。早期科技公司掌握技术，所以在创新方面有先天的优势，但现在传统金融机构，特别是一些大型机构已经具备了比较强的技术能力，也做了很多投资。当然，金融机构可能更清晰地看到了创新的突破口。事实上，金融机构的数字化转型正在不断加速，也取得了可喜的成绩。另外，一些科技公司的战略也在微调。将来一种可能的局面是，科技公司主要在技术层面为金融机构提供解决方案，金融机构主要提供金融服务。

第二，过去创新比较成功的是移动支付和大科技信贷，而且大多依托消费互联网。未来可能会更多地依靠物联网、供应链，创新服务的主体对象也会从消费者转向企业、机构。从具体业务看，数字保险和智能投顾依然是值得高度期待的领域。数字人民币创新也会走入新的阶段，虽然在具体做法上，包括零售型央行数字货币的定位是只替代流通中现金的功能等，但也可能会出现一些调整。此外，人工智能特别是大语言模型的快速进步，也可能会催生一些新的金融产品、流程甚至模式。

第三，过去国内机构的数字金融创新主要在国内市场，现在已经开始走向国际市场。支付宝和微信支付早就可以支持境外消费，也有不少数字金融机构走向海外市场。这些机构有技术、有经验，而且经受过中国市场竞争的考验，在东南亚市场上受到普遍的欢迎。相信会有越来越多的中国数字金融企业到海外展业，参与国际竞争，甚至推动国际市场与国内市场之间的跨境交易和合作。

第三节

数字金融的普惠性

数字金融一产生，就展现出非常强的普惠金融的特性。北京大学数字金融研究中心和蚂蚁集团合作，联合开发了“北京大学数字普惠金融指数”[1]。这个指数包括三个维度的数据：一是数字技术与数字金融的覆盖面；二是数字金融业务的使用深度，其中数字金融业务又细分为支付、货币基金、信贷、保险、投资和征信查询等六个方面；三是数字化水平，其中包括移动性、成本、便利性和信用。构建指数的数据来自蚂蚁集团，因此不可避免地存在代表性的问题。在整合、测算全部数据之后形成各分指标，最后构成一个反映数字普惠金融发展水平的综合性指标。这是一个年度指标，从2011年开始，现在已经更新到2023年。除了全国的指标，还可以分解到各个省、地级市和县（市、区）三级。

如果将全国300多个地级市的指数按照每年的发展水平分为四档——最发达、次发达、欠发达、不发达——会发现2011年全国只有东南沿海的一些地级市处于最发达一档，其他大部分地级市处于不发达一档。11年以后，在2022年，全国最发达的地级市仍然集中在东南沿海地区，但其他地区的相对发达程度已经明显提高。如果看这11年间各地级市的指数的增长速度，会发现中西部地区的增速比东部地区要快得多。经济地理学中有一个胡焕庸线的概念，即将黑龙江的黑河到云南的腾冲连一条线，将中国的国土分为东西两个部分。在1936年，西部地区的人口占比只有4%，绝大部分经济活动都集中在胡焕庸线的东边。现在这些比例可能有所变化，但东西部失衡的问题依然存在，而且依然很严重。把北京大学数字普惠金融指数放

[1] 郭峰，王靖一，王芳，等．测度中国数字普惠金融发展：指数编制与空间特征[J]．经济学（季刊），2020，19（4）：1401-1418.

在地图上，可以看到，数字金融服务正在跨过胡焕庸线，延伸到中西部地区。这是数字金融普惠性最为突出的体现。

从原理上来说，这个新进展也很容易理解。过去提供金融服务需要将金融机构的分支机构开遍全国，只有离客户足够近，才有可能提供好的金融服务。西部地区地广人稀，开办金融机构往往得不偿失，所以大部分正规的金融服务都很难触达这些地区。但现在不同了，中国的每一个老百姓，只要拥有一部智能手机，能够连上移动信号，不管身处上海、齐齐哈尔，还是喀什、拉萨，都可以享受几乎完全一样的金融服务。数字技术突破了物理位置和距离的限制，完全有可能把金融产品和服务送到中国的每一个角落。所以说，数字技术本身就具有更为平等的特性。其实，如果看分指数，如数字金融的覆盖度，西部并不明显落后于东部。东部的综合指数更高一些，主要是因为东部使用金融服务的深度更高，东部的居民收入高、财富多，使用金融服务的频率更高一些，量也更大一些。

数字金融的普惠性既有历史意义，又有世界价值。联合国将2005年定为国际小额信贷年，号召各国大力发展普惠金融，就是为小微企业和低收入人群提供商业可持续的金融服务。但这是一项十分艰难的工作，中国政府也响应联合国的号召，采取了许多政策措施，包括建立大量的小额信贷公司，截至2023年12月末，全国共有小额信贷公司5500家。但总体看来，发展普惠金融的进展不大。为什么发展普惠金融这么难？简单概括，是受两大因素的制约，即获客难和风控难。所谓获客难，就是即使银行很愿意给小微企业提供服务，但找到这些客户的难度和成本很高，因为这类客户往往数量很大、分布很散；所谓风控难，就是这些客户缺乏历史数据、抵押资产和政府担保，所以银行缺乏进行风险评估所需的相关信息，一旦发现违约也很难采取有效的手段挽回损失。

中国的另一个约束因素就是前文讨论过的利率管制，银行贷款利率压得很低。2015年11月，银行存贷款利率的最后一道管制放开，也就是不再设置存款利率浮动的上限。按道理说，既然央行已经不再限制银行的存贷款利率，那么利率市场化应该已经完成了。但实际并非如此，央行很快重申利率市场化尚未完成，主要还存在两个方面的问题：一是金融机构的风险定价能力还有待提高；二是货币政策传导还不够顺畅。基于此，监管部门实际还在影响商业银行的存贷款利率，银行不能完全自主地决定贷款利率，这就影响了银行为小微企业提供金融服务的意愿与能力。

这也能帮助我们理解为什么过去几年中国的影子银行发展得如此迅速。客观地说，中外影子银行存在不少差异，国外发达经济体的影子银行大多是非银行金融机构所做的业务，而中国的影子银行更多的是银行的产物，因此也有人将其称为银行的影子。到2018年底，中国的影子银行总规模估计超过了50万亿元，相当于银行贷款余额的1/3。一般认为，影子银行的动机就是规避监管，比如银行的贷款业务都需要满足资本充足率和存款准备金率的监管要求，这些要求当然是为了降低金融风险，但同时也确实会增加银行的经营成本，尤其是很多银行缺乏补充资本金的有效渠道，资本金不能提高，业务就无法扩张。将金融交易从表内移到表外，虽然仍然是银行做的业务，比如委托贷款、理财产品，却规避了监管，也降低了经营成本。当然，规避监管也一定会增加潜在的金融风险。中国的影子银行还有一个特殊的动机，就是规避管制，比如利率管制。业务挪到表外之后，相当于变相地实现了利率市场化。从这一点看，影子银行的积极意义是很突出的。在今天的中国金融体系中，利率市场化的重要性强调再多次也不为过。一方面，如果不是按照市场化利率进行风险定价，会影响资金的配置效率，甚至会造成很多金融风险。另一方面，如果利率不能市场化定价，金融机构就很难对小微企业和民营企业提供金融服务。

“实质性的利率市场化”这一点，对于正确理解影子银行和数字金融的贡献十分重要。影子银行确实带来了新的风险，但与此同时，它也为实体经济提供了实实在在的金融服务，弥补了正规金融部门服务供给不足的问题。为了防范风险，将影子银行业务纳入监管框架是完全有必要的，但在调整的过程中也要充分考虑对实体经济的影响。2018年上半年，因为监管政策收紧，影子银行交易减少了2万亿元，这明显地加剧了民营企业融资难的问题，甚至严重冲击了宏观经济的发展态势。

数字金融对于发展普惠金融还有一个革命性的贡献，就是为解决获客难和风控难问题提供了一些可能的方案。数字金融做得比较好的都是大科技公司，比如腾讯、阿里巴巴和京东等，每个平台上都有好几亿客户，这说明它们首先利用数字技术解决了获客难的问题。过去大家一直将中国工商银行看作“宇宙行”，因为它在全国有很多网点和无数的员工，获客和风控的能力比较强。即便如此，它仍然很难触及那些小微企业和低收入人群。更关键的是，像工行这样的大银行，它的优势就是为大企业服务，一单贷款就是5亿元、10亿元。让这样的信贷员去做一单5000元、5万元的业务，既非他们所长，单位成本也会大大增加。但是，大科技平台就不一样，它们通过移动终端、大数据分析和云计算将数亿的客户黏在平台上，一旦平台建立，这些平台的长尾效应意味着它们可以服务无数的客户，边际成本几乎为零。而且平台还能根据潜在客户的数字足迹来分析客户的信用条件，发放贷款。

阿里巴巴的网商银行形成了一个“310”贷款模式，即平台的客户花3分钟就可以在网上申请贷款，平台1秒钟批准贷款，同时资金进入个人账户，而且0人工干预。网商银行能够实现这种模式的原因是借助了大数据的力量，利用客户在淘宝购物、社交平台交流以及其他平台的一些信息，对潜在客户预先批准了信贷额度。这样，客户申请贷款时就能马上知道结果。腾讯的微众银行也是类似的商业模式，只不过它聚焦个人消费贷款，用的是微信的社交信息和其他数据。微信圈子其实就是一个人比较完整的社交圈子。大数据分析的特点是，每一条具体的数据拿出来，可能都不是准确的指标。但是大数据会把你生活、工作和社交等各方面的数据全部综合起来进行分析，形成的结果就比较可靠。

孟加拉国有一个小额信贷做得非常好的格莱珉银行，也称乡村银行，是诺贝尔和平奖获得者穆罕默德·尤努斯教授创办的，宗旨就是帮助农村贫困居民发展生产、改善生活。它在云南大理做了一个试点，这个试点做得非常好。项目负责人是从孟加拉国来的，真的是很有国际主义精神，他带领了12个中国的年轻人一起工作，每周都要去村里召集贷款的村民开组会。当地的生活、工作条件很一般，也没有专门的交通工具，每次去村里只能坐公交或者搭便车，否则只能步行，有时候出去不带干粮就会饿肚子，这些人真的是在真心实意地帮助农民改善生产生活。稍感遗憾的是，这样一个13个人的团体，一年只服务了130家贫困农户，而且资金上也不能自负盈亏，需要当地的富滇银行每年提供一笔经费支持运行。所以说，虽然格莱珉银行做得很好，但普惠金融服务的规模很难上去。

网商银行和微众银行基本上已经克服了普惠金融的这个规模瓶颈。网商银行只在杭州有一个办公地点，没有分行，大概700多个员工。2018—2019财政年度报告显示，网商银行为1200万家小微企业提供了贷款，同时已经为9300万家小微企业做了大数据画像，从理论上讲，这9300万家小微企业都可以成为潜在的贷款服务对象。微众银行所服务的客户的数量应该比网商银行还要多。与此相比较，中国自2005年以来一直通过创办小额信贷公司支持普惠金融服务，目前8000多家小额信贷公司每年所服务的小微企业的数量不会超过100万家。

所以，影子银行也好，数字金融也好，它们快速发展的一个重要原因就是正规金融部门或者传统金融机构的金融服务供给不足。而数字技术给金融带来的改变是全方位的，比如“三升三降”。但其中三个方面的变化可能是有革命性意义的：一是极大地拓展了金融服务的触达面，过去难以被覆盖的客户群体现在可以获得金融服务；二是通过技术创新改善风控，这样就可以服务很多原先大部分金融机构无能为力的客户；三是变相的利率市场化，这就提高了风险定价在金融服务中的应用水平。这些都是非常了不起的创新。现在全世界都在关注中国的数字金融，受IMF之邀，北京大学数字金融研究中心和上海新金融研究院每年都会组织一批中国数字金融公司像蚂蚁、京东、腾讯、陆金所等的高管和央行等监管部门的官员，到华盛顿和IMF联合举办关于中国数字金融的闭门研讨会。IMF邀请中国的企业高管和官员一起开展专题研讨，说明国际组织认为中国的数字金融做得好。

第四节

数字金融对宏观经济的影响

数字技术给金融带来翻天覆地的变化，自然也会对宏观经济产生巨大的影响。不过，因为数字金融创新的时间还不长，很多金融业务也还在变化之中，现在恐怕还不能完整地总结数字金融对宏观经济的影响。下面以三个研究为案例，讨论一下已经观察到的重大变化，当然将来随着数字金融创新的进一步研究，不排除一些基本结论发生改变的情况。

第一个案例是数字金融可能会对货币政策的传导方式产生影响。货币政策是重要的宏观经济政策，货币政策调整的一个重要目的是进行逆周期调节，稳定包括通货膨胀和经济增长在内的宏观经济指标。考察货币政策是否有效，主要看政策变量的调整是否可以引发宏观经济变量的相应变化。已有的一些利用中国数据所作的实证研究发现，当货币政策宽松时，即政策利率下调时，信贷便会扩张，这说明货币政策调整是有效的。不过更有意思的发现在于，与传统商业银行的信贷相比，利用大科技平台和大数据分析的信贷的反应更大一些。同时，这种更大的反应主要体现在外延边际而不是集约边际。用日常语言来表述，信贷扩张既可以以集约边际的方式，即单笔贷款的额度增加来实现，也可以通过外延边际的方式，即通过增加贷款的笔数来实现。与银行信贷相比，大科技信贷在单笔额度上没有明显的差异，但会更多地增加贷款笔数[1]。

为什么大科技信贷对货币政策的反应主要体现在外延边际而不是集约边际？一方面，大科技信贷的单笔规模都比较小，这当然跟借款企业、个人的经济规模比较

[1]　HUANG Y P，LI X，QIU H，et al.Bigtech credit，small business，and monetary policy transmission：theory and evidence[J/OL].IWH Discussion Papers，2022（18），[2024-11-28]. http://www.econstor.eu/bitstream//10419/289800/1/iwh-dp2022-18rev.pdf.

小有关，因为它们本来就是传统银行不愿或不能服务的客户。但其实还有一个更重要的原因，基于大数据分析的信用风险评估，贷款额度也是控制道德风险的一个重要环节。贷款额度的增加，可能会增加违约的风险，因为所谓的道德风险管理，最后仍然可以归结到成本效益分析。另外，与传统银行信贷相比，大科技信贷更加容易建立新的贷款关系，因为大部分潜在的客户已经在平台的生态系统之内，即便要临时评估信用风险，也可以快速完成。网商银行的“310”贷款模式也是基于这一点。因而，对于大科技信贷而言，建立新的贷款关系相对比较容易，而增加单笔贷款额度的风险却比较大。

第二个案例是数据替代抵押会影响金融稳定机制。伯南克及其合作者曾经发现金融体系运行中存在一个所谓的金融加速器机制，即放大金融摩擦对实际经济冲击影响的效应。金融加速器通常形成于信贷市场，但最终会对宏观经济产生影响。比如信贷市场上经常使用抵押品，当抵押品的价格上升时，信贷供给就会变得宽松，而信贷供给总量的增加，则可能反过来推动抵押品价格的上升，这样就在抵押品价格和信贷供给之间形成了一个很强的正反馈机制。这会促进市场与经济的极度繁荣，也容易导致经济与金融危机。在历史上的很多金融危机中，都能看到金融加速器机制的作用。

但数字金融不再依赖抵押品，而更多地依靠大数据分析。这种以数据替代抵押的新金融业务模式相当于取消了金融加速器机制。实证研究也发现，银行的抵押贷款对房价的弹性系数非常显著，但大科技信贷对房价的弹性系数在统计上是不显著的[1]。当然，数字金融模式对传统的一些变量如房价的反应变弱了，但对另一些变量如现金流的反应却大大增强了，其最终如何影响金融稳定，还需要进行进一步的观察和更加深入的研究。但数字金融创新可能会改变金融稳定机制这一个初步结论，已经足够重要。

第三个案例是以数字金融为代表的数字经济有助于促进全国统一大市场的形

[1] GAMBACORTA L，HUANG Y P，LI Z H，et al. Data versus collateral[J].Review of finance，2023，27（2）：369-398.

成。中国国土辽阔，是一个统一的多民族国家，也是一个完整的市场。不过在现实中，地区市场之间的分隔还是比较明显的。造成分隔的原因多种多样，有地理方面的原因，如从新疆到广东、从黑龙江到西藏，路途遥远、交通运输成本很高，增加了市场整合的难度。与此同时，一些地方政府也设置了一些政策障碍。中央政府提出要建立全国统一大市场，如果能使供求关系在全国范围内实现均衡，则既能提高经济效率，也有利于维持市场稳定。

不过，数字金融已经提供了其能促进全国统一大市场形成的证据。如果看21世纪以来的居民消费价格指数（CPI）和工业品出厂价格指数（PPI）的波动，会发现一个有意思的现象：在2013年之前，CPI与PPI的波动率差不多，但在2013年以后，却发生了变化，PPI波动如旧，但CPI的波动率突然降低了不少。2013年发生了什么？2013年是“互联网金融元年”，许多数字金融工具特别是移动支付变得更加普及，与此同时，电商和物流大幅改进。支付、电商和物流的改善相当于直接把全国市场融合到一起，使得人们如今几乎可以购买全国任何地方的商品，且一般不超过3天就可以收到购买的商品。

一个具体的实证研究是分析线上线下纯牛奶价格的变化，通常在线上电商平台只有整箱的纯牛奶，但线下超市既有整箱的纯牛奶，也有单瓶的纯牛奶。对比线下纯牛奶价格的变化，发现整箱的价格非常稳定，但单瓶的价格波动非常大。这可能是因为整箱的纯牛奶线上有销售，约束了其线下价格的波动区间，而单瓶的纯牛奶线上没有销售，线下价格就可以更自由地决定[1]。支付、电商和物流对促进全国统一大市场形成的作用，主要体现在价格信号的统一，同时可以将产品从价格比较低的地方销到价格相对高的地方，最终实现市场的融合。

总之，数字技术已经在全方位地改变我国的金融行业，这种改变为我国建设金融强国提供了新的手段和途径。同时，数字金融创新也会带来一些新的挑战，这些问题也应引起高度的重视。

[1]　陈歆昱，黄益平，邱晗．电商市场是否会促进价格水平的稳定？：来自纯牛奶商品的实证证据[J]．经济学（季刊），2024，24（3）：824-842.

Chapter 3

第三章

移动支付支持小微经济发展

第一节

移动支付降低小微经济的支付成本

中国数字经济的快速发展催生了移动支付需求。移动支付在中国之所以能快速发展，除了其所具有的快捷、低成本等优点外，还得益于中国网络基础设施的完善、相对宽松的监管环境和科技的快速发展等。目前，中国已成为全球第一大移动支付市场，中国的移动支付不管是市场规模、用户数量还是普及率，均已走在世界前列，还实现了移动支付技术的输出。中国移动支付不仅使中国的支付产业直接跨越了信用卡时代，完成了移动支付革命和弯道超车，还以其低于世界平均水平的费率对中国小微经济发展起到了巨大的推动作用。

一、中国移动支付革命

电子商务的发展、互联网的普及、金融基础设施的完善使得中国移动支付市场的发展具备了软硬件条件。第一，移动支付的创新助推了电子商务的普及、繁荣，电子商务的发展也催生了对移动支付的需求，并培养了用户使用移动支付的习惯。中国互联网络信息中心（CNNIC）数据显示，截至2023年6月，中国网络购物用户规模达8.84亿人，是2013年用户规模（3.02亿人）的2.9倍。商务部《中国电子商务报告2022》显示，2022年全国电子商务交易额为43.83万亿元，相比于2013年的10.4万亿元，短短数年，交易额增长了3.2倍。淘宝、京东等以技术为支撑的购物平台的发展，培养了人们的网络消费习惯，提供了移动支付的应用空间，促进了移动支付的普及。第二，互联网和智能手机普及率的大幅提升扩大了移动支付的触达范围。我国互联网普及率由2002年的4.6%提升到了2022年的75.6%。第三，中国金融基础设施的完善也是移动支付快速发展的重要原因。清结算系统的完善、交易设施普及度的提高在为移动支付提供接口的同时也提高了移动支付的效率，降低了移动支付的时间成本，推动了移动支付的发展。

数字技术的发展、相对宽松的监管环境为移动支付的发展提供了成长的沃土，加速了产品创新和提高了技术应用效率。在数字技术发展的推动下，2012年7月，二维码支付出现，由此开启了中国移动支付发展的新浪潮。同年夏天，打车软件的出现丰富了移动支付的应用场景，移动支付的普及率得到有效提升。经过多年发展，移动支付从最初的应用于网上购物逐渐扩大到交通、医疗、娱乐、公用事业缴费等各个领域。相对宽松的监管环境为移动支付平台和产品的创新提供了空间，先后出现了支付宝钱包、微信支付、Huawei Pay、拉卡拉、网易支付等移动支付平台和产品。移动支付平台和产品的不断上线，促进了产品的创新、竞争与迭代，促进了移动支付的进一步发展。

我国移动支付的发展，打破了美国信用卡组织独占近70年的商业机制。1958年美国银行率先创立了信用卡商业模式，随后美国的维萨与万事达信用卡组织一起高速扩张，以对商户高收费、对有钱用户高补贴、对银行高收益的分配机制，迅速占领全球支付市场。截至2021年，美国人均持有信用卡3.24张，是借记卡的3.2倍。

然而，信用卡模式有其内在缺陷。一是在利益上“以商补银”。由于信用卡模式以银行为中心，为了维持银行高收益，美国信用卡对商户收取高昂的手续费，费率高达1.5%～3.5%，加重了商户的经营负担及社会成本。二是在商户上“以小补大”。由于注重追求规模效益，对大型超市收取手续费的平均费率约为1.64%，小商户的平均费率则为2.6%，比大型超市高58%，小微企业反而负担更重。三是在用户上“以穷补富”。由于注重留存高收入客户，高收入客户群更容易获得免息透支、消费返现、积分换礼等福利；低收入客户群则很难避免透支消费的循环利息、违约金、手续费等“卡债”。2023年第二季度，美国信用卡债务首次突破1万亿美元，信用卡持卡人人均负债达6205美元，已成为一个严重的社会问题。

信用卡作为欧美的主流支付方式，三大信用卡组织维萨、万事达和美国运通都是美国机构，产业格局固化，也成为美国金融体系影响全球的重要工具，谁也脱离不了。我国在自己的移动支付发展起来之前，也基本要沿着美国信用卡的模式发展支付事业。但得益于我国监管部门的指导支持和我国银行业以人民为中心的经营理念，我国移动支付产业走科技创新、模式创新之路，以便捷、安全、普惠为核心的移动支付模式取代了美国信用卡的“三补”模式，发展出以微信支付为代表的在全球独树一帜的中国移动支付。经过一系列努力，中国移动支付大幅降低了商户手续费，提供了对小商户、基层用户更加友好的支付体验，扎扎实实落实了习近平总书记关于支付为民、助力实体经济的要求。比如微信支付对商户收取手续费的平均费率约为0.35%，仅为美国信用卡商户手续费费率的1/6，有力支持和便利了小微商户。

二、中国移动支付处于全球领先地位

中国的移动支付市场，不管是市场规模、用户数量还是市场覆盖率等均已走在世界前列。中国移动支付还以其低于世界平均水平的费率对中国小微经济发展起到了巨大的推动作用。

市场规模方面，据Statista发布的*FinTech Report 2021-Digital Payments*显示，2020年，中国是全球最大的移动支付市场，其市场规模为24965亿美元，占全球移动支付市场规模的45.6%；美国和欧洲则为全球第二大和第三大移动支付市场，其市场规模分别为10354亿美元和9198亿美元（见图3-1）。用户数量方面，中国支付清算协会发布的《2020年移动支付用户问卷调查报告》显示，截至2020年底，微信支付的年度活跃用户数达到了11.51亿，支付宝的年度活跃用户数达到了7.29亿，分别位居全球第一和第二。Apple Pay和PayPal则以4.41亿和3.05亿的用户数量位列第三和第四。市场覆盖率方面，中国银联发布的《2022年移动支付安全大调查研究报告》显示，中国的移动支付市场覆盖率位居全球第一，每天有超77%的手机用户使用移动支付，移动支付的应用场景接近11个。

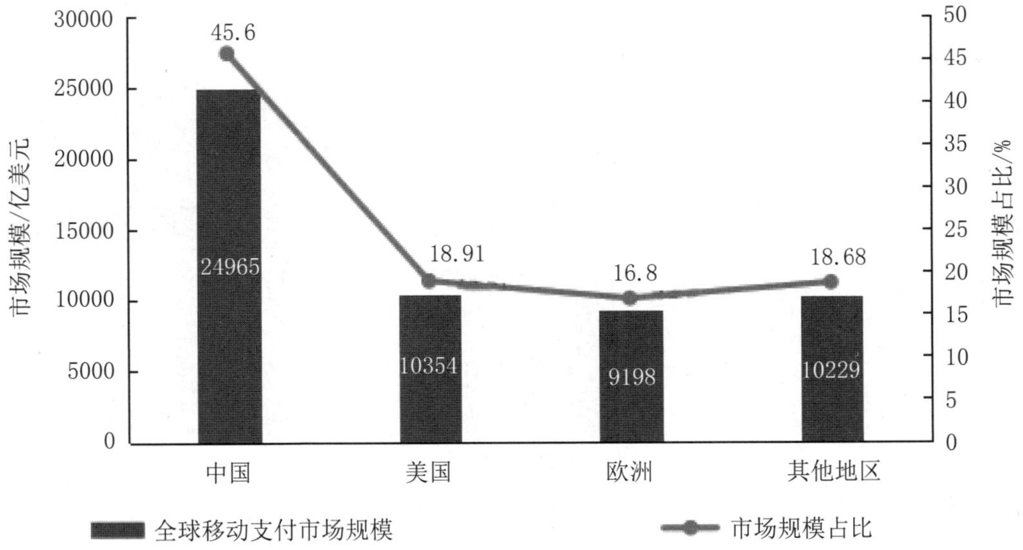

图3-1　2020年全球移动支付市场规模区域分布及占比

资料来源：Statista 前瞻产业研究院。

中国移动支付将技术创新与模式创新相结合，再加之国内良好的银行业基础，中国已成为全球商户支付手续费最低的国家（地区）之一。目前，中国移动支付费率不超过0.6%，而海外支付平台的费率基本在2.5%以上。以微信支付为例，其对于大部分商户的支付费率为0.2%～0.6%，其中，公益、公办学校、公立医院等民生行业的费率为0，且面向部分行业提供了优惠费率政策。支付宝按照不同的操作终端、商户类型设定了不同的费率标准，非特殊行业费率也为0.6%。国外支付巨头PayPal虽然在不同国家设定了不同标准，但其费率大都集中为1.9%～3.5%，新加坡的GrabPay为1%，远高于中国0.6%的水平。如果仅以2022年中国约500万亿元的移动支付规模测算，相比于国外费率均值2.5%的水平，中国商户每年可节省手续费约9.5万亿元，极大凸显了中国移动支付的“普惠为民”，让中国百姓和小微企业有扎扎实实的获得感。值得注意的是，虽然目前印度政府对移动支付执行零费率的决定，但这是不可持续的，将对移动支付生态系统造成负面影响。印度国家支付公司的首席执行官也表示一定的支付费率是必要的，印度零费率的时代可能很快就会结束。表3-1为不同国家条码支付商户手续费费率水平。

表3-1　不同国家条码支付商户手续费费率水平

国家	条码支付商户手续费费率水平
PayPal美国[1]	1.9%+0.10美元（≥10.01美元） 2.4%+0.05美元（≤10美元）
PayPal加拿大[2]	1.9%+0.10加元（≥10.01加元） 2.4%+0.05加元（≤10加元）
PayPal英国[3]	1.5%+0.10英镑（≥10.01英镑） 2.0%+0.05英镑（≤10英镑）
PayPal德国[4]	0.9%（商户） 0.5%+0.10欧元（个人卖家，≥10.01欧元） 1%+0.05欧元（个人卖家，≤10欧元）
PayPal法国[5]	0.6%+0.10欧元（≥10.01欧元） 1.1%+0.05欧元（≤10欧元）
PayPal澳大利亚[6]	0.9%+0.10澳元（≥10.01澳元） 1.4%+0.05澳元（≤10澳元）

[1] 资料来源：PayPal Merchant Fees (US), Updated on 19 September 2022, https://www.paypal.com/us/webapps/mpp/merchant-fees。

[2] 资料来源：PayPal Merchant Fees (Canada), Updated on 15 November 2022, https://www.paypal.com/ca/webapps/mpp/merchant-fees。

[3] 资料来源：PayPal Merchant Fees (UK), Updated on 31 October 2022, https://www.paypal.com/uk/webapps/mpp/merchant-fees#statement-1。

[4] 资料来源：Vorzugskonditionen für gewerbliche Verkäufer, Letzte Aktualisierung: 31 Oktober 2022, https://www.paypal.com/de/webapps/mpp/merchant-fees。

[5] 资料来源：Tarification PayPal pour les Marchands, Dernière mise à jour : 1er août 2022, https://www.paypal.com/fr/webapps/mpp/merchant-fees。

[6] 资料来源：PayPal Merchant Fees (Australia), Updated on 19 September 2022, https://www.paypal.com/au/webapps/mpp/merchant-fees#commtrans-ff-QR-under10。

续表

国家	条码支付商户手续费费率水平
PayPay日本[1]	1.6%（加入PayPay My Store Light Plan的商户） 1.98%（未加入PayPay My Store Light Plan的商户）
GrabPay新加坡[2]	1%
支付宝中国	≤0.6%，还有减免类商户
微信支付中国	≤0.6%，还有减免类商户
印度	0

三、移动支付降低支付交易成本

移动支付显著降低了支付的交易成本，具体体现在移动支付降低了直接支付成本、时间成本和风险成本。

与传统的现金、银联卡、信用卡等支付方式相比，移动支付降低了直接支付成本。首先，相比于传统的信用卡支付，移动支付的手续费费率要低得多，能够降低用户的支付成本。其次，移动支付极大地提高了支付效率，可以实现多人同时扫商家二维码支付，满足快速、同时多人支付需求，减少了收付款的人力成本。最后，传统支付的设备成本较高，而移动支付则只需成本较低的二维码、扫码盒子、电子台牌等设备就能完成交易，降低了支付的设备成本。

移动支付降低了消费者和商家的时间成本，这对小微企业的发展极其重要。与传统的支付方式相比，移动支付不需要将资产转换为现金，而是直接通过手机、Pad等移动终端进行快速支付结算。移动支付一方面减少了消费者和商家往返银行取现金的交通时间和在银行排队等待的时间，另一方面降低了消费者和商家进行支付操作的时间成本，消费者和商家不必找零钱或者经历刷卡、输入密码、签名等一系列烦琐的步骤，而是可以通过设备和二维码在1秒钟内迅速支付，完成交易，有的甚至可以实现自动支付或者一码同时为多人支付，这极大地提高了交易效率，节

[1]　资料来源：費用と振込サイクルhttps://paypay.ne.jp/store/cost/。

[2]　资料来源：https://help.grab.com/merchant/en-sg/900004376786-Understanding-GST-and-MDR。

省了消费者和商家的时间成本。

移动支付降低了消费者和商家的风险成本。首先，由于移动支付不需要现金且具有极强的抗复制性和防盗性，消费者和商家不必持有大量的现金，这将有效减少现金被盗窃的风险以及为了防范盗窃而付出的成本。其次，非现金交易使假币的收发率大大降低，降低了交易过程中收到假币的风险。

第二节

移动支付成为小微经济发展的助推器

小微企业作为中国国民经济和社会发展中不可或缺的重要力量，在全国各类市场主体中占有绝对的数量优势。小微企业在增加工作岗位、提高居民收入、扩大消费、提升经济活力、繁荣商业文化、保持社会和谐稳定等方面发挥了重要作用。然而，小微企业受生产规模小、缺乏抵押物、技术含量低、运营成本高等因素的限制，在实际的生产经营过程中面临着生存成本高、融资难、融资贵、抗风险能力差、数字化转型困难等诸多问题。

移动支付作为一种新型支付方式和中小微商户数字化升级入口，在小微经济的发展中起到了助推器作用。移动支付除发挥传统的支付功能外，还能够通过交易的连接将数字化能力注入中小微经济主体的经营中，从解决融资难题、降低交易成本、提升触达能力、拓展发展空间和提升扶持精准度等方面出发，在小微经济主体的创业、发展、成长等各个阶段推动小微经济发展。

一、移动支付降低数字化服务门槛，提升小微经济触达能力

移动支付提供了便捷、安全、低成本的交易方式，完善了数字基础设施，降低了数字化服务门槛，提升了小微经济的触达能力。一方面，移动支付具有便捷、安全、低成本的特性，这些特性可以降低小微企业的资金管理成本、人工成本、交易成本，助力小微企业降本增效，有助于小微企业获得数字化服务，提升小微经济的触达能力。移动支付降低了小微企业存取、保管现金的成本，使得一人同时为多人提供支付服务成为可能。较低的支付费率降低了支付成本，助力企业降本增效，提升小微经济的触达能力。另一方面，二维码、扫码盒子、电子台牌等移动支付设备

的普及，有助于完善数字基础设施，降低小微企业享受数字化服务的门槛，提升小微经济的触达能力。移动支付使线下客流得以数字化，帮助线下商家实现对消费者的数字化触达，提升了小微经济的触达能力。

移动支付在助力小微企业降本增效、降低数字化服务门槛、提升小微经济的触达能力方面已得到了理论和实践层面的多方验证。理论方面，谢平等人指出，依托于互联网、大数据等技术的移动支付，有效降低了金融交易成本[1]。尹志超等人指出，移动支付降低了企业所需要承担的成本，使成本所占的比例减小，这种效果对禀赋较小个体的影响更为显著[2]。实践方面，支付宝曾公开表示，通过向小微企业提供免费的数字收银工具，支付宝在3年内为全国的小店主至少节省成本500亿元[3]。2020年上半年，支付宝、微信支付联合独立软件开发商（ISV）服务的商户数量超过2万家，为中长尾商家提供各行各业的数字化运营方案，提升了其触达能力。

二、移动支付促进居民消费增长，扩大小微经济盈利空间

移动支付通过扩大消费范围、提高消费能力等方式促进了消费增长。首先，移动支付扩大了消费范围。一方面，移动支付打破了时空的约束，使得消费不再局限于线下，消费者可以随时随地买到全世界范围内的产品，扩大了消费者的消费范围，促进了消费增长；另一方面，移动支付具有快捷、便利等特点，给消费者带来了良好的支付体验，提高了消费者的消费倾向，促进了消费增长。其次，移动支付提高了消费能力。一方面，部分移动支付工具所具有的消费信贷功能，可以有效缓解消费者受到的消费约束，提前释放消费需求。另一方面，移动支付促进了消费市场的下沉，激发了农村地区、中低收入群体的消费需求，促进其消费转型升级，提

[1] 谢平，邹传伟，刘海二．互联网金融手册[M]．北京：中国人民大学出版社，2014．

[2] 尹志超，公雪，郭沛瑶．移动支付对创业的影响：来自中国家庭金融调查的微观证据[J]．中国工业经济，2019（3）：119-137．

[3] 庞晟，张瀚月．二维码收账，路边小店生意更火[N]．人民日报海外版．2019-08-19（8）．

高了之前未被挖掘的群体的消费能力，促进了消费增长。

移动支付使得以“码商”“网商”为代表的小微企业成为消费潜力释放的重要出口。随着数字技术的发展，移动支付在小额、便民等场景快速普及，而这些场景更多是小微企业的服务场景。据2019年8月中国新经济研究院与支付宝、口碑饿了么联合发布的《小店经济报告》显示，90%的小店变为“码商”后生意越来越好，消费者在小店的消费频率提升了30%，小店的销售额提升了2.5%，百元商品的销售额提升了5%。“码商”成功超越“网商”，成为消费潜力释放的重要出口。

部分学者的研究结果已证明移动支付促进了居民消费能力的提升，对小微经济盈利空间的扩大具有积极作用。裴辉儒等人从理论机制和实证两方面剖析了移动支付对我国居民消费的影响，研究结果表明，移动支付成为重要的居民消费支付手段，在一定程度上具有刺激居民消费的作用[1]。陈战波等人基于2017年中国家庭金融调查数据，实证研究了移动支付对农村家庭消费的影响，结果表明，移动支付有效激发了农村居民家庭的消费潜力，促进消费升级[2]。居民消费支付意愿的提升有效扩大了小微经济的盈利空间。

三、移动支付积累数据助力数字化升级，提升小微经济经营业绩

可持续的数字化转型离不开小微企业的数字化转型支持，但小微企业在数字化转型过程中存在众多难题。首先，小微企业对于数字化转型缺乏统一认识，缺乏进行数字化转型的主动性。大多数小微企业由于对数字化、智能化的理解存在一定的偏差，对如何进行数字化转型缺乏基本的了解，因此对进行数字化转型的积极性不高。其次，小微企业数字化基础差，数字化转型难度大。数字化转型需要以数据为基础对企业的生产流程、财务管理等方面进行全方位的数字化。很多小微企业由于

[1]　裴辉儒，胡月．移动支付对我国居民消费影响的实证研究[J]．西安财经大学学报，2020，33（1）：37-44.

[2]　陈战波，黄文己，郝雄磊．移动支付对中国农村消费影响研究[J]．宏观经济研究，2021（5）：123-141.

缺乏前期的数据积累，对财务、技术等商业机密数据的安全与否怀有疑虑，数字化转型难度较大。最后，市场上针对小微企业数字化转型的产品供给不足。目前市场上的数字化转型方案和产品大都是面向大型企业的，很少有面向小微企业研发、设计、生产、营销、管理、服务等场景的数字化产品和转型方案，数字化产品和转型方案供给的不足也限制了小微企业的数字化转型。

移动支付从多方面促进了小微企业的数字化转型，提升了小微企业的经营业绩，助力小微企业高质量发展。第一，移动支付改变了小微企业的数字化转型思维。移动支付作为数字经济时代的产物，因其方便快捷、成本低、综合度高等特点受到了广大企业特别是中小微企业的欢迎。移动支付的快速普及让小微企业更加了解数字化产品、更加了解数字化转型，这在一定程度上帮助小微企业构建了数字化转型思维。第二，移动支付加速了小微企业的数据积累，奠定了其数字化转型的基础。小微企业通过移动支付，在移动支付平台上积累了大量财务、交易、客户等信息，这些信息的积累为后续小微企业的数字化管理及数字化营销奠定了基础，有助于小微企业的数字化转型。第三，移动支付开启了小微企业数字化经营的进程。以移动支付为起点，扫码点单、会员管理、进销存管理等一系列数字化工具在小微企业的运营过程中不断被使用，助力了小微企业经营的数字化转型。第四，移动支付提升了小微企业的经营业绩。移动支付为小微企业提供了数字化转型的接口，减少了商户的成本，提高了其经营效率，提升了小微企业的经营业绩。

四、移动支付化解小微经济融资难题，提升小微经济抗风险能力

小微企业融资难、融资贵是一个世界性难题。第一，相比于大中型企业，小微企业大都存在财务管理水平低、信息透明度不高、缺乏信贷记录等问题。基于控制风险的考虑，金融机构无法通过其所掌握的历史信息对小微企业进行信用评价，金融机构也不愿为缺乏信用记录的小微企业提供信贷融资服务。第二，小微企业大都具有生产规模较小、经营时间短、信用资产信息有限等特征，大都存在缺乏抵押物

或抵押物不足等问题，而抵押物是否充足又是金融机构能否为小微企业发放贷款的重要评判标准。抵押物不足制约了小微企业的融资。第三，由于信息透明度不高、缺乏信贷记录、抵押物不足等问题的存在，小微企业很少能够一次性在一家机构成功获得贷款，这就需要小微企业多次在多家不同的机构进行信贷申请，增加了小微企业的信贷成本。第四，由于贷款机构与小微企业之间的信息不对称以及小微企业缺乏相应的信贷、信用等信息，金融机构在对小微企业进行贷款审核或贷款风险评估时极其谨慎，会花费大量的人力、物力考察小微企业的信用情况，这也在无形中提高了小微企业的信贷成本。艾瑞咨询等联合发布的《乘风破浪：科技筑梦小店未来——2022年小微融资发展与展望研究报告》显示，2021年小微企业贷款需求满足度仅为48.5%，还有超50万亿元的贷款需求空间未被满足。

移动支付的出现可以在一定程度上解决小微企业的融资难题，提升小微经济抗风险能力。第一，移动支付能为小微企业提供信息积累的接入口、积累经营的数字足迹。大数据技术可以实现对小微企业的信用评定和风险控制，解决小微企业的融资难、融资贵问题，提升小微经济的抗风险能力。第二，借助先进的数字技术对移动支付平台上积累的数字足迹进行有效整合，可以精准识别出不同类型的小微企业的发展情况并可以对其未来发展进行预测，将数据转化为资产，解决其缺乏抵押物的问题。第三，移动支付平台积累的海量用户和数字足迹，为数字普惠金融的发展提供了坚实的数据基础，能够助力金融机构进行金融服务的创新，精准识别出不同群体、不同阶段的金融服务需求，有效提升金融的供给水平和服务水平，支持实体经济特别是小微企业的发展。支付宝正是基于平台积累的海量数据及其拥有的数字技术，为千万家的“码商”提供了“赊账进货”服务，助力了小微企业发展。

部分学者的研究结果已证明移动支付在化解小微经济融资难题、提升小微经济抗风险能力方面发挥了重要作用。谢平等人指出，移动支付依托货币电子化技术，使得金融服务更加普惠[1]。谢绚丽等人指出，贷款人在使用移动支付的过程中会产

[1] 谢平，刘海二．ICT、移动支付与电子货币[J]．金融研究，2013（10）：1-14.

生大量的行为数据，使得风险评估的成本降低，弥补了小微企业经营记录缺乏的问题，缓解了其信贷约束[1]。尹志超等人的研究也指出，移动支付缓解了创业者的信贷约束[2]。

五、移动支付促进新经济新业态发展，拓展小微经济发展与成长空间

移动支付促进新经济新业态发展。移动支付的普及带动了我国餐饮外卖、共享出行、O2O等一大批新业态的产生。首先，移动支付为共享经济的发展奠定了基础，推动了租赁经济向共享经济新商业模式的转变。租赁经济发展的重要基础是抵押和信用，移动支付的出现，特别是移动支付的实名认证在保护用户个人信息安全的同时也有效解决了租赁经济中的信用问题，再加上用户在移动支付平台积累的数据可用于信用评估，这为共享经济的出现奠定了基础。其次，移动支付促进了新零售业商业模式的创新。新零售业商业模式创新的关键在于实现线上和线下的无界融合，其核心是数字技术对业务体系的协同和强化[3]。移动支付平台不仅积累了大量的商户信息，也积累了大量的消费者信息，通过对这些数据的分析可以及时洞察用户需求，实现新零售业商业模式场景化创新。最后，移动支付平台与各个行业的深度融合，有助于构建经济科技生态圈，从而促进多行业、多领域的新经济新业态发展。

移动支付激发了小微经济创业和小微经济灵活就业的积极性。移动支付通过缓解融资约束、降低创业门槛、畅通信息渠道、提高经营效率等方式，促进了小微企业创业。首先，移动支付创建了连接金融服务的通道，提供了便利的交易支付渠道，减少了创业过程中的交易成本，降低了创业的门槛，激发了创业积极性。其

[1] 谢绚丽，沈艳，张皓星，等．数字金融能促进创业吗?：来自中国的证据[J]．经济学（季刊），2018，17（4）：1557-1580.

[2] 尹志超，公雪，郭沛瑶．移动支付对创业的影响：来自中国家庭金融调查的微观证据[J]．中国工业经济，2019（3）：119-137.

[3] JOCEVSKI M. Blurring the lines between physical and digital spaces: business model innovation in retailing[J]. California management review, 2020, 63 (1): 99-117.

次，移动支付的基础是数字技术和网络基础设施，移动支付的发展扩展了信息传播的有效渠道，有助于商家发掘和抓住商机，促进创业[1]。最后，移动支付平台依托实名认证，可以解决灵活就业人员的信息采集难、考勤机制缺失、考勤难问题。

移动支付拓展了小微企业的成长空间。移动支付拓展了小微企业的销售空间和销售渠道，扩大了其触达客户的范围，创造了新的增值产品和服务，提高了小微企业的经营绩效，为小微企业创造了更大的成长空间。移动支付使得数字经营服务商有机会为小微企业提供数字化转型解决方案。此外，以移动支付为依托，创业者可以形成网络效应，实现资源的优化配置，提高小微企业的经营绩效，创造更大的成长空间。

部分学者的研究结果已证明移动支付在促进新经济新业态发展、拓展小微经济发展与成长空间方面发挥了重要作用。尹志超等人基于2017年中国家庭追踪调查（CFPS）数据，研究了移动支付对家庭创业决策和经营绩效的影响，结果表明，移动支付显著提高了家庭创业的概率和工商业项目的经营绩效，并且对创业成本高和受到信贷约束的家庭创业活动促进作用更大[2]。邓辛等人研究了移动支付平台对非正规就业者的影响，结果表明，移动支付平台有效提高了非正规就业者的收入，缩小了非正规就业者在规模、区域、个人禀赋方面的资源差异[3]。

六、移动支付丰富营销和政策支持手段，提升政府扶持精准度

移动支付通过个性化营销、减费让利等方式，助力小微企业行稳致远。第一，随着移动支付技术的发展、移动支付规模的扩大，移动支付平台可以积累众多客户

[1]　周广肃，樊纲．互联网使用与家庭创业选择：来自CFPS数据的验证[J]．经济评论，2018（5）：134-147.

[2]　尹志超，公雪，郭沛瑶．移动支付对创业的影响：来自中国家庭金融调查的微观证据[J]．中国工业经济，2019（3）：119-137.

[3]　邓辛，彭嘉欣．基于移动支付的数字金融服务能为非正规就业者带来红利吗？：来自码商的微观证据[J]．管理世界，2023，39（6）：16-33，70，34-43.

的交易信息，通过对这些信息的分析可以形成消费习惯、消费频率、消费时间等客户标签，再通过移动支付平台有针对性地向客户推广营销，实现营销的个性化、精准化。第二，随着移动支付平台的发展和众多移动支付产品的出现，现有的部分移动支付平台和移动支付产品可以为商家提供更加丰富的营销案例、支付运营的解决方案以及商户管理系统，这将有效提升小微企业的营销水平，实现“支付即营销”，助力小微经济行稳致远。第三，移动支付通过减费让利、专项支持等政策扶持小微企业发展。

移动支付丰富个性化营销，提升政府扶持政策的精准度。移动支付平台可以实现消费券等消费刺激政策的精准扶持。依托移动支付平台以及平台上的数据积累，可以依据不同的政策目标对不同人群实现政策的精准实施。例如，对于消费券的消费刺激政策，可以针对不同人群投放不同类型的消费券，而且还可以实现消费券的实时追踪，按照消费券的核销情况，调整下一批消费券的投放类型、投放数量、投放人群和投放地区，提升消费券的使用率和精准投放率，提升政府扶持政策的精准度。

移动支付通过减费让利、专项支持等政策的实施，提升政府扶持政策的精准度。为了扶持小微经济发展，降低其经营成本，中国人民银行等四部门联合印发《关于降低小微企业和个体工商户支付手续费的通知》，从2021年9月30日开始对小微企业、个体工商户实施为期三年的支付手续费减费让利政策。截至2023年11月底，各类型支付服务主体共向实体经济让利超700亿元，惠及小微商家超过千万。此外，微信支付的“全国小店烟火计划”“服务商专属扶持”等行动的实施，也在帮助小微商户渡过难关，提升政府扶持政策的精准度。

第三节

专题案例：移动支付工具助推小微商户成长

一、移动支付为小微商户提供数字化经营工具，提升小微商户经营绩效

2022年底，工业和信息化部办公厅印发《中小企业数字化转型指南》，倡导数字化转型服务商聚焦中小企业的特征和实际需求，从增强供需匹配度、开展全流程服务、研制轻量化应用以及深化生态级协作等方面，研发面向中小企业的数字化转型产品和提升对其服务水平，助力中小企业转型。作为与小微企业数字化转型密不可分的数字化转型服务商，移动支付平台不仅能够为小微商户提供便捷易用的收款与支付工具，同时还能够基于支付业务，为小微经济主体的各项经营活动提供一揽子数字化经营工具，助力小微企业开展数字化转型、提升其经营效率。

（一）普惠易用的SaaS工具，助力小微商户数字化转型

SaaS（Software as a Service，软件即服务）指的是软件服务商为企业搭建的所有网络基础设施与软硬件运作平台，以及提供的包括前期实施与后期维护等在内的一系列技术服务。随着移动支付业务的不断拓展与移动支付市场竞争的白热化，移动支付服务商开始逐步将业务经营重点由传统的支付服务转移到企业日常经营的各个环节，为企业提供SaaS服务、行业解决方案、营销服务及金融科技服务等一系列企业数字化转型解决方案。

其中比较有代表性的是，微信支付团队在2020年腾讯全球数字生态大会上提出“智慧经营”理念，将服务范围由基础的支付服务拓展至为小微经济主体提供更丰富的数字化经营工具。基于微信支付的技术能力，面向中小微商户以及个人经营者推出了符合不同规模商户经营需求的数字化经营工具箱（见图3-2），包括面向个人收款用户推出的“收款小账本”工具箱，针对有个人经营行为的小微商户提供的

“商家通经营账户小程序”产品，以及通过“商家中心”为个体工商户和小微企业提供的功能更为丰富、更能满足行业特征需求的数字化工具。通过一揽子数字化经营工具箱，微信支付有针对性地满足了不同类型经营主体的实际需求，帮助其在提升经营效率的同时拓展潜在客户。

收款小账本		商家通经营账户		商家中心	
做经营	管门店	经营工具	经营钱包	运营工具	行业解决方案
朋友会员	收款工具	朋友会员	收支统计	智数据推送	生活服务 智慧零售
下单助手	海报中心	下单助手	资金管理	微信支付分	智慧餐饮 智慧出行
抽奖活动	小店日记	小店日记	收款方式	……	教育医疗 政务民生
商家动态		海报中心		资金管理	拓展工具
收款单				收支管理	企业微信 安全医生
				通知与凭证	自助清关 API接口
				……	……

图3-2　微信支付数字化经营工具箱

与其他数字化转型工具相比，微信支付提供的数字化经营工具箱使用门槛更低、更具普惠性，能够让更多中小微商户和个人经营者享受到数字技术发展对经营的改变。以面向初具规模的小微商户打造的“商家通经营账户小程序”为例，自2022年初上线以来，该产品得到广大经营者的广泛认可和使用。特别是2023年3月以来，随着经营的恢复和接入商家通平台的商户数量的增长，“商家通经营账户小程序”的使用量也出现大幅增长，商户使用商家通平台上各类数字化经营工具的次数由2月的1.5亿次，提升至6月的8.7亿次，增幅接近5倍。

除了商家通经营工具之外，针对个人收款码用户，微信支付还推出了更为轻量化的“小账本”功能，旨在满足其日常收款与记账需求。从用户的使用情况来看，2023年上半年，个人收款码活跃用户使用各类数字化经营工具的次数总计超过70亿次，较2022年下半年增长了约13%。其中，每月使用收款工具、小店日记等工具的面对面小商户数量超过100万，这些工具成为小商户重要的数字化助手。

（二）多样化的数字化工具，全方位覆盖不同类型小微商户在不同阶段的经营需求

通过为小微商户提供一揽子数字化经营工具，微信支付有效满足了各类小微商户及个人经营者在不同成长阶段、不同业务场景下的多维需求。比如，在新冠疫情期间，许多小微商户的线下经营受到严重冲击，微信支付为这类规模较小的街边小商家提供了“下单助手”工具，让这些商家能够免费、低门槛地搭建自己的商家小程序，开通自己的线上店铺。把生意搬到线上，能在有效拓展线上客源的同时最大限度降低了线下经营受阻对这些小微商户的负面影响。

除了满足线下小微商家的经营需求外，微信支付还针对线上经营的小微商户推出了“电商收付通”产品，专为电商平台商户的线上交易场景打造支付、结算解决方案，帮助小微商户实现快速线上收单经营，助力数字化转型。电商收付通针对货架电商、直播电商、二手电商等各类线上小微商户的业务开展需求，提供供应链分账、平台营销补差、合单支付、账单查询、资金出境等一揽子服务，真正实现了交易场景和支付功能一体化，避免商户因复杂的支付规则产生经营问题，帮助小微商户快速促成交易。

截至2023年6月，电商收付通已累计服务超过2900万商户，其中超过90%的商户为中小商户。2021年以来，使用电商收付通的中小商户数量持续提升，2023年6月电商收付通的活跃中小商户数超过144万，约为2021年初的6倍，说明该产品助力了中小商户经营的改善。

（三）数字化工具有效提升小微商户获客能力，提高小微商户经营绩效

微信支付基于移动支付平台为小微经济主体提供的一系列数字化经营工具，对小微商户经营绩效提升起到了重要的助推作用。基于对2022年2月至2023年6月的数据测算，发现面对面账户、商家通账户共使用各类数字化经营工具超过96亿次，使用小账本经营工具的面对面小商户，其平均每月的户均顾客数与户均收款金额分别为未使用该工具的商户的3.96倍、2.76倍（见图3–3）。

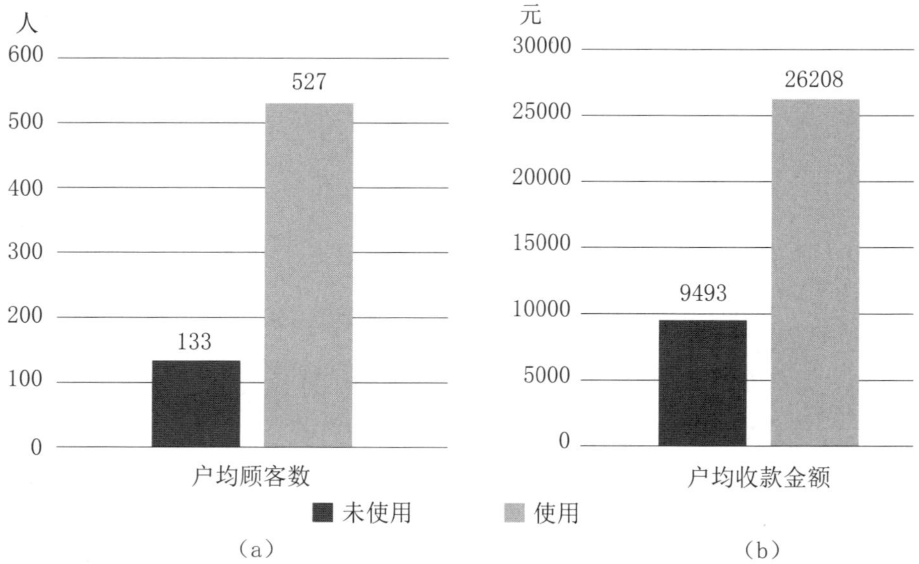

图3-3 使用与未使用小账本经营工具商户的户均顾客数与户均收款金额对比

二、移动支付依托经营收款码服务，降低小微商户经营成本与经营风险

（一）经营收款码服务，为小微商户收款提供便利

2021年10月，《中国人民银行关于加强支付受理终端及相关业务管理的通知》发布，规定条码支付收款服务机构应当采取有效措施禁止个人静态收款条码被用于远程非面对面收款，规范并加强了对支付受理终端个人收款码及相关业务的监管。

为了方便个人经营者区分生活收支和经营收支，引导个人经营者更加规范、高效地使用收款条码，响应中国人民银行的要求，微信支付于2022年3月推出经营收款码服务，为有经营意愿和经营行为的个人提供系统化的收付款服务方案。个人经营收款服务上线以来，用户规模持续增长，2023年7月底已有超过550万用户开通，2023年1—7月共完成交易超28亿笔，交易金额超3700亿元。个人经营收款码服务不仅为经营者提供了便捷清晰的收付款工具，便于区分个人生活收支和经营款项；同时，还拓展了信用卡收款途径，丰富了经营者的收款渠道；并提供了经营工具、营销工具等一揽子配套数字化经营工具，极大地提升了个人经营者的经营能力。

（二）手续费减免等优惠，降低小微商家经营成本

基于经营收款码服务，微信支付通过收款免商家手续费额度、“收款有礼”积分兑换免商家手续费额度及经营物料等活动，帮助个人经营者降低经营成本。

此外，微信支付持续以低费率、高可用性的数字化支付产品，助力中小微经济成长。微信支付自2021年9月1日起，对符合标准的小微企业和个体工商户、有经营行为的个人等小微经营主体持续实行支付手续费优惠，同时也对符合一定条件的个人收款码用户实行提现手续费优惠。截至2024年9月，累计降费让利金额超过250亿元，惠及各类商户主体超过5000万户，切实有效地服务了实体经济。微信支付还宣布为进一步支持实体经济、助力小微商户发展，将继续实行降费让利措施，有效期至2025年9月30日。

（三）互联网保险产品，降低小微商户经营风险

依托基础的经营收款码服务，微信支付还为小微商户提供了一系列金融衍生产品，其中比较有代表性的是微信支付联合微信保险为小微商户打造的一系列互联网保险产品。中小微商户的经营状况千差万别，对其进行风险评估难度较大，同时，经营分散，保险公司难以通过传统的营销渠道有效触达中小微商户。因此，针对中小微商户的保险服务通常面临较高的运营成本和较薄的利润，成为传统保险公司和中介机构难以突破的长尾市场。在大数据的助力下，微信保险不仅能够精确评估各类中小微商户的风险状况，同时还能在海量流量的帮助下有效触达这些商户，针对其需求设计不同的互联网保险产品。

首先是“收款安全险”，它的基础版适用于所有使用微信二维码收款的商家，为商家提供长期免费的资金安全保障。该产品旨在保障商家免受因收款码被盗用或调包而导致的资金损失，每年的最高赔付额度为20万元。对于资金量较大的商家，可通过主动升级的方式获取一年的“收款安全险”保障。升级后，被保险人个人微信支付账户中保护期内因被盗用导致的资金损失都可申请赔付，最高赔付额度为200万元。

在“收款安全险”的基础之上，微信保险还专门为中小微商户推出了商家收款的“全面保”产品，并将其定位为商家经营的“基础社保”产品。该产品旨在为商户本人、商户资金、顾客以及经营停业等风险提供全面的保障。“全面保”适用于所有在腾讯体系中使用微信支付收款的中小商户，包括所有门店和流动经营的商家，且购买该产品无须提交店铺位置、所处行业、经营许可等任何证明文件。

在理赔环节，微信保险同样展现了互联网速度。“收款安全险”的理赔分为两个阶段，在用户提交理赔信息后，在前半段通过对用户的交易流水和历史数据进行审核，如果满足赔付条件，财付通将直接进行赔付；如果财付通系统的数据不足以支持理赔决策，那么在后半段将由保险公司的理赔人员介入，人工协助用户提供所有合理的理赔材料。财付通的数据审核和保险公司的人工协助相结合，最大限度地缩短了理赔的处理时限。

第四节

移动支付支持小微经济发展的实证分析

一、样本与实证设计

（一）样本与数据

本节以2018年至2021年为样本区间，以中国企业创新创业调查（ESIEC）数据为样本，ESIEC于2018年开展首轮基准调查。2018年7月至8月，ESIEC以2010年至2017年期间注册的中国民营和外资企业及其创建者为调查对象，围绕企业家的创业史和企业的创建过程、经营状况、创新、网络关系、营商环境等问题，在辽宁、上海、浙江、河南、广东、甘肃6个省（直辖市）的61个市开展基准调查，接触企业样本58500个，最终收集到6000余家小微企业的完整信息。2021年，ESIEC对2018年基准调查的样本库企业进行了追访，询问有关2020年的经营状况等问题。此外，本节采用的移动支付指数来自北京大学数字普惠金融指数的移动支付子指数，城市层面经济数据来自CEIC数据库与中国城市统计年鉴。

（二）模型设定与变量构建

为检验移动支付对小微企业经营情况的影响及其作用机制，本节构建如下固定效应模型：

$$Y_{i,j,c,t} = \beta_0 + \beta_1 MP_{c,t-1} + \beta_2 X_{i,t} + \beta_3 Z_{c,t-1} + \mu_j + \gamma_c + \delta_t + \varepsilon_{i,j,c,t} \tag{1}$$

其中，下标i、j、c和t分别代表企业、行业、城市和年份。被解释变量Y为城市c行业j的小微企业i于t年的经济发展状况集合，主要包括小微企业经营情况、经营模式与宣传方式、投资与创新计划以及主要融资渠道。核心解释变量MP代表城市c在$t-1$年的移动支付指数。该模型将来自北京大学数字普惠金融指数的移动支付子指数作为核心解释变量，用于衡量地级市的年度移动支付发展水平。该模型在回归中对该指数取自然对数。

在控制变量的选取方面，X为企业层面控制变量的集合，包括小微企业员工人数、企业家年龄、企业家性别以及企业家受教育程度。Z为城市层面控制变量的集合，包括人均GDP、互联网宽带接入用户数、一般公共预算支出与GDP的比值。该模型对所有城市层面控制变量做滞后一期的处理。μ_j、γ_c和δ_t分别代表行业固定效应、城市固定效应以及年份固定效应。值得注意的是，模型在采用2018年调查样本的回归中仅控制行业固定效应，而在2018年与2021年合并样本的回归中同时控制行业、城市以及年份固定效应。此外，在所有回归中，模型均将标准误差聚类到城市层面。

表3-2汇总了本节所选变量的描述性统计。模型对企业层面的连续财务变量进行3%和97%分位数上的缩尾处理，并对城市经济发展指标在1%和99%分位数上进行缩尾处理。

表3-2　描述性统计

类别	变量	N	Mean	SD	Min	p50	Max
核心解释变量	移动支付指数（取自然对数）	6005	5.49	0.20	5.05	5.48	5.82
小微企业经营情况	总营收（取自然对数）	3490	4.02	2.08	0.00	3.93	8.01
	线上销售额占比（%）	916	28.21	32.05	0.00	15.00	100.00
小微企业经营模式与宣传方式	是否线上销售	3713	0.31	0.46	0.00	0.00	1.00
	是否线上宣传	1746	0.66	0.47	0.00	1.00	1.00
小微企业投资与创新计划	未来三年是否有投资计划	3549	0.51	0.50	0.00	1.00	1.00

续表

类别	变量	N	Mean	SD	Min	p50	Max
小微企业主要融资渠道	未来一年的预计创新投入（万元）	3990	6.45	14.52	0.00	0.00	55.00
	过去一年的主要融资渠道：银行	609	0.41	0.49	0.00	0.00	1.00
	过去一年的主要融资渠道：互联网平台	609	0.04	0.20	0.00	0.00	1.00
企业层面控制变量	员工人数	4245	18.42	36.46	1.00	6.00	260.00
	企业家年龄	5617	38.82	10.04	22.00	38.00	66.00
	企业家性别	5994	0.69	0.46	0.00	1.00	1.00
	企业家受教育程度	5964	4.64	1.75	1.00	4.00	9.00
城市层面控制变量	人均GDP（万元）	6005	8.89	7.09	1.80	6.24	22.47
	互联网宽带接入用户数（取自然对数）	6005	4.92	1.04	3.14	4.89	6.46
	一般公共预算支出与GDP的比值	6005	0.11	0.07	0.04	0.10	0.25

二、基准回归结果分析

表3-3报告了本节的基准回归结果，即移动支付如何影响小微企业的经营状况。其中，（1）（2）列的被解释变量为小微企业总营收，（3）（4）列的被解释变量为小微企业线上销售额与总销售额的比值，模型在所有奇数列回归中仅包括核心解释变量移动支付指数，而在所有偶数列回归中进一步加入企业层面和城市层面的控制变量。在前两组回归中，核心解释变量移动支付指数的回归系数始终在1%的显著性水平下为正，表明移动支付发展水平与小微企业总营收呈显著的正相关关系。从经济意义来看，以回归（2）为例，在加入了所有控制变量并控制了行业固定效应后，移动支付指数的回归系数为1.053，意味着地区移动支付指数每上升10%，能够使该地区小微企业的总营收增加10.53%。

在后两组回归中，使用小微企业线上销售额在总销售额中的占比来反映小微企业经营状况。和前两组回归相同，移动支付指数的回归系数始终在1%的显著性水平下为正，表明移动支付发展水平的提升能够显著提高小微企业线上销售额在总销售额中的占比。从经济意义来看，以回归（4）为例，在加入了所有控制变量并控制了行业固定效应后，移动支付指数的回归系数为36.718，意味着地区移动支付指数每上升10%，能够使该地区小微企业线上销售额在总销售额中的占比增加3.67%。模型的基准回归结果与蔡璐璐等人[1]、张正平等人[2]的研究发现相似，验证了数字普惠金融的发展有助于改善小微企业的全要素生产率与经营业绩。此模型还在数字普惠金融的相关研究的基础上更进一步，发现了移动支付对小微企业经营绩效的助推作用。

表3-3　移动支付与小微企业经营状况

变量	（1）	（2）	（3）	（4）
	总营收	总营收	线上销售额与总销售额的比值	线上销售额与总销售额的比值
移动支付指数	1.191***	1.053**	21.612***	36.718***
	（0.24）	（0.43）	（4.88）	（9.13）
员工人数		0.021***		−0.040
		（0.00）		（0.03）
企业家年龄		0.001		−0.233
		（0.00）		（0.19）
企业家性别		0.314***		−1.274
		（0.07）		（2.42）
企业家受教育程度		0.160***		1.026
		（0.03）		（0.74）
人均GDP		0.014		−0.148

[1]　蔡璐璐，邢晋嘉，路优．数字普惠金融对企业经营绩效的影响：基于A股上市公司的实证研究[J]．技术与创新管理，2021，42（6）:674-680.

[2]　张正平，王龙．数字金融对中小企业经营效率的影响：基于深圳创业板数据的实证研究[J]．中国流通经济，2021，35（8）:30-39.

续表

变量	（1）	（2）	（3）	（4）
	总营收	总营收	线上销售额与总销售额的比值	线上销售额与总销售额的比值
		（0.01）		（0.27）
互联网宽带接入用户数		−0.062		−3.504
		（0.12）		（2.28）
一般公共预算支出与GDP的比值		0.962		36.736*
		（0.96）		（20.79）
Constant	−2.517*	−2.678	−90.919***	−154.996***
	（1.31）	（2.03）	（27.27）	（44.59）
观测值	3490	2593	916	803
行业固定效应	Yes	Yes	Yes	Yes
调整后的R^2	0.108	0.283	0.043	0.046

注：*、**和***分别表示10%、5%和1%的显著性水平，括号内为系数的标准差，标准误差聚类到城市层面。

三、机制分析

本节将从移动支付对小微企业经营模式、宣传方式、投资意愿与融资渠道这四方面的影响出发，重点探究移动支付如何影响小微企业的经营状况。

（一）移动支付与小微企业经营模式

重点讨论移动支付如何影响小微企业的经营模式。在ESIEC调查问卷中，项目组询问了小微企业在过去一年是否通过互联网或移动互联网销售产品，基于此，构建了“是否线上销售”这一虚拟变量，以此为被解释变量代入式（1）的回归方程中，并将回归结果汇总于表3-4。其中，（1）列的回归中仅包括了核心解释变量移动支付指数，（2）（3）列的回归中逐步加入企业层面和城市层面的控制变量，同时模型在所有回归中均控制了行业固定效应。不难看出，核心解释变量移动支付指数的回归系数始终显著为正，表明移动支付的发展有助于改变小微企业的经营模式，帮助其由传统的线下经营模式转换为线上经营模式。具体而言，以回归（3）为例，在加入了所有控制变量并控制了行业固定效应后，移动支付指数的回归系数为0.160，意味着地区移动支付指数每上升10%，该地区小微企业通过互联网或移动互联网销售产品的概率会上升1.6%。

表3-4　移动支付与小微企业经营模式

变量	（1）	（2）	（3）
	是否线上销售	是否线上销售	是否线上销售
移动支付指数	0.193***	0.174***	0.160*
	（0.05）	（0.05）	（0.08）
员工人数		0.001***	0.001***
		（0.00）	（0.00）
企业家年龄		−0.007***	−0.007***
		（0.00）	（0.00）
企业家性别		0.005	0.006
		（0.02）	（0.02）
企业家受教育程度		0.021***	0.019***
		（0.01）	（0.01）
人均GDP			0.002
			（0.00）
互联网宽带接入用户数			−0.017
			（0.02）

续表

变量	（1）	（2）	（3）
	是否线上销售	是否线上销售	是否线上销售
一般公共预算支出与GDP的比值			0.397***
			（0.15）
Constant	−0.747**	−0.465*	−0.362
	（0.29）	（0.27）	（0.39）
观测值	3713	2946	2946
行业固定效应	Yes	Yes	Yes
调整后的R^2	0.032	0.068	0.070

注：*、**和***分别表示10%、5%和1%的显著性水平，括号内为系数的标准差，标准误差聚类到城市层面。

（二）移动支付与小微企业宣传方式

探究移动支付如何影响小微企业的宣传方式。在ESIEC调查问卷中，项目组询问了小微企业在过去一年是否通过互联网或移动互联网宣传产品，基于这一问题，构建了“是否线上宣传”这一虚拟变量，以此为被解释变量，重新进行式（1）所示的回归，并将回归结果汇总于表3-5。其中，模型仅在（1）列的回归中包括核心解释变量移动支付指数，并在（2）（3）列的回归中逐步加入企业层面和城市层面的控制变量，同时在所有回归中均控制了行业固定效应。表3-5中，核心解释变量移动支付指数的回归系数始终显著为正，表明移动支付的发展有助于小微企业转变宣传方式。从经济意义来看，以回归（3）为例，在加入了所有控制变量并控制了行业固定效应后，移动支付指数的回归系数为0.243，意味着地区移动支付指数每上升10%，该地区小微企业通过互联网或移动互联网宣传产品的概率会上升2.43%。

表3-5 移动支付与小微企业宣传方式

变量	(1)	(2)	(3)
	是否线上宣传	是否线上宣传	是否线上宣传
移动支付指数	0.380***	0.371***	0.243*
	(0.11)	(0.11)	(0.14)
员工人数		−0.000	−0.000
		(0.00)	(0.00)
企业家年龄		−0.005***	−0.005***
		(0.00)	(0.00)
企业家性别		0.021	0.024
		(0.03)	(0.03)
企业家受教育程度		0.017*	0.012
		(0.01)	(0.01)
人均GDP			0.015***
			(0.00)
互联网宽带接入用户数			−0.057*
			(0.03)
一般公共预算支出与GDP的比值			0.153
			(0.23)
Constant	−1.421**	−1.296**	−0.433
	(0.57)	(0.59)	(0.67)
观测值	1746	1500	1500
行业固定效应	Yes	Yes	Yes
调整后的R^2	0.042	0.052	0.068

注：*、**和***分别表示10%、5%和1%的显著性水平，括号内为系数的标准差，标准误差聚类到城市层面。

（三）移动支付与小微企业投资意愿

重点分析移动支付对小微企业投资意愿的影响。在ESIEC调查问卷中，项目组询问了小微企业在未来三年是否有投资计划以及在未来一年的预计创新投入，基于这两个问题分别构建两个不同的被解释变量，再重新进行式（1）所示的回归，并将回归结果汇总于表3-6。其中，（1）（2）列的被解释变量为小微企业未来三年是否有投资计划，（3）（4）列的被解释变量为小微企业未来一年的预计创新投入，在所有奇数列回归中仅包括核心解释变量移动支付指数以及是否线上销售，而在所有偶数列回归中进一步加入企业层面和城市层面的控制变量。在前两组回归中，虽然核心解释变量移动支付指数的回归系数并不始终显著为正，但解释变量是否线上销售的回归系数始终在1%的显著性水平下为正，表明在过去一年通过线上渠道销售产品的小微企业更容易在未来三年内有投资计划，其投资意愿显著强于未通过线上渠道销售产品的小微企业。从经济意义来看，以回归（2）为例，通过线上渠道销售产品的小微企业在未来三年内有投资计划的概率比未通过线上渠道销售产品的小微企业高13.3%。

在后两组回归中，虽然移动支付指数的回归系数同样不显著，但是否线上销售的回归系数始终在1%的显著性水平下为正，表明在过去一年通过线上渠道销售产品的小微企业更容易在未来一年加大创新投入，其创新意愿显著强于未通过线上渠道销售产品的小微企业。从经济意义来看，以回归（4）为例，通过线上渠道销售产品的小微企业在未来一年的预计创新投入比未通过线上渠道销售产品的小微企业多4.014万元。

表3-6　移动支付与小微企业投资意愿

变量	（1）	（2）	（3）	（4）
	未来三年是否有投资计划	未来三年是否有投资计划	未来一年的预计创新投入	未来一年的预计创新投入
是否线上销售	0.175***	0.133***	5.516***	4.014***
	（0.02）	（0.02）	（0.65）	（0.70）
移动支付指数	−0.117**	0.005	2.403	−1.066
	（0.06）	（0.08）	（1.61）	（2.42）

续表

变量	（1）	（2）	（3）	（4）
	未来三年是否有投资计划	未来三年是否有投资计划	未来一年的预计创新投入	未来一年的预计创新投入
Constant	1.093***	0.529	-6.242	-4.069
	（0.31）	（0.36）	（8.89）	（12.46）
控制变量	No	Yes	No	Yes
行业固定效应	Yes	Yes	Yes	Yes
观测值	3444	2745	2669	2131
调整后的R^2	0.037	0.068	0.070	0.167

注：*、**和***分别表示10%、5%和1%的显著性水平，括号内为系数的标准差，标准误差聚类到城市层面。

（四）移动支付与小微企业融资渠道

探讨移动支付对小微企业融资渠道的影响。在ESIEC调查问卷中，项目组询问了小微企业在过去一年的主要融资渠道，若小微企业过去一年的主要融资渠道为银行，便将“过去一年的主要融资渠道：银行”这一虚拟变量设为1，否则为0；同理，若小微企业过去一年的主要融资渠道为互联网平台，则将虚拟变量“过去一年的主要融资渠道：互联网平台”设为1，否则为0。将这两个变量分别作为被解释变量代入式（1）的回归方程中，并将结果汇总于表3-7。其中，（1）（2）列的回归仅采用了2018年的企业样本，（3）（4）列的回归则进一步包括了2021年的企业追访样本。模型在所有奇数列回归中将“主要融资渠道：银行”作为被解释变量，而在所有偶数列回归中将“过去一年的主要融资渠道：互联网平台”作为被解释变量；同时，在回归（3）（4）中进一步控制了城市固定效应以及年份固定效应。不难看出，无论是在2018年的企业样本中还是在2018—2021年的合并样本中，移动支付指数仅显著影响小微企业以银行为主要融资渠道的概率，并不影响小微企业通过互联网平台融资的概率。具体而言，地区移动支付指数每上升10%，则该地区的小微企业通过银行渠道融资的概率会上升2.74%（2018年样本）或12.56%（2018—2021年合并样本），而通过互联网平台融资的概率并不会出现显著变化。Beck等人[1]的研究发现，移动支付工具的使用能够帮助小微企业建立信用历史，这不仅有助于小微企业从提供该支付工具的科技公司获得信贷支持，同时也具有一定的溢出效应，有助于小微企业获得银行信贷，模型的实证结果支持了“溢出效应”这一渠道。

表3-7　移动支付与小微企业融资渠道

变量	（1）	（2）	（3）	（4）
	过去一年的主要融资渠道：银行	过去一年的主要融资渠道：互联网平台	过去一年的主要融资渠道：银行	过去一年的主要融资渠道：互联网平台
移动支付指数	0.274*	0.011	1.256*	0.098
	（0.16）	（0.07）	（0.65）	（0.27）
Constant	−1.320	0.039	−7.245**	−0.453
	（0.80）	（0.34）	（3.18）	（1.54）
控制变量	Yes	Yes	Yes	Yes
行业固定效应	Yes	Yes	Yes	Yes
城市固定效应	No	No	Yes	Yes
年份固定效应	No	No	Yes	Yes
调整后的R^2	0.072	0.021	0.045	0.030
观测值	512	512	1137	1137

注：*、**和***分别表示10%、5%和1%的显著性水平，括号内为系数的标准差，标准误差聚类到城市层面。

[1] BECK T，GAMBACORTA L，HUANG Y P，et al. Big techs，QR code payments and financial inclusion[EB/OL].（2022-07-28）[2024-08-05]. https://nsd.pku.edu.cn/pub/chnsd/cbw/tlg1/tlg2022/524728.htm.

四、小结

本节从“移动支付如何影响小微企业的经营状况”这一问题出发，验证了移动支付发展水平与小微企业经营绩效之间存在显著的正相关关系：地区移动支付指数每上升10%，能够使该地区小微企业的总营收增加10.53%，同时使该地区小微企业线上销售额在总销售额中的占比增加3.67%。在机制讨论部分，分别从移动支付对小微企业经营模式、宣传方式、投资意愿与融资渠道这四个方面的影响展开讨论，发现移动支付的发展主要通过转变小微企业的经营模式与宣传方式（由线下转至线上）、提升小微企业的投资与创新意愿、帮助小微企业获得银行信贷并缓解其融资约束这些途径，提升小微企业的经营业绩，提高其线上营收占比。

第五节

发展建议

一、丰富和完善移动支付工具，发挥移动支付的助推器功能

移动支付作为小微经济发展的助推器，在推动小微经济的数字化转型、助力小微经济发展方面发挥了重要作用。但目前移动支付工具对于中小微企业个性化支付需求的覆盖仍明显不足，移动支付工具的安全性和用户体验还有待提升，农村地区在支付服务上的数字鸿沟依然存在。

对于支付行业而言，需要不断丰富和完善移动支付工具，更好地发挥移动支付对于小微经济发展的助推器功能。首先，鼓励初创公司和企业开发新的支付解决方案和产品，以满足不断变化的市场需求，提升对中小微企业个性化支付需求的覆盖率。其次，金融科技企业需不断改进支付工具的用户界面和功能，防止欺诈和数据泄露，以提升用户体验和支付的安全性。最后，加强对偏远地区移动支付知识的普及和宣传，提高偏远地区的人们对现代化支付工具的认识，鼓励他们使用安全和便捷的支付方式，弥合支付服务的数字鸿沟。

二、适度提升支付账户限额，保障合理使用需求

随着经济的发展、居民收入的提高以及移动支付普及率的增长，2016年设定的个人支付账户余额付款交易年累计不超过20万元的支付限额可能已经不适应当前的发展阶段，影响了部分居民和商户的正常支付需求。当前，每年有超过5%的账户会超过央行规定的20万元限额，这对用户的支付体验和潜在的经济增长产生了一定的影响。

对于行业而言，应适度提升支付账户限额，保障支付账户的合理使用需求。探

索提高支付账户限额的措施，对加速资金流动、促进消费需求和经济增长潜力的释放有重要作用。首先，加强双重身份验证、生物识别和加密通信等技术创新，合法账户持有者只有通过强化身份验证才可以解除高额支付限额，确保账户安全。其次，开发智能支付系统，以用户的交易历史数据为基础，依托大数据技术和大模型预测，对用户的交易行为进行评估，由此调整支付限额。最后，加强教育和监管。一方面，通过宣传、培训等方式指导用户安全地使用支付账户和余额支付，增强用户的风险防范意识；另一方面，加强对账户和交易的监管，在提高支付账户限额的同时防控风险。

三、健全现代支付体系，推动经济高质量发展

健全现代支付体系对于一个国家和地区的经济和社会发展至关重要，但目前我国支付体系的发展还存在一定的问题，如个人数据保护有待加强、跨境支付渠道有待进一步拓展、成本有待进一步降低、支付便捷性与安全性尚需平衡、偏远地区的支付服务水平仍需提升等。

对于政府而言，第一，颁布相关的法律法规和标准，规范支付市场、保护消费者权益、防止数据泄露，确保支付系统的稳定、可靠。第二，推动行业继续完善入境游客移动支付解决方案，提高游客消费便利性。第三，鼓励支付体系进一步降低支付费率，为商户提供手续费减免的细化措施，如进一步降低国际卡的收单费率，缩小国际卡与国内卡费率的差距。第四，提高支付系统的效率和技术水平的同时加强对支付行业的监管，平衡支付的便捷性与安全性。第五，加强支付基础设施建设和维护，持续改善农村、偏远地区、小微企业支付服务受理环境，并积极出台配套政策，支持涉农、涉小微领域支付服务市场主体多元化发展。

四、充分利用移动支付产品，提高政策调控的精准度

数字消费券、数字优惠券等移动支付产品已成为政府进行经济宏观调控的有效手段。已有的研究表明，电子优惠券、消费券发放对小微企业的营业额、总销售额以及消费增长具有积极影响，且不存在挤出效应[1][2]。但现有的政策调控手段对于移动支付产品运用得较少，可以用于政策调控的移动支付产品也相对有限。

对于政府而言，未来可以通过充分利用和优化数字优惠券、数字消费券等移动支付产品，提高政策调控的精准度。首先，可考虑“一般+个别”的票券模式，对特定行业进行有针对性的支持，更好地发挥政府资金的作用。其次，对于特定行业的优惠券，针对特定人群，适当延长有效期，提高赎回率。最后，设置合理的门槛和规则，引导消费者在小微商家兑换更多的优惠券，例如降低兑换优惠券的最低购买要求，采用跨商家兑换优惠券等措施，鼓励更多的消费者在小微商家购物。

[1] WANG Y，YIN Z T，XING J W. Can digitalized tools help stimulate the domestic economy? evidence from the effects of digital coupons on merchant operation[J]. China economic quarterly international，2022，2（3），227-238.

[2] GENG H，SHI C，SONG Z.Evaluating the Effectiveness of the Hong Kong Consumption Voucher Scheme:A Study Based on AlipayHK Data[J/OL].Working Paper Series，Department of Economics，the Chinese University of Hong Kong 2022，2（21）[2024-11-28].https://www.econ.cuhk.edu.hk/econ/images/Documents/Evaluating_Hong_.

Chapter 4

第四章

数字化征信促进社会信用体系建设

征信体系是打破信息不对称和降低管理信贷风险的重要工具，完善征信体系建设有利于降低借贷成本、促进普惠金融发展。自2006年中国人民银行征信中心成立以来，中国基本建成由政府主导的世界上规模最大、收录信息全面、覆盖范围和使用广泛的个人征信系统。数字化征信通过发挥大科技信贷价值、推动产品和服务创新、提升用户信用素养等方式，促进社会征信体系建设。

第一节

数字经济时代的征信

一、数字化征信迎来战略机遇期

数字化征信能利用数字技术（如大数据、云计算、人工智能、区块链等）来收集、处理和分析各种信息，以评估个人或企业的信用状况并生成相应的信用评价报告，为金融机构等提供风险评估和授信参考。数字化征信基于来源广泛的数据、先进的数据处理技术和智能化的分析工具，可以实现更加高效、精准和全面的信用评估。数字化征信是数字金融基础设施的重要部分，数字技术的发展、数据要素市场建设、数字金融的快速发展为数字化征信的发展带来了新机遇。

（一）数字经济时代催生了数字化征信需求

平台经济、共享经济、数字经济的快速发展产生了多样、高效、便捷的信用服务需求。第一，数字经济新业态的发展需要数字化征信。共享经济、无人经济的发展增加了中小企业和个人对便捷、高效的信用服务的需求，数字化征信能够有效降低信用评估成本，提升服务效率和服务可获得性。第二，数字经济时代，金融机构需要更加精准的信用评估工具来降低信贷风险，而数字化征信提供了可靠的数据支持和风险控制手段。第三，数字经济时代，跨境交易和投资变得更加频繁，跨境信用评估需求增加，国际化的征信体系变得尤为重要。数字化征信能够提供全球范围内的信用评估，降低跨境信用风险，保障跨境金融活动的安全和顺畅。第四，数字经济时代，各国之间加强信用信息的合作与共享的需求增加，而数字化征信在推动全球信用信息的互认和标准化过程中将发挥重要作用。

数字经济时代，消费者对数字化征信的需求增加。第一，数字经济时代，消费者的行为发生了变化，越来越多的消费者通过在线平台进行交易和支付。在交易的过程中，消费者希望看到卖家的信用等级，需要及时的信用评估来保障交易的安全和顺畅。第二，数字经济时代，数字普惠金融产品和服务的数量、种类不断增加，消费者需要快速、准确的信用评估，以此简化申请流程，快速获取优质的金融产品和服务。第三，数字经济时代，消费者的信用管理意识不断增强，消费者增加了随时查询和管理自己信用信息的需求，希望及时了解自己的信用情况，及时发现并纠正不良信用行为，提升自身的信用水平。

（二）数字技术的发展为数字化征信提供了技术支持

数字技术的发展为数字化征信提供了强有力的技术支持，促进了数字化征信的发展。第一，大数据技术可以从多种渠道获取、处理、分析海量结构化和非结构化数据，并从中提取有用的信用信息，形成全面、精准的信用评估结果，提高信用评估的准确性。第二，云计算技术提供了高效的数据存储和处理能力，能够支持大规模信用数据的存储、计算和实时更新。第三，人工智能技术可以建立复杂的信用评分模型，分析大量的信用数据，从而提供更精准的信用评分和风险预测，提升征信系统的效率和可靠性；机器学习技术可以识别信用数据中的异常模式，及时发现潜在的信用风险和欺诈行为，提高征信服务质效。第四，区块链技术不仅保障了不同征信机构间的数据共享和互操作性，提高了信用数据的利用率，而且区块链技术的去中心化和不可篡改特征确保了信用数据的透明性和安全性，增强了信用信息的可信度，提高了征信的准确性。第五，加密技术确保了信用数据在传输和存储过程中的安全性，保护用户的隐私，防止未经授权的访问和数据泄露，保证了征信系统的稳定性。随着数字技术的进一步发展和创新，数字化征信将不断创新并保持较快的发展速度。

（三）数据要素市场建设加速了数字化征信发展

数字经济时代，数据要素价值不断凸显，已成为数字经济时代核心生产要素与推动经济发展的核心力量，数据要素价值正不断释放。2020年3月30日，《中共中央 国务院关于构建更加完善的要素市场化配置体制机制的意见》发布，将数据作为一种新型生产要素写入文件，认为数据是与土地、劳动力、资本、技术共同构成现代经济体系中的重要生产要素。2022年3月25日发布的《中共中央 国务院关于加快建设全国统一大市场的意见》中“培育发展全国统一的生态环境市场”再次提出打造统一的要素和数据市场。国务院印发的《“十四五”数字经济发展规划》对数据要素作出了专门部署，提出强化高质量数据要素供给、加快数据要素市场化流通、创新数据要素开发利用机制等重点任务举措。2021年以来，多地积极探索，促进数据要素价值释放。2021年3月31日，北京国际大数据交易所成立；同年11月25日，上海数据交易所正式揭牌；2023年10月25日，国家数据局正式揭牌。随后，各地也陆续成立了大数据局，推动数据要素市场建设，促进数据要素价值释放。数据要素市场建设政策文件见表4-1。

表4-1 数据要素市场建设政策文件

时间	发布部门	政策
2020年4月	中共中央、国务院	《中共中央 国务院关于构建更加完善的要素市场化配置体制机制的意见》
2021年1月	中共中央办公厅、国务院办公厅	《建设高标准市场体系行动方案》
2021年11月	工业和信息化部	《“十四五”大数据产业发展规划》
2021年12月	国务院办公厅	《要素市场化配置综合改革试点总体方案》
2021年12月	国务院	《“十四五”数字经济发展规划》

续表

时间	发布部门	政策
2022年3月	中共中央、国务院	《中共中央　国务院关于加快建设全国统一大市场的意见》
2022年9月	国务院办公厅	《全国一体化政务大数据体系建设指南》
2022年11月	国家发展和改革委员会	《关于数字经济发展情况的报告》
2022年12月	中共中央、国务院	《中共中央　国务院关于构建数据基础制度更好发挥数据要素作用的意见》
2023年12月	国家数据局等17部门	《“数据要素×”三年行动计划（2024—2026年）》

数据要素市场建设使得替代数据广泛应用，加速了数字化征信发展。数据要素市场的发展加速了大型金融科技公司等平台积累的海量数据作为替代数据参与信用评价，促进了数字化征信的发展。首先，数据要素市场的发展使得公共数据成为替代数据参与信用评价。数据要素市场的发展使得供水、供电、供气、公共交通等公共服务运营单位所拥有的公共数据可以进入市场交易，使得公共数据成为替代数据，为数字信贷的发展提供了数据支撑。其次，数据要素市场的发展使得场景数据成为替代数据参与信用评价。数据要素市场的发展使得支付数据、消费记录、社交数据、互联网行为数据等场景数据成为替代数据，丰富了信用评价数据。2020年12月15日，中国人民银行网站发布《人民银行召开“长三角征信一体化”工作推进现场交流会》一文，充分肯定了替代数据在数字化征信体系中的重要作用。2022年12月2日，《中共中央 国务院关于构建数据基础制度更好发挥数据要素作用的意见》出台，对征信业的发展产生了重要且深远的影响。

（四）系列政策推动了数字化征信发展

中国政府出台的一系列政策和法规，为数字化征信提供了法律保障和发展指引。2012年12月26日，国务院第228次常务会议通过了《征信业管理条例》，并自

2013年3月15日起施行。《征信业管理条例》规范了征信活动，保护当事人合法权益，引导、促进征信业健康发展，推进了社会信用体系建设。为顺应数字经济发展和数字信贷发展，2021年9月，中国人民银行出台了《征信业务管理办法》，并自2022年1月起实施。《征信业务管理办法》要求13家网络平台在与金融机构开展引流、助贷、联合贷等业务合作中，不得将个人主动提交的信息、平台内产生的信息或从外部获取的信息以申请信息、身份信息、基础信息、个人画像评分信息等名义直接向金融机构提供，促进了信用信息的合法合规使用和共享，进一步规范了个人信用信息的分享和应用。征信市场建设政策文件见表4-2。

表4-2 征信市场建设政策文件

时间	发布部门	文件
2013年1月	国务院	《征信业管理条例》
2013年11月	中国人民银行	《征信机构管理办法》
2014年3月	中国人民银行	《征信投诉办理规程》
2017年8月	中国人民银行	《中国人民银行办公厅关于加强征信系统查询用户信息管理的通知》
2018年4月	中国人民银行	《中国人民银行关于进一步加强征信信息安全管理的通知》
2022年1月	中国人民银行	《征信业务管理办法》
2023年5月	国家发展和改革委员会	《失信行为纠正后的信用信息修复管理办法（试行）》

二、中国数字化征信的发展

（一）中国数字化征信的发展历程

进入21世纪，中国意识到建立征信体系的重要性，并进行了初步探索。中国人民银行着手建立企业和个人征信系统，收集并分析传统的信贷数据。2006年，中国人民银行征信中心成立，负责建设、运行和维护全国集中统一的企业和个人征信系统，即金融信用信息基础数据库。金融信用信息基础数据库系统收集和管理企业和个人的信用信息，数据的范围不仅涵盖了银行信贷数据，还包括一些公共数据和金融机构数据。中国人民银行征信中心的成立标志着由政府主导的征信体系逐步建立，商业银行等金融机构的数据及公共数据的沉淀共同推动中国征信业的发展。2013年，国务院发布了《征信业管理条例》，初步规范了征信市场，为征信业的发展提供了法律保障并奠定了法律基础。

互联网的普及、数字技术的快速发展使得网络借贷、消费金融等业务模式不断创新，也对征信产品和服务提出了新要求，中国征信体系开始向数字化转型，逐步进入数字化征信时代。技术应用方面，征信机构开始将大数据、人工智能、云计算等数字技术运用在征信过程中，信息采集的拓展性、灵活性、便利性得到了极大的提升，数据处理和分析能力也不断得到了提升。市场主体方面，中国政府大力推进征信市场主体培育，逐步发放个人征信机构牌照。除中国人民银行征信中心外，以朴道征信、百行征信为代表的商业征信机构迅速崛起，形成了"政府+市场"双轮驱动的发展模式，并逐步构建了央行征信系统和市场化征信机构协同发展、互相补充的发展格局。征信产品和服务方面，征信产品不断丰富，信用贷款、信用支付、信用租赁等多样化的信用服务开始出现，用户可以通过良好的信用记录享受更多的金融服务。政策法规方面，2013年，国务院出台了《征信业管理条例》，进一步规范了征信市场行为；2021年，《中华人民共和国个人信息保护法》正式实施，确保了征信数据的合法使用和安全存储。中国对个人隐私和数据安全的保护力度不断加大，征信业的政策法规进一步完善。

（二）中国数字化征信的发展现状

经过多年的发展，中国的数字化征信体系已经建立并逐步走向成熟，为社会信用体系的建设和金融市场的健康发展奠定了坚实基础。

建成世界上最大的企业和个人征信系统。中国人民银行征信中心覆盖范围广、收录信息最全，是中国最主要的征信系统，也是世界上最大的企业和个人征信系统。截至2020年12月底，中国人民银行征信中心共收录6092.3万户企业及其他组织的信息、超过11亿自然人的信息，企业和个人日均查询征信报告量分别达19万次、866万次。中国人民银行个人征信系统接入机构数量见图4-1。

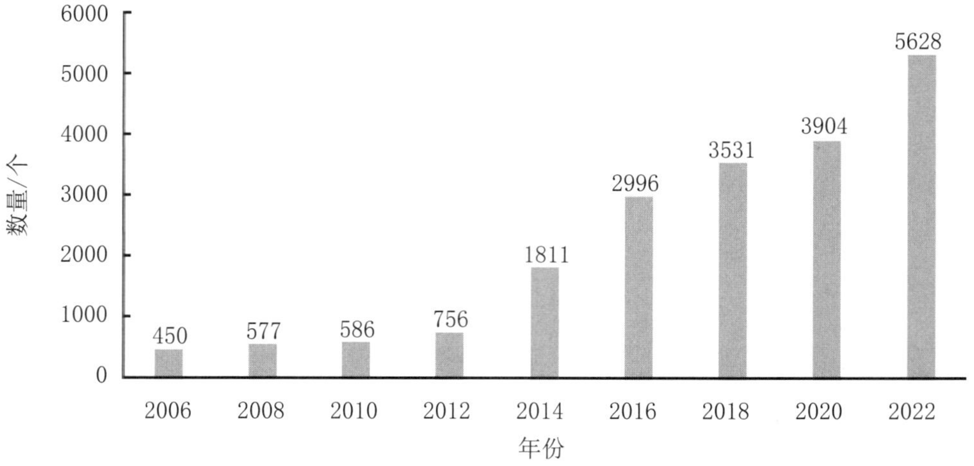

图4-1　中国人民银行个人征信系统接入机构数量

数据来源：中国人民银行征信中心。

积极推动地方征信平台建设。中国已建成了广东“粤信融”、甘肃“陇信通”等省级平台和地市级平台，利用政府掌握的政务信息等替代数据，推动数字化征信发展。以陕西省为例，截至2022年9月末，陕西省已建立9个地方征信平台和融资服务平台，包括省级地方征信平台（“秦信融”平台）、8个地市级地方征信平台和融资服务平台。截至2020年8月末，陕西全省地方征信平台共采集590万家市场主体信用信息，查询量为641万次，实现融资456亿元[1]。

推动商业领域数字化征信发展。充分利用数字金融平台，探索运用区块链等新技术实现征信信息的互联互通，推动商业领域数字化征信发展。目前，中国已建立了朴道征信、百行征信两家市场化征信机构。朴道征信累计上线个人和企业征信产品49大类，对客户提供1000余项征信数据产品服务，累计收录自然人超5.9亿人，累计收录企业和个体工商户超6400万户。累计调用量逾300亿次，服务金融机构等

[1]　陕西建立9个地方征信平台和融资服务平台[EB/OL].（2022-10-25）[2024-08-05]. http://www.shaanxi.gov.cn/xw/sxyw/202210/t20221025_2256786_wap.html.

客户近900家，与10余家数字普惠金融平台、机构就征信科技解决方案达成合作意向，同时与多个地方政府、人力资源背调机构等合作开展信用服务探索。截至2021年5月22日，百行征信累计拓展法人金融机构2084家，个人征信系统收录信息主体超2亿人，面向市场推出征信产品28款，所有产品累计调用量突破7.1亿笔。

第二节

数字化征信助力社会信用体系建设

一、发挥大科技信贷价值，助力社会信用体系建设

（一）激活征信白户

制约传统金融发展的最大问题是市场参与者之间的信息不对称，而信息不对称又导致风控难。信息不对称从表现形式上分为事前信息不对称和事后信息不对称。事前信息不对称，也称“逆向选择”，是指市场的某一方如果能够利用多于另一方的信息使自己受益而使另一方受损，倾向于与对方签订协议进行交易。事后信息不对称，也称“道德风险”，是指负有责任的经济行为主体不承担其行动的全部后果，在最大化自身效用的同时，作出不利于他人的行为。对于信息不对称问题，传统金融机构往往会加强事前的风控。传统的风控手段，如人工调查财务数据、监督用户行为、担保抵押等方式，虽然在一定程度上解决了信息不对称问题，但其成本过高且不可持续。信息不对称及其所导致的风控难影响了传统金融机构的有效信贷供给，催生了中小微企业融资难、融资贵等问题。

我国存在的大量信用白户群体是阻碍我国信用体系建设的一大难题。在信用体系建设过程中，存在这样一类群体：他们从未得到过传统金融机构的信用产品服务，也没有信用记录，且大都具有缺乏抵押物、资产薄弱等特征。他们是传统金融机构无法触达的征信白户，也是阻碍我国信用体系建设的一大难题。

大科技信贷的出现为上述问题提供了解决方案。大科技信贷是指大科技公司利用大科技平台快速、海量、低成本地获客并积累数字足迹，同时运用大数据和机器学习模型进行风险评估，为大量个人和小微企业提供信贷服务的新型业务模式。大科技信贷依托大数据、机器学习等技术，通过大科技生态系统、大数据风控模型等

手段来解决信息不对称问题并激活征信白户。

大科技生态系统通过平台上积累的大量历史数据，借助大数据分析方法对信息进行加工处理，能够有效缓解信息不对称问题和解决风控难问题，进而助力社会信用体系建设。首先，大科技生态系统可以将数亿用户的数字足迹黏在平台系统内，通过对数字足迹的分析，有效缓解信息不对称问题。分析已有文献中基于阿根廷和中国的案例，发现大科技公司相对于传统银行机构更具有信息优势。其次，大科技生态系统不仅提供了历史数据，还提供了大量的实时数据（电商数据、社交数据、合作机构数据），对实时数据的处理和分析能够有效支持实时监测和风险评估，解决风控难问题。已有的证据表明，机器学习方法比传统方法能更加有效地预测信贷违约，且机器学习的作用在历史信贷数据不足的情形下表现得更加突出。此外，大科技信贷基于信贷风险管理框架，显著提高了贷款的审批速度，且没有以提高违约率为代价。

大科技信贷为征信白户难题带来了解决方案和契机。首先，数字金融平台上积累了海量数据，这些数据为征信白户的信用评估提供了基础。数字金融平台可以通过分析这些数据来评估征信白户的还款能力和还款意愿，并根据信用评估结果，为部分群体提供小额、高频、实时服务，进而让这些用户获得金融服务。与此同时，这些金融服务又可以进一步积累征信白户的信用和相关信息，用于后续的信用评估。其次，可以将数字金融平台上产生的信用信息补充到征信体系里，帮助信用评估良好的群体获得更加复杂的信贷服务。

（二）助力普惠金融发展

大科技信贷借助大科技生态系统和大数据风控模型两大优势工具，推出了多种信贷模式，既有效缓解了小微企业融资难题，也助力了中国普惠金融的发展。基于平台累积的海量信息，用大数据对其进行信用风险评估，可以帮助更多小微企业和个人获得金融服务，助力普惠金融发展。两家新型互联网银行——网商银行和微众银行就是大科技信贷助力普惠金融发展的典型案例。如网商银行依托淘宝、支付宝等平台积累的数据，通过大科技信贷为小微企业、个体户、经营性农户等小微群体提供金融服务。截至2022年6月底，累计超过4900万小微经营者（其中80%过去从未获得过银行经营性贷款）使用网商银行的数字信贷服务助力经营与发展，且小微贷款的不良率保持在较低水平，仅为1.53%。

大科技信贷有效发挥了数据要素价值，通过大数据风控激活征信白户，促进社会信用体系建设。大科技信贷不仅可以解决传统金融机构很难为小客户提供服务的难题，还可以把借款数据录入央行征信系统，助力社会信用体系建设。也就是说，网商银行、微众银行等机构的借款客户对于传统银行来说，将不再是信用白户，后续也有可能获得传统银行的金融服务。如截至2022年6月末，微众银行的“微业贷”产品已辐射29个省、自治区、直辖市，累计超300万家小微市场主体申请，累计授信客户超100万家，超50%的授信企业客户系传统银行征信白户。

二、推动产品服务创新，助力社会信用体系建设

（一）提升征信服务的可得性和满意度

数字化征信提升了信用服务的普及性和可得性。数字化征信可以实现多渠道获取、大规模处理数据，使得征信服务更具普及性。第一，数字化征信系统打破了单一依靠银行交易记录来进行信用评价的途径。数字化征信的数据来源更加广泛，可以从多种渠道收集个人和企业的信用信息，包括银行交易记录、税务记录、电商平台消费记录、社交媒体活动等，从而使没有银行交易记录的群体也可以获得征信服务，降低了获取信用服务的门槛。第二，数字化征信能够帮助更多人群，尤其是传统金融服务覆盖不到的弱势群体，使其获得信用服务，推动普惠金融发展。普惠金融的发展使更多人可以享受到便利的金融服务，补充了传统金融服务覆盖不到的弱势群体的信用信息，提升了信用服务的触达性。第三，数字化征信通过构建统一的信用信息共享平台，推动信用信息在各部门、各行业间的互通共享，使信用信息更加透明，加速了社会信用体系建设。

数字化征信提高了信用服务的满意度。第一，数字化征信提高了信用评估的准确性。依托先进数字技术的数字化征信系统，通过对个人和企业的行为模式和信用历史数据进行分析，基于机器学习和AI算法建立的更为科学的信用评分模型，可以为客户提供更加透明和详细的信用报告，帮助客户了解信用评分的构成及其背后的因素，提高信用评估的准确性和用户对信用评估结果的信任度。第二，数字化征信提高了征信服务的便利性。通过“人工+自助”“线上+线下”征信服务渠道，用户可以通过互联网和移动设备轻松获取数字化征信报告和相关服务，并随时随地查看自己的信用信息、获取信用服务，提升了客户满意度。第三，数字化征信使得个性化征信服务成为可能。数字技术可以快速获得和分析用户的信用数据和行为模式，并根据用户的需求生成个性化信用产品，满足用户的个性化需求，这种个性化的服务体验可以显著提高用户的满意度。第四，数字化征信系统可以实时更新用户信用信息。传统的信用信息更新周期较长，而数字化征信系统能够及时通过用户的信用行为变化来实时更新信用信息，确保信用报告的及时性和准确性。

（二）推动信用产品和服务创新

数字化征信推动了多样化征信产品和服务创新。征信产品和服务是征信数据供给的终端表现形式，我国征信市场主流的征信产品和服务主要分为信息查询类、信用评价类、信用咨询类以及嵌入整合类业务。数字化征信基于数据建模、大数据分析等数字化手段，可以极大地丰富征信产品和服务。首先，数字化征信推动了征信定制化产品和服务的发展。数字技术的应用大大丰富了数据的获取途径，提升了数据分析能力，从而使得征信机构可以根据不同的客户需求生产定制化的产品和服务。例如，百行征信目前推出的个人征信产品、企业征信产品、政务产品和信用信息产品，其中部分产品属于定制化产品。其次，数字化征信丰富了征信产品和服务。数字技术帮助征信机构更好地捕捉客户对产品和服务的需求，助力征信机构创新产品和服务。例如，百行征信作为数字化征信的代表，充分利用数字技术实现产品和服务的创新。截至2024年4月底，百行征信共向市场推出了69大类征信产品和服务，极大地丰富了征信市场中的产品和服务。

数字化征信扩展了信用应用场景。首先，数字化征信推动了信用信息在金融、电商、公共服务等领域的广泛应用。在金融领域，数字化征信产品可以帮助金融机构更好地评估借款人的信用风险，帮助银行等金融机构快速作出贷款审批决策，降低贷款违约率；在电商领域，数字化征信产品可以帮助电商平台有效识别和预防欺诈行为，保护消费者权益；在公共服务领域，数字化征信产品可以帮助政府优化公共服务，利用信用评分为守信个人和企业提供绿色通道、简化审批流程等。其次，数字化征信打通了服务渠道，服务从B端（机构端）逐步延伸到C端（个人端）、G端（政府端），形成了全面的客户服务生态。在B端，数字化征信可以为机构提供基本信息类、风险信息类、经营信息类、信用评分类等系列产品；在C端，数字化征信可以为消费者提供个人信用报告查询服务；在G端，数字化征信基于征信机构和政务部门特有信息，运用大数据、机器学习、人工智能等技术，可以为政府提供定制化的政务信用产品查询服务，助力居民个人主体和企业主体快速、无感线下办理政务相关事项。

三、提升用户信用素养，助力社会信用体系建设

（一）丰富信用教育途径

数字化征信平台可以通过多种方式对用户进行信用教育，丰富信用教育途径，提升用户的信用素养。首先，数字化征信平台基于大数据、人工智能等数字技术，可以通过多种类、多渠道社交媒体的分享和传播，将信用教育内容快速传递给更多人，让公众在寓教于乐中增加信用知识储备。例如，真爱梦想—芝麻信用专项公益基金以信用教育为基石，通过不断完善信用教育体系，探索新型信用理念普及形式，建立了“互联网+线下”信用活动体验的推广方式，面向上千所高校学生及社会公众普及信用理念。活动通过“惊呆，形象原来应该这样打造”等公益视频，以及“无人小站”等线下活动的形式来进行信用教育。其次，数字化征信平台可以通

过设置信用管理提醒，如还款提醒、账单支付提醒等，帮助用户保持良好的信用记录，提醒用户保持良好信用的意识。

数字化征信平台可以实现个性化信用教育，提升用户的信用素养。数字化征信平台不仅可以开设不同的专栏，定期发布关于信用管理和信用教育的文章、视频与图表，而且可以实现个性化信用教育，提升用户的信用素养。例如，汇集个人信用信息的芝麻信用每月都会发布个人的芝麻月报，方便用户了解芝麻分数、变动情况、守约记录等，还设有一些可以增加芝麻分数的任务，帮助用户了解增加芝麻分数的途径，提升信用水平。如芝麻信用中的登顶芝麻山的信用场景，通过游戏的方式，让用户根据行走步数进入不同的信用场景，实现个性化信用教育。

（二）提升用户信用素养

用户信用素养的提升是社会信用体系建设的重要组成部分。数字化征信可以通过多种途径提升用户的信用素养。第一，数字化征信系统能够及时反映用户的信用行为变化情况。数字化征信平台通过提供简洁易懂的信用报告帮助用户及时看到自己良好的行为对信用评分的积极影响，或是帮助用户及时发现和纠正信用报告中的错误，这种及时反馈机制让用户更容易掌控自己的信用状况，有助于提升用户对自身信用水平的关注度。第二，一些数字化征信平台或金融科技平台还会提供信用教育资源和指导，帮助用户更好地理解信用管理的重要性和了解信用管理的方法，有利于增强用户信用意识和提升用户信用素养。第三，借助数字化征信系统，个人和企业可以更好地管理和监控自己的信用状况，及时发现并纠正不良记录，从而保持良好的信用评分。第四，数字化征信平台可以根据用户的信用状况和行为进行信用知识学习的个性化定制，通过在应用程序上推荐个性化的信用教育学习资源，提升用户信用素养。

第三节

中国数字化征信的实践

一、百行征信有限公司

（一）概况

百行征信有限公司是中国第一家获得个人征信业务经营许可的市场化公司，由市场自律组织——中国互联网金融协会联合芝麻信用管理有限公司、腾讯征信有限公司、深圳前海征信中心股份有限公司、考拉征信服务有限公司、鹏元征信有限公司、中诚信征信有限公司、中智诚征信有限公司、北京华道征信有限公司8家市场机构按照共商、共建、共享、共赢原则共同发起组建（见图4-2）。百行征信有限公司于2018年3月19日在深圳注册成立并落户福田，注册资本10亿元。2020年7月，公司完成了企业征信业务经营备案，成为国内首家同时拥有个人征信和企业征信双业务资质的市场化征信机构。

在中国人民银行的监管和指导下，百行征信主要专注于征信、信用评估、信用评级、数据库管理等业务，是一家从事个人征信、企业征信及相关产业链开发的信用信息产品与服务供应商。公司集市场属性与社会属性于一身，集资本驱动、技术驱动和智慧驱动于一体，力争成为全社会最具公信力、最具服务意识、最具服务效率的征信类科技金融公司之一。

（二）发展

百行征信借助数字技术的快速发展以及国内社会信用体系的建设，经过几年的发展，在征信覆盖范围、产品研发创新、服务质量等方面取得了一些成就。

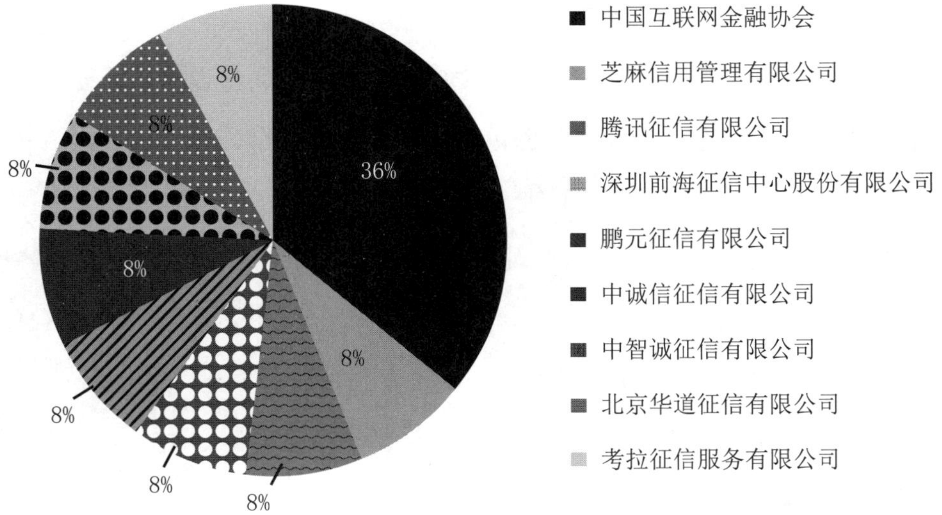

图4－2　百行征信有限公司股权结构

数据来源：百行征信有限公司官网。

进一步推动征信全覆盖。按照与国家金融信用信息基础数据库错位发展、功能互补的部署要求，百行征信自成立之初，集中精力面向互联网金融和新金融领域采集信贷信息，并同步与消费金融公司和地方中小金融机构开展信息共享。同时，百行征信不断加快替代数据源拓展，积极探索与征信相关的替代数据的采集方式，推动征信信息全面和全量采集。截至2024年4月底，百行个人征信数据库收录信息主体6.9亿人，累计拓展替代数据源机构45家，包含信息核验、司法涉诉、支付清算、互联网行为、政务数据等类别，基本实现个人征信和企业征信业务中基础数据源的采集和应用。

产品研发创新不断推进。百行征信坚持市场导向和需求引领，以信贷环节全覆盖为目标，以自主开发和联合开发相结合为手段，着力拓展征信产品的服务广度和深度。截至2024年4月底，百行征信向市场共推出69大类征信产品和服务。在个人征信产品方面，已形成相对完善的产品体系，覆盖贷前、贷中、贷后的信贷全流程。在企业征信产品方面，已推出基本信息类、风险信息类、经营信息类、信用评分类等系列产品，形成了初具规模的企业征信服务矩阵，助力化解小微企业融资难题。在跨境征信方面，按照粤港澳大湾区金融市场互联互通建设等政策要求，与香港有关机构开展合作，并于近期作为深港跨境数据验证平台的首批场景方之一，与香港金融机构完成首笔跨境数据验证业务，且相关贷款正在审核中。

对外服务质量进一步提高。百行征信始终秉持共商、共建、共享、共赢的理念，积极联合征信业务的上下游企业，努力增加高质量征信产品和服务的有效供给。2023年，百行征信在监管部门指导下，全力配合征信“断直连”整改，保障《征信业务管理办法》全面落地实施。截至2024年4月底，百行征信累计签约金融机构超1600家，积极拓展法人金融机构，基本实现全国性银行产品服务全覆盖。在产品调用量方面，个人征信产品累计调用量350亿笔，企业征信产品累计调用量24亿笔，所有产品累计调用量超374亿笔。

二、朴道征信有限公司

（一）概述

朴道征信有限公司是全国第二家同时获得个人征信业务牌照和完成企业征信业务经营备案的市场化征信机构，于2020年12月28日在北京朝阳自贸区注册成立，由北京金融控股集团有限公司、京东科技控股股份有限公司、北京小米电子软件技术有限公司、北京旷视科技有限公司和北京聚信优享企业管理中心共同持股（见图4-3），注册资本10亿元。朴道征信致力于为金融机构和企业客户的高效业务决策、风险控制、新客群及市场挖掘提供可信的判断依据，为信用白户、小微企业融资等金融服务提供重要支持，增加征信市场有效供给，全力打造具有公信力和权威性的全国性、全覆盖、全场景的“个人+企业”双轮驱动的征信机构，助力建设覆盖全社会的征信系统，努力成为中国一流的信用信息基础设施和世界领先的征信科技公司，为促进我国经济社会高质量发展贡献力量。

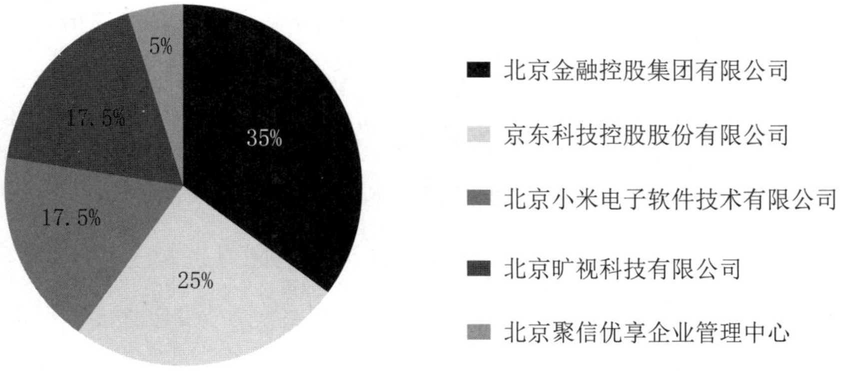

图4-3　朴道征信有限公司股权结构

数据来源：朴道征信有限公司官网。

（二）发展

朴道征信以“征信+科技”为核心竞争力，通过构建“1+N”征信生态体系，在深入研判信贷市场和客群特点后，广泛调研各类金融机构，紧盯客户多元化、多层次业务需求，针对不同类型的客户，提供一揽子征信产品和服务。

严守法律法规，为金融机构的替代数据使用提供合法合规的保障。《中华人民共和国个人信息保护法》《征信业务管理办法》相继出台。朴道征信严格落实法律法规和各项政策要求，确保信用信息采集、整理、保存、加工、对外提供等全链路程序依法合规，协助金融机构破解合法合规使用替代数据的难题。

夯实技术基础，为金融机构的安全生产提供连续性保障。利用现有成熟技术，持续对IT研发和IT资源进行大额投入，全面落实国产化要求，建成了自主可控的分布式多活IT系统。同时，以覆盖全链路、全系统、全时段的立体化监控系统为基础，以管理数据供应商服务能力为保障，以定期开展应急演练为手段，建立起联通金融机构、朴道征信、数据供应商三方的服务响应体系。经过持续不断的努力，朴道征信已初步具备了高可用性、高并发性、高安全性、高伸缩性、高连续性的对外服务能力。

加大研发力度，为个人、金融机构、政府的业务开展提供征信产品保障。针对消费金融、信用卡、汽车金融、小微企业等业务场景，运用人工智能、机器学习等先进技术，利用合法合规的替代数据开发了系列征信产品，不但能为金融机构提供广泛应用于贷前、贷中等环节的朴道征信多头、多场景的画像，全生命周期的评分，人与物核验，农户/村集体报告等标准产品，同时也能为有特殊产品需求的机构提供定制化征信产品和服务。朴道征信累计上线个人和企业征信产品49个大类，累计调用量逾300亿次，服务金融机构等客户近900家，与10余家数字普惠金融平台、机构就征信科技解决方案达成合作意向，同时与多个地方政府、人力资源背调机构等合作开展信用服务探索。

通过征信科技手段助力社会信用体系建设，提供社会信用体系建设综合解决方案。朴道征信与地方政府、合作伙伴等共建征信/信用管理平台、普惠金融服务/金融大脑平台、乡村振兴信用服务平台、城市产业大脑平台等，支持有效开展小微企业普惠金融服务、乡村振兴建设、民生服务保障等，营造良好的营商环境，促进国民经济循环高效畅通、新发展格局的构建。

第四节

数字化征信未来发展方向及面临的挑战

一、未来发展方向

（一）持牌经营更加明确

持牌经营已成为个人征信业务的底线要求。2021年4月，中国人民银行、银保监会、证监会、外汇局等金融管理部门联合对腾讯、度小满金融、京东金融、字节跳动等从事金融业务的网络平台企业进行监管约谈，其中一项重要的整改要求就是“网络平台企业需要打破信息垄断，严格通过持牌征信机构依法合规开展个人征信业务”。2021年7月，中国人民银行征信管理局下发通知，要求网络平台实现个人信息与金融机构的全面“断直连”，本质上就是要求金融机构改变原有的网络平台（外部数据源）直连模式，必须从拥有合法征信业务资质的市场机构获取征信服务。自2022年1月1日起施行的《征信业务管理办法》中总则的第四条和第五条指出，“从事个人征信业务的，应当依法取得中国人民银行个人征信机构许可；从事企业征信业务的，应当依法办理企业征信机构备案；从事信用评级业务的，应当依法办理信用评级机构备案”“金融机构不得与未取得合法征信业务资质的市场机构开展商业合作获取征信服务”。持牌经营已成为个人征信业务的底线要求。未来，随着数字化征信业务的发展与征信业务范围的进一步明确，坚持持牌经营的底线将更加清晰。

（二）数据监管不断完善

数据作为数字化征信的基础，数据监管将更加完善。《中华人民共和国个人信息保护法》《中华人民共和国数据安全法》《中华人民共和国网络安全法》等法律法规落地，明确了个人信息保护与数据安全的基本要求，也为征信业务中的数据处理活动的合规边界划定了基本框架。《征信业务管理办法》对信用信息的采集、整理、保存、加工、安全等方面进行了详细规定。例如，征信机构经营个人征信业务时应当制定采集个人信用信息的方案，并就采集的数据项、信息来源、采集方式、信息主体合法权益保护制度等事项及其变化向中国人民银行报告；征信机构采集个人信用信息时应当经信息主体本人同意，并且明确告知信息主体采集信用信息的目的；信息使用者使用征信机构提供的信用信息时应当基于合法、正当的目的，不得滥用信用信息。《征信业务管理办法》的实施进一步细化和完善了数据监管。未来，随着数字化征信的发展，数据监管将更加完善。

（三）产品形式更加丰富

数字经济的发展催生了巨大的、多样性的征信需求，数字技术的发展为多样性的征信需求提供了基础，未来征信产品的形式将更加丰富。第一，随着数字技术的大发展，未来的数字化征信产品将更加依赖多元化数据源的整合，数字化征信产品将不仅依赖传统的金融数据，而且还整合社交媒体、电子商务、公共服务等多种数据源，以提供更全面、立体、多元化的信用评估。第二，随着场景化应用的不断扩展、数字金融业务的不断创新，未来数字化征信产品将广泛应用于更多的场景，如在线贷款、租赁服务、供应链金融、保险定价等，推出更多的场景化征信产品，从而满足不同行业和领域的信用需求。第三，随着全球化的深入，未来的征信产品将逐步实现国际化，为跨国企业和个人提供全球范围内的信用评估和管理服务，推出全球化数字化征信产品。2023年2月，中国人民银行、银保监会、证监会、外汇局、广东省人民政府联合发布了《关于金融支持前海深港现代服务业合作区全面深化改革开放的意见》，探索深港市场化企业征信机构依法开展跨境交流合作。未来，征信产品将实现多维度创新的形式。

（四）替代数据应用更广泛

替代数据在未来数字化征信领域中将得到更加广泛的应用。随着数字经济、数字金融的发展，数字金融科技平台、金融机构、政府部门等积累了大量的数据，这些数据作为替代数据有效地补充了征信数据，有助于形成对信息主体更为全面的信用评价。一方面，随着各级行政机关、法律法规授权的具有管理公共事务职能的事业单位和社会组织，以及公用事业运营单位所拥有的公共数据的逐渐开放，支付数据、消费记录、社交数据、互联网行为数据等场景数据的积累，越来越多的替代数据会在数字化征信领域得到应用。另一方面，随着数字技术的发展，数据处理能力的极大提升为替代数据在数字化征信领域的应用奠定了技术基础。2020年12月，中国人民银行召开“长三角征信一体化”工作推进现场交流会，会议指出，替代数据在现代化征信体系中发挥了重要作用，是借贷信息的有益补充。市场化的替代数据征信信息互联互通是当前构建全覆盖社会征信体系的重要步骤。“长三角征信一体化”要积极开发替代数据应用场景，利用替代数据为金融和经济活动提供信用管理服务。

二、面临的挑战

（一）数据治理

数字化征信作为新型数据密集型行业，海量的数据在数字化征信平台上不断产生、汇集和使用，使得数字化征信的监管变得具有隐蔽性、复杂性和不可预见性，数据治理愈加成为当前数字化征信监管亟待解决的问题。首先，伴随着数字技术的发展、金融科技的进步，多元化的数据爆发式增长既包含资金融通和支付等结构化数据，还包含舆论、诉讼、行为等非结构化信息。监管这些重要数据和信息，将其从复杂的数字化征信平台中采集、挖掘和提炼出来，进行结构化分析、信用评估等相关内容的监管，仅仅依靠现有的传统监管行业人员的监管手段，往往极难实现。其次，由于行业数据治理标准、数据建模能力、数据分析挖掘、机器学习等方面的复合型监管人才极度匮乏，监管滞后于数字化征信创新，监管机构的科技基础、数据治理、数据挖掘亟待加强。

（二）跨境征信

随着跨境业务的增加，跨境数字化征信的需求也不断增多。由于跨境征信涉及不同国家和地区之间收集、分析和共享信用信息等，因地区间法律和监管、技术和基础设施、文化和语言等差异的存在，数字化征信的跨境发展面临一系列挑战。第一，由于各国对于个人隐私和数据保护的法律法规不同，一些国家对跨境数据传输有严格限制，这增加了信息共享的复杂性，使得数字化征信跨境发展面临更大的挑战。第二，不同国家使用的信用评分模型、数据格式、信用数据更新频次的差异，导致数据难以整合和比较，从而影响信用评估的准确性。第三，跨境征信过程中，如何确保跨境传输过程中的数据安全、防止数据的泄露和篡改，是未来跨境数字化征信过程中面临的一大技术性挑战。第四，由于不同国家对信用的理解和评估标准不同，如何确保信用信息的解读和使用的一致性，是未来跨境数字化征信过程中面临的重要挑战。

（三）技术风险

数字化征信将面临来自内部和外部的双重技术性风险挑战。第一，相较于传统征信方式，数字化征信更加依赖多元化的数字技术，技术链条和环节更加复杂，涉及数据检索、权限控制、身份认证、活动跟踪、数据传输加压加密等内容，所面临的信息安全领域的技术风险也更加突出。因此，数字化征信的一大技术性挑战是保障征信数据抓取、身份认证、信息传输及数据存储等环节免受黑客和计算机病毒的攻击。第二，技术黑盒子可能带来无法预测和解释的风险。目前基于大数据、云计算和人工智能等技术的数据处理和建模分析更多地处于研发、测试的起步阶段，依托数字技术的数字化征信的潜在技术风险尚未明确。第三，技术黑盒子的解释性和问责机制尚不清晰。数字技术在我国征信领域的应用还需进行全面的测试，以提高数字技术在征信行业应用的安全系数。

（四）科技人才

科技人才不足是中国数字化征信发展过程中面临的一个巨大挑战。一方面，中国数字化征信行业的科技人才储备不足，与现实需求及全球领先的数字化征信公司存在明显差距。随着各产业数字化转型进入更深层次的阶段，大量数字化、智能化的岗位相继涌现，相关行业对数字人才的需求与日俱增，人才短缺已经成为制约数字经济发展的重要因素[1]。未来数字化征信行业的发展需要大量技术型人才的支持，而目前我国数字化征信行业的科技人才占比普遍偏低，尤其是高端人才储备不足。另一方面，中国目前培养的数字化征信人才在对数据、信息的掌控和分析能力以及服务效率方面仍有很大的提升空间。尽管国内一些顶尖高校已经开始设置相关课程和研究项目，但由于产业发展速度快、高校教育内容更新相对滞后，导致培养的数字化征信人才与企业实际需求之间存在较大差距，科技人才的实际应用能力还有较大提升空间。

[1] 人瑞人才，德勤中国．产业数字人才研究与发展报告（2023）［M］．北京：社会科学文献出版社，2023.

Chapter 5

第五章

数字化财富管理平台

第一节

居民投资难问题突显

一、金融市场环境变化，居民投资变难

（一）房地产作为重要投资品的时代已结束

较高的住房自有率挤压了未来房地产投资进一步增长的空间。中国人民银行调查统计司发布的《2019年中国城镇居民家庭资产负债情况调查》显示，我国城镇居民家庭的住房拥有率为96.0%，其中，有一套住房的家庭占比为58.4%，有两套住房的占比为31.0%，有三套及以上住房的占比为10.5%。而美国、日本两国在20世纪60年代后的住房自有率长期稳定在60%～70%。可见，中国的住房自有率显著高于发达国家，未来，房地产投资进一步增长的空间将被挤压。

老龄化进程的加快降低了房地产的投资需求。中国老龄化进程的加快在一定程度上抑制了对房地产投资的需求，主要体现在以下几个方面。第一，随着居民平均年龄的增长，居民与健康和日常消费相关的支出会显著增加，个人储蓄也会不断下降，从而减少对房地产的购买需求。第二，到老龄化中后期，老人的大量去世也会对住房市场产生冲击。我国目前虽然采取了宽松的生育政策，但新生儿的增加在短期内不会逆转老龄化的整体形势，反而会进一步增加抚养婴儿的家庭支出，从而进一步降低储蓄率，抑制整体住房消费支出。此外，经济学家任泽平提出：房地产市场的发展长期看人口、中期看土地、短期看金融。而中国正在经历与过往数十年都显著不同的老龄化趋势，长期来看，这一趋势将显著影响住房资产在居民财富中的配置比例。

房地产价格下行抑制了房地产的投资需求。根据中指数据，2021年10月开始，全国百城二手住宅价格开始环比下降，全国房地产价格呈下降趋势。2024年2月，

国家统计局公布的数据显示，在70个大中城市中，新建商品住宅和二手住宅的销售价格分别环比下降了0.4%和0.6%，全国新房与二手房房价已经连续下跌了9个月和10个月，呈现出一种稳健但持续的下行态势。根据房产数据机构克而瑞的报告，2024年第一季度，百强房企累计实现操盘销售金额7792.4亿元，同比下降47.5%，供需失衡的阴影依然笼罩着整个行业，房地产的投资需求持续低迷。主要城市住宅价格变化趋势如图5-1所示。

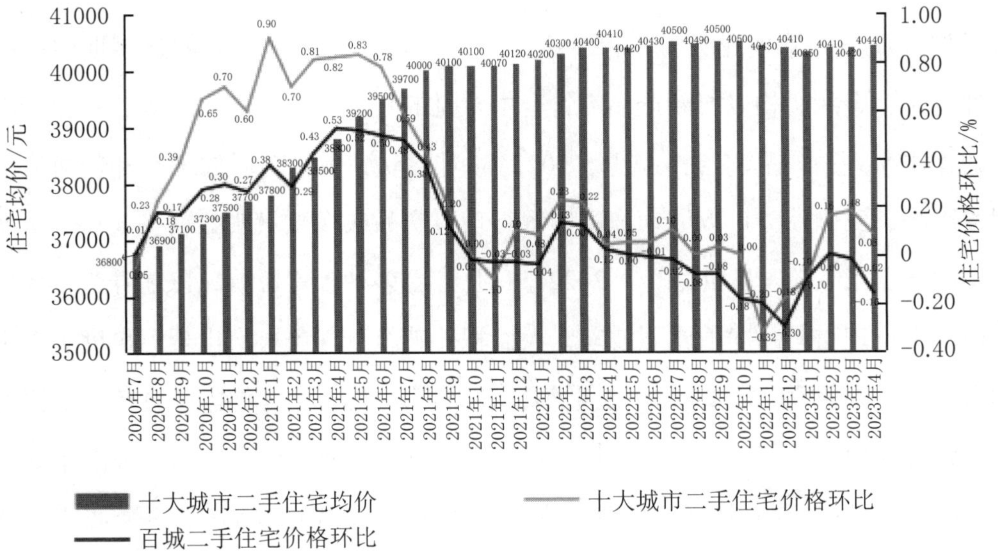

图5-1　主要城市住宅价格变化趋势

数据来源：CREIS中指数据库。

（二）银行存款和理财产品的吸引力持续下降

传统金融产品收益率的下降降低了投资者的投资热情。传统金融产品的收益率出现下行趋势，定期存款、互联网理财产品和各期限银行理财产品的年化收益率均呈下行趋势。2022年4月，央行指导利率自律机制建立了存款利率市场化调整机制，引导各银行参考市场利率变化情况，合理调整存款利率水平。在相关政策的引导下，继2022年9月多家国有大行下调存款挂牌利率后，2023年6月，多家国有大行再度下调存款利率。近年来，互联网理财产品的收益率不断下降，截至2024年6月13日，余额宝的七日年化收益率仅为1.54%。《中国银行业理财市场年度报告（2023年）》显示，2023年理财产品各月度的平均收益率为2.94%，虽然高于2022年的2.09%，却远低于2018年的4%。传统金融产品收益率的下降可能会导致投资者转投其他金融产品。

打破投资者对刚性兑付的预期使得传统理财产品的吸引力不断下降。2018年央行等机构联合下发的《关于规范金融机构资产管理业务的指导意见》明确规定，金融机构开展资产管理业务时不得承诺保本保收益，至2020年底的过渡期内需打破刚性兑付，金融机构发行新产品需符合本意见的相关规定。这意味着，受投资者欢迎的保本型理财产品将逐渐减少。2022年3月，受到本轮美联储加息和新冠疫情等因素影响，我国债券市场波动加大，银行理财产品破净数量明显增多，这也引发银行理财产品第一轮“赎回潮”。2022年11月，受多种因素影响，以债券为重要底层资产的银行理财产品净值剧烈波动，大面积“破净”现象再次出现，再度引发银行理财产品“赎回潮”。2023年上半年，各类理财公司存续产品中均有一定比例的产品跌破净值（见表5-1），其中，国有银行理财子公司理财产品的破净率最高，为8.45%。《2023年理财年报点评：业绩表现较好 规模触底回升》[1]中指出，截至2023年末，理财公司公募理财产品破净率为4.36%，混合类产品破净率显著高于固收类。打破刚性兑付的现实驱使投资者将目光投向传统理财产品以外的更加多元化的金融产品。

[1] 廖志明，戴甜甜．2023年理财年报点评：业绩表现较好 规模触底回升[EB/OL].（2024-02-03）[2024-08-15]．http://stockfinance.sina.cn/stock/go.php/paper/reportid/760278400208/index.phtml.

表5-1　2023年上半年各类理财公司存续产品的收益率情况

金融机构类型	平均年化收益率	破净率
国有银行理财子公司	3.96%	8.45%
股份制银行理财子公司	4.40%	2.86%
地方性银行理财子公司	4.03%	2.11%
合资理财公司	5.00%	6.49%

资料来源：融360数字科技研究院。

（三）股票和公募基金市场表现持续低迷

以股票、基金为代表的权益类产品表现持续低迷，投资者的投资热情降低。根据融360数字科技研究院的统计数据，2023年上半年权益类产品的平均年化收益率为-1.85%，而破净率达到73.33%（见表5-2）。负的年化收益率和较高的破净率进一步降低了投资者对权益类产品的投资热情。

表5-2　2023年上半年各投资类型产品的收益率情况

投资类型	平均年化收益率	破净率
固收类	4.43%	1.40%
混合类	3.23%	29.82%
权益类	-1.85%	73.33%

资料来源：融360数字科技研究院。

2022年以来，股票市场表现低迷，市场指数震荡下行，投资者风险偏好持续低迷，投资者正降低对中国股票的敞口。2022年末，上证指数收于3089.26点，较年初下跌15.13%；深证成指收于11015.99点，较年初下跌25.85%。根据Wind统计数据，2022年全年，A股成交额为224.64万亿元，同比下降12.92%[1]。2023年，受

[1]　2023年证券行业分析[EB/OL].（2023-05-19）[2024-08-05].https://www.fxbaogao.com/view?id=4169070&query=%7B%22keywords%22%3A%222023%E5%B9%B4%E8%AF%81%E5%88%B8%E8%A1%8C%E4%B8%9A%E5%88%86%E6%9E%90%22%7D&index=0&pid=44&xid=.

内部有效需求偏弱、外部加息周期等综合因素影响，A股市场整体呈现出震荡走势，热点频繁切换，行业快速轮动，总体呈现出震荡回落的特征。2023年初，受强复苏预期影响，股市出现明显反弹。2022年3月及以后，股市在经济数据不及预期后的回落和政策刺激的推高之间波浪式震荡下行。2023年，上证综指、深证成指、沪深300、中证500、创业板综指和北证50的收益率分别为-3.7%、-13.54%、-11.38%、-7.42%、-5.41%和14.92%[1]。受AI产业变革影响，人工智能相关概念股的涨幅和波动幅度都很大，给投资者带来较大挑战。

公募基金市场也遭遇产品发行冷淡、明星基金经理业绩欠佳等问题。2024年5月以来，新基金的发行数量和规模环比明显下滑。Wind数据显示，以基金成立日为基准，2024年3—5月，分别有137只、120只和89只基金成立，发行份额分别为1507.63亿份、1410.89亿份和909.26亿份。和2024年4月相比，5月基金成立的数量和发行份额分别下降了25.83%和35.55%。2021—2023年，不少知名基金经理的代表作总亏损都在50%上下，管理规模超过千亿元的主动权益类基金经理如今已不复存在。投资者发现，基金经理的明星效应并不等于赚钱效应，不确定性使得投资者在投资时更加谨慎，对权益类基金的需求也在不断下降。

二、居民缺乏足够的金融知识，无法平衡投资的风险和收益

（一）复杂多变的金融市场环境对投资者提出了更高的要求

金融市场环境变得愈加复杂，个人投资者面临巨大挑战。在经历了新冠疫情的严重冲击后，大部分国家的经济正逐步恢复，但受全球供应链瓶颈、劳动力市场紧张等因素影响，通胀率有所上升，全球经济形势充满挑战和机遇。俄乌冲突、巴以冲突的持续，对区域经济和全球政治格局产生了深远影响，地缘政治风险不断加大，对全球经济和金融市场也产生了一定的影响。以5G、人工智能、大数据等为

[1] 上海证券2023年年度基金市场绩效分析：国内经济调整、股市承压 QDII基金表现突出（附基）[EB/OL].（2024-01-23）[2024-10-11].https://finance.sina.cn/fund/tzzn/2024-01-23/detail-inaenzxx6818969.d.html?vt=4&wm=2405_0067?stype.

代表的数字技术的发展正在重塑各行各业，并带来新的经济增长点和新的挑战。上述多种因素交织在一起，一方面使得市场走势变得更加难以预测，另一方面也增加了投资的不确定性和风险，从而使得作出有效投资决策的难度越来越高，投资者实现风险和收益的平衡面临巨大的挑战。

复杂多变的金融市场环境对投资者提出了更高的要求。第一，投资者需要具备扎实的金融知识和良好的分析能力，理解各种金融工具和投资产品的特性，掌握基本的经济学原理和市场分析方法，以便更准确地预测市场走势和评估投资机会。第二，投资者需要具备更好的信息获取和处理能力，能够迅速获取和筛选有价值的信息，并通过多种渠道获取最新的市场动态和分析报告，准确地辨别、处理、分析信息，以应对市场的瞬息万变。第三，投资者需要具备良好的心理素质，当面对市场的剧烈波动时，不会受到恐慌情绪的影响，能够作出理智的投资行为。第四，投资者需要具备良好的风险管理能力，能够进行资产分散化配置、定期评估投资组合风险、及时止损等，以降低市场波动对整体投资组合的影响。第五，投资者需要具备不断学习和适应市场变化的能力，能够了解最新的市场动态和投资趋势，及时发现新的投资机会、识别新的风险。唯有具备这些素质和能力，投资者才能在充满挑战的市场中实现稳健的投资收益。

（二）中国绝大部分投资者缺乏足够的金融知识

中国投资者的整体金融素养尚处于较低水平。随着中国金融市场的发展，包括金融机构、媒体、金融监管部门、高等院校和基础教育单位等在内的投教主体不断加大投教活动力度，中国多层次投教体系正在逐步构建，但总体覆盖度和深入程度仍有待提高，投资者的金融素养仍有较大的提升空间。根据西南财经大学中国金融研究院发布的《中国投资者教育现状调查报告（2021）》，中国投资者的整体金融素养尚处于较低水平，综合金融素养均分仅为53.74分，将近一半的投资者未达及格标准（占比47.48%），专业金融素养均分仅为42.80分（及格率为38.43%），得分从2018年的44.24分小幅下降到42.80分，仍然需要进一步引导投资者加强学习。

中国人民银行发布的《消费者金融素养调查分析报告（2021）》也显示，中国消费者金融素养仍有较大的提升空间，2021年全国消费者金融素养指数为66.81。

金融市场的快速发展，在凸显投资者教育必要性的同时，也增加了投资者教育的难度和复杂性。成熟、理性的投资者是健康、成熟金融市场发展的必要条件。一方面，随着资管新规的正式实施，理财产品已经打破了刚性兑付，净值波动加大；数字技术的发展使非法集资、金融诈骗的手段越来越多样化，很多投资者容易被高收益诱惑而忽视潜在的风险；内外部不确定因素的增多，使得投资者教育市场噪声不断，投资者教育的难度和复杂性不断加大。另一方面，中国金融市场迅速发展，各种投资产品和金融工具层出不穷，相应的投资者教育可能跟不上市场的发展速度，当投资者面对复杂的金融产品时，缺乏足够的知识和经验来作出明智的投资决策。

三、金融服务供给不足，居民难以获得有效的投资建议服务

（一）传统财富管理服务难以触达长尾客户

受服务成本高、信息不对称、信用评估难等因素影响，长尾客户很难获得有效的财富管理服务。金融机构在向投资者提供财富管理服务时，需要支付包括设立分支机构、人员培训、客户维护等在内的较高的运营成本，如收集客户信用记录和财务状况等信息的信息收集成本，以及对投资者进行信用风险评估的信用评估成本等。由于长尾客户数量庞大、单个客户净值较低、贡献度与活跃度较低，具有分散性和多样性等特点，因此其获得财富管理服务的成本较高。此外，长尾客户往往缺乏足够的金融知识和信息，难以理解复杂的金融产品和服务，这也在一定程度上增加了金融机构的服务成本。金融机构出于成本、风险等因素的考虑，目前的服务对象主要聚焦于高净值人群。例如，目前招商银行私人银行客户的资产准入标准为月日均资产达到等值人民币800万元（含）以上，中国建设银行私人银行客户的资产准入标准为个人可投资资产达到人民币600万元（含）以上，中国农业银行私人银

行客户的资产准入标准为签约前3个月在中国农业银行月日均金融资产达到等值人民币600万元（含）以上。

受金融机构覆盖率较低、金融服务费用高等因素的影响，长尾客户很难获得有效的财富管理服务。一方面，目前我国的一些偏远或经济欠发达地区，金融机构的覆盖率相对较低，居民获取金融服务的渠道有限。特别是农村地区，受城乡二元结构，以及农村地区产业布局分散、人口相对稀疏，基础设施建设周期长、投入大等特点的影响，金融机构的运营成本大大增加。金融机构在农村地区的覆盖率较低，有的地区甚至没有覆盖银行网点，居民获取金融服务的渠道有限，无法获取专业的财富管理服务。另一方面，专业的财富管理服务通常伴随着一定的费用，较高的费用成本阻碍了一部分长尾客户获得有效的财富管理服务。整体来看，虽然我国金融服务费用处于较低的水平，但这些费用的存在可能阻止了一部分中低收入家庭获得专业的财富管理服务。

（二）金融机构的专业能力和服务水平存在明显不足

财富管理机构还无法实现千人千面、及时的财富管理服务。一方面，传统的投资渠道虽然为投资者提供了众多的投资产品，但是却无法为绝大多数投资者提供一个合理的资产配置方案。而科学的金融资产组合往往需要跨越不同期限、不同收益率、不同风险级别、不同流动性水平，绝大多数投资者往往不具备丰富的财富管理知识，很难实现金融资产配置与自身实际投资需求的匹配。财富管理机构无法为投资者制定个性化的资产管理策略。另一方面，投资者构建的资产组合无法实现及时调整。对多元化金融资产有着较高需求的中产阶层与大众富裕阶层，往往也是生活节奏快、工作压力大的社会群体，许多投资者在工作之余无暇跟踪、管理资产组合；而瞬息万变的金融市场往往会在投资者无暇、无力顾及时发生风险事件，现阶段的投资组合无法根据金融市场的变化而随时进行调整，这可能会给投资者带来一定的损失。

财富管理机构的科技与服务能力还不能满足现阶段的财富管理需求。近年来，金融市场和社会环境发生了较大的变化，不确定性继续增加，金融市场的波动性和风险也随之增加，这对财富管理机构的风险管理和内部控制的有效性提出了更高的要求；金融科技的发展使得新型金融产品不断出现，投资者的需求也更加多样化，这对财富管理机构的创新能力提出了更高的要求。随着理财产品数量的激增，理财子公司与资产管理公司在业务模式、产品设计、投研管理、风险管控、营销服务等环节的工作量会显著增加，搭建高效、稳健的交易系统和实现全方位的数字化升级是其顺利运行的重要保障。虽然目前成立的商业银行理财子公司与资产管理公司都在积极拥抱金融科技变革，但它们在科技水平、创新能力、服务能力等方面仍有较大的提升空间。

第二节

数字化财富管理平台解决投资难题

数字化财富管理平台作为数字技术、平台和金融业务的综合体，依托人工智能、大数据、云计算、区块链、机器学习等数字技术进行财富管理，可以实现风险和收益的有效平衡，增加财富管理服务的有效供给，提升客户满意度，提高居民金融素养等，为中国财富管理行业的发展注入新活力。数字化财富管理平台解决投资难问题的机制如图5-2所示。

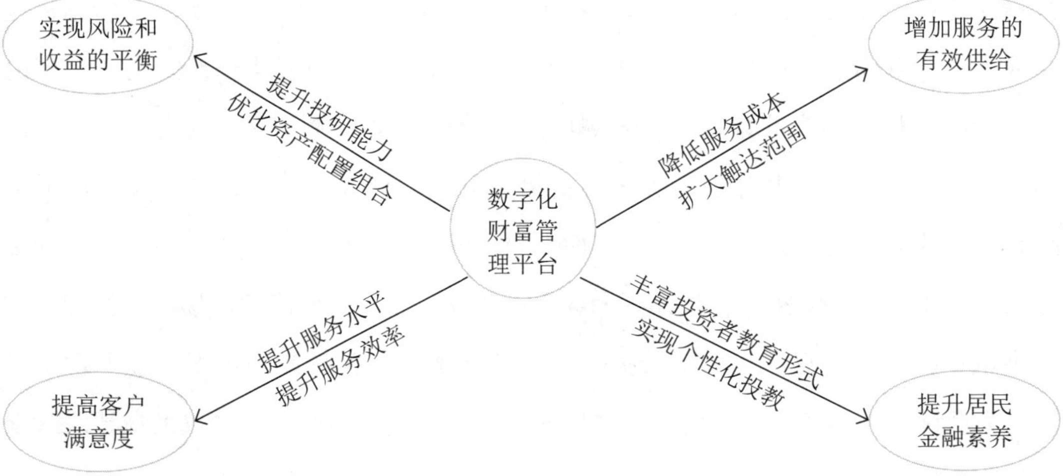

图5-2　数字化财富管理平台解决投资难问题的机制

一、优化资产配置组合，实现风险和收益的平衡

（一）提升投研能力

数字技术提升了财富管理机构的投研效率。数据是投资研究的底座，财富管理投资研究服务需要完成包括宏观经济、财务状况、资金状况等在内的基本信息的收集和分析，由于数据来源广泛、形式多样、对时效性要求高、变动频繁、标准化程

度低等问题，依靠传统人工收集和分析数据的方法不仅需要耗费大量的人力、物力和财力，而且不能确保信息的完备性和分析的科学性。随着数字时代的到来，基于人工智能、区块链、云计算、大数据等技术打造的智能投研可以整合来自不同渠道的大量数据，既包括标准化的财务、宏观经济、市场数据等在内的结构化数据，也包括财经新闻、物流、交通、客户行为等在内的非结构化数据，通过数据挖掘，不仅提高了信息数据的完备性，也提高了投研效率。例如，目前广发证券的“智慧数”系统通过资讯模块，实现了对国家政策、产业资讯和公司舆情的实时跟踪与动态分析，有效降低了信息搜集及甄别成本，提升了投研的工作效率。

数字技术提升了财富管理机构投研分析的科学性。首先，数字技术增强了投研分析的客观性。人都具有一定的主观性，在分析信息的过程中，投研人员很难做到真正的客观、理性，不可避免地会存在有失公允和分析失误的情况，其分析结果也会或多或少地带有一定的个人主观色彩。基于数字技术的智能投研则会按一定的算法模型，根据相应的数据进行客观的计算分析与交易决策，不受主观、非理性因素影响，能够保证其作出的投研分析更加客观、理性。其次，数字技术增强了投研分析的科学性。数字技术从多方面助力科学的投研分析，例如，自然语言处理（NLP）技术可以快速提取并分析大量文本数据，提供有价值的市场洞察、辅助投研决策；机器学习算法可以对数据进行有效清洗，去除噪声和错误，确保数据质量，为后续分析和模型构建提供有效数据；大数据分析和AI技术可以准确地对数据进行评估和分析，提高投研分析的科学性。

（二）优化资产配置组合

数字技术的发展使基于投资者效用的资产配置模型得以付诸实践。目前，大部分资产配置理论模型都是在马科维茨投资组合理论模型的基础上发展而来的，比如Black-Litterman模型、风险模型，这些模型都是基于“投资者是风险厌恶的理性人”的假设，而阿德勒（Adler）和克里兹曼（Kritzman）于2007年提出的全范围（Full-Scale）模型则允许投资者根据情况自由设定效用函数，放弃了对风险的测度。全范围模型首先通过选定的投资者效用函数，遍历所有可行的组合方式，依靠历史数据分别计算不同时间区间内组合的效用，能够使期望效用最大化的资产组合即为最优投资组合，是最符合投资者适当性原则的策略。依托大数据、机器学习和人工智能技术，可以为不同投资者选定不同的效用函数，在短时间内完成对海量数据的复杂分析和计算，最终找到适合不同投资者的期望效用最大化的资产组合。

数字技术有利于科学配置和调整投资组合。大数据、机器学习和人工智能的用武之处不仅体现在快速了解投资者方面，更重要的是，通过大量的数据和算法为投资者自动实现最优的动态配置。数字技术未必能保证投资者稳赚不赔，因为机器也不能保证百分之百正确，但是数字技术能更好、更快速地实现风险和收益的平衡，即用科学的方法做资产配置。第一，AI技术可以根据投资者的风险偏好、投资目标和市场状况，提供定制化、科学化的投资建议和资产配置方案。第二，机器学习算法在数据挖掘、规律寻找的过程中，其算法模型也会不断地学习迭代，各类算法模型通过对历史数据的挖掘，找出其中的规律，从而对投资标的未来发展趋势作预测，不断优化资产配置组合。第三，大数据技术使实时监控投资组合成为可能。金融机构可以根据市场变化随时调整资产配置，控制和降低投资组合的风险。

二、扩大触达范围，增加服务的有效供给

（一）降低服务成本

数字化财富管理平台具有规模经济优势，可以有效降低边际成本并扩大触达范围。规模经济意味着企业的规模越大，平均成本越低，经营效率越高，这主要得益于数字技术的长尾效应，即在完成固定成本投入之后，进一步扩大经营规模，边际成本会变得很低。数字化财富管理平台依托数字技术形成的网络效应，可以实现巨大的规模经济优势，其借助边际成本几乎为零的优势，有效降低了金融服务成本（金融科技平台建立后，可以服务大量的客户，边际成本几乎为零，即就算再多服务几百万或者几千万用户，也几乎不会产生更多的成本）。数字化平台和金融服务

成本的降低，使原来无法获得服务的长尾客户也能享受到专业化的财富管理服务，扩大了财富管理机构服务的触达范围。

数字化财富管理平台减少了对网点、人工等的依赖，大大节约了服务成本，可以更广泛地触达客户。一方面，数字化财富管理平台借助人工智能技术减少了对人员的依赖，原来一个员工只能服务一个客户的格局被打破，基于人工智能的客服机器人的应用，可以实现在无人工干预的情况下完成跨渠道的多个任务，大大节约了服务成本。另一方面，基于网络、移动通信等技术的广泛应用和发展，移动展业设备的大范围应用，使得金融服务不再过度依赖物理网点的建设，绝大部分金融业务可以实现线上操作。数字化财富管理平台使金融服务具有更强的地理穿透性，在降低服务成本的同时，也触达原来无法被传统金融机构覆盖的客户。

数字化财富管理平台降低了风险管控成本，扩大了触达范围。数字化财富管理平台降低了长尾客户接入数字经济的成本，帮助长尾客户积累数字足迹。以移动支付为例，我国移动支付的平均费率为0.5%～0.6%，远低于美国，在全球范围内属于较低水平。较低的支付费率降低了长尾客户接入数字经济的成本，也为长尾客户积累数字足迹和获得普惠金融服务提供了机会。数字化财富管理平台借助平台积累的海量用户的数字足迹和数字技术可以充分获取其他结构化和非结构化数据，通过快速地对客户进行较为准确的信用风险评估和实时的信用风险监控，有效降低了金融机构的风险管控成本，扩大了触达范围。

（二）扩大触达范围

数字化财富管理平台为产品和服务创新提供了技术支持。产品和服务创新需要以数字技术为依托，因此，数字化财富管理平台不仅是产品销售的平台，更是技术创新的平台。数字化财富管理平台依托大数据、云计算、人工智能、区块链等先进技术，利用其开放、包容的特性，在加强自身建设的同时，携手客户和伙伴共建金融和技术的生态系统，为产品和服务创新提供技术支持。第一，数字化财富管理平台为中小开发者提供了一个触达数亿用户的渠道，让技术对焦需求，是技术创新的

“孵化器”。第二，依托金融科技生态系统，新技术可以实现规模化应用，在应用的过程中不断更新迭代，是技术创新和应用的“加速器”。第三，技术创新和应用，为新产品和服务的发展提供了必要的技术支撑。

数字化财富管理平台可以有效地捕捉客户需求，助力产品和服务创新。数字化财富管理平台借助数字技术，通过对平台上积累的海量信息的有效整合，可以精准识别出不同群体在不同阶段的财富管理服务需求，激活了以用户为核心的财富管理服务创新，有效提升了财富管理的供给水平。例如，2013年6月13日，支付宝和天弘基金合作推出的余额宝的快速获客，就得益于其精准的客户需求定位。余额宝依托支付宝平台积累的海量客户，将客户定位于未被传统金融服务覆盖、资产规模偏小但数量众多的年轻群体，这些群体虽然资产规模小，但有较高的网上交易和财富管理需求。余额宝在成立之初，以低门槛、零手续费、T+0交易、高利率等优势迅速吸引了大量客户。在余额宝推出的6天后，其用户数量就突破了100万，1年后，其用户数量达到1亿，管理的资产规模也超过了742亿元，成为中国最大的货币市场基金，服务了数亿长尾客户。

数字化财富管理平台也激发了传统金融机构改革和创新的动力，提高了金融服务的可获得性。数字化财富管理平台的快速发展给传统金融机构造成了巨大的压力，使传统金融机构不得不拥抱数字技术。数字技术在传统金融领域的应用和发展，一方面使普惠金融的成本不断下降、利润不断增加，激发了传统金融机构改革和创新的动力，提高了财富管理服务的可获得性；另一方面，数字技术与传统财富管理服务的融合，推进了大财富管理服务的资源整合，促进了财富管理产品和服务的变革与创新。

三、提升服务效率，提高客户满意度

（一）提升服务水平

数字化财富管理平台基于先进的数字技术，可以有效捕捉客户的需求，满足投资者个性化的投资需求。例如，为更好地应对人口老龄化，养老金融服务的需求日益凸显，各大数字化财富管理平台全面开启养老金融产品的引入和布局，积极引进和创新，推出符合不同投资者偏好的养老金融产品，与多家优质合作机构携手，全面布局个人养老储蓄、养老金理财、养老金保险、养老金基金等产品，逐步建立完备的养老金融产品体系，并降低养老金基金投资门槛，有效满足了养老投资需求。此外，人工智能和大数据技术还可以实现客户的养老金风险评估、资产配置、收益预测等功能，进一步提升客户满意度。

智能客服满足了客户快速、高频的互动需求，提升了服务水平。第一，基于人工智能技术打造的智能客服可以实现客户服务的连续性，通过及时、高效地回复客户问题来提升客户体验。智能客服能够实现7×24小时、无间断、快速地服务客户，使客户在非工作时间也能享受财富管理服务。第二，智能客服依托其强大的知识库储备与自主学习能力，在服务的过程中不断积累问题，对客户的需求进行智能化处理，作出快速响应并精准解决问题。客户只需通过手机或电脑与智能客服进行在线沟通，就能够得到及时的回复，不再需要排队等待或反复解释问题，大大提升了客户体验感。第三，随着技术的进一步发展，现在的智能客服可以通过视觉、听觉等不同通道来实现客户与计算机系统的交互，通过眼动追踪、手势识别、语音合成、自然语言理解、表情识别和手写识别等，准确捕捉客户需求，使智能客服实现真正的智能化。

全周期、全场景的财富管理服务提升了客户满意度。数字化财富管理平台基于先进的数字技术，可以提供全周期、全场景的财富管理服务，有效提升了客户满意度。第一，数字化财富管理平台基于数智化整合能力和超级渠道的连接能力，可以对客户进行分类定级，使客户进入自己的账号后可直观看到身份标签、等级权益、专属活动等，为客户提供了良好的体验。第二，数字化财富管理平台通过分析大数据，可以实施更加精细的客户分层，提升财富管理服务，使财富管理服务和客户全生命周期、人生阶段、重要财富目标适配，提升服务的精准度。第三，数字化财富管理平台可以为客户提供资产分布的全景视图，并根据客户基础信息作出相应的推荐和调整策略，为客户提供向上成长的动力和选择，从而提升客户满意度。

（二）提升服务效率

数字化财富管理平台简化了操作流程，提升了服务效率。数字技术为客户提供了更加便捷的操作途径，大大提高了服务效率。越来越多的投资者通过远程开户、远程支付等方式实现了足不出户就可以购买各种理财产品、各种财富管理服务的目标，节省了时间和成本。一站式理财服务平台汇集了不同机构、不同类型的金融产品，客户在同一个财富管理平台上即可完成包括银行存款、保险、基金等多种投资产品的实时交易，业务流程所耗时间极大地缩短，这极大地提升了服务效率。例如，目前的支付宝平台包含了余额宝、稳健理财、进阶理财、基金、黄金、保险、全球投资、股票、定期存款等各种理财产品，而且投资者可以在几秒钟内随时随地完成对各类财富管理产品的买入和卖出，效率得到了极大提升。

数字化财富管理平台提供了强大的数据处理能力，优化了流程环节，提升了服务效率。第一，基于数字技术的数字化财富管理平台具有大规模数据存储和高效数据处理的能力，可以实现对数据的深度挖掘，通过挖掘和分析数据可有效提炼关键特征和信用评价要素，构建客户信用评分模型，支持复杂的金融分析和实时决策，提高决策效率。第二，生物认证技术和数据模型可以精准识别客户、自动获取信息，将单点式、分散型的技术优势变成具有系统性、网络化的智能融合，实现智能推荐、自主办理，提升服务效率。第三，以大模型为代表的人工智能技术，可以根据历史数据分析，帮助财富管理机构优化风险管理、产品设计、客户服务等流程环节，提升服务效率。

四、实现个性化投教，提升居民金融素养

持续的投资者教育对财富管理的发展至关重要。中国投资者普遍缺乏金融知识，大多数中国人对金融知识不了解，缺乏基本的理财常识。在长期缺乏“打破刚性兑付”意识的市场环境中，中国的个人投资者还普遍存在投资理念不成熟、重收益轻风险、过度交易、追涨杀跌等问题。学术界和实业界已经意识到对投资者进行投资教育的重要性，具备足够的财务知识、熟悉收益-风险权衡、具备多元化和长期投资理念，有助于投资者了解财富管理产品，理性应对市场波动。具有丰富的金融知识、成熟的财富管理观念的投资者，对中国财富管理市场的健康发展也具有重要意义。

数字化财富管理平台借助多种数字技术，通过丰富投资者教育形式，使个性化和定制化投教得以实现。上述创新不仅为广大投资者提供了更加丰富的学习方式，还有助于他们更好地理解市场状况，作出正确的投资决策，为投教服务的线上和线下稳步发展作出贡献。

（一）丰富投资者教育形式

数字化财富管理平台依托数字技术创新了线上投教方式，延伸了投资者教育的广度和深度。首先，用户友好的交互界面增加了产品与投资者的互动，让投资者在娱乐、互动的过程中了解产品并丰富投资理财知识。投资者教育可以融入数字化财富管理产品的设计中，在销售产品的过程中达到投资者教育的目的。其次，数字技术的出现使投资者教育的内容不再局限于传统的讲座、海报、微信公众号推文等文字和图像的表现形式，而是可以通过短视频、直播、综艺节目等各种形式进行多维度的传播。以短视频为例，根据巨量算数的数据统计，在短视频平台上，越来越多有趣、贴近生活的金融知识相关内容吸引了更多用户的关注和互动，观看时长也不断增加。2020 年，金融知识相关内容人均单日分享同比增加了86%，人均单日观看时长同比增长了20%。短视频平台的财经相关内容覆盖领域非常广泛，短视频平台

已成为用户了解金融市场和财经事件的重要途径。

数字化财富管理平台使寓教于乐、沉浸式的投资者教育成为可能，能够为用户提供更加全面和优质的投资者教育服务。第一，游戏化沉浸式投资者教育融入了场景式金融投资者教育，将原本枯燥的金融知识转化成了轻松有趣的游戏，让投资者的学习过程变得更加简单、有趣。第二，游戏化沉浸式投资者教育增加了任务模式，投资者在完成游戏后还要分享该游戏才算完成任务，实现了游戏快速传播，真正实现沉浸式投资者教育和“种草”，使得参与率、分享率和次日留存率大幅度提高。第三，人工智能和大数据技术可以在游戏中提供更加个性化和即时的投资者教育服务，为用户提供精准的投资建议和市场分析，从而有针对性地提高投资者教育效果。以贝塔数据推出的裂变拉新型游戏和存量转化型游戏为例，裂变拉新型游戏采用红包裂变、砸金蛋、大转盘、红包雨等形式，使用户参与率达到85%以上，分享率达到92%以上；存量转化型游戏则采用了理财种子、大富翁等形式，参与UV（网站独立访客）占比超过80%，次日留存率达到65%以上。

（二）实现个性化投教

个性化和定制化投资者教育的出现满足了投资者教育的个性化需求。首先，大数据、人工智能等数字技术可以通过分析用户的需求和行为数据，为投资者提供更加精准的内容推荐和学习路径，满足不同用户的需求。例如，目前部分财富管理机构已经能够基于客户交易与金融大数据分析技术，针对客户不同行为的偏误特征、人生发展阶段、财富水平、金融素养，为他们制定在线教育、投资咨询等不同类型的教育方案。此外，它们还能够根据市场要求、投资者的成熟度和可供使用的资源采取不同方法，对投资者采用差异化的投资者教育方式。其次，数字技术提供了更加智能化、便利化的学习和交互方式，如虚拟助手、智能问答系统等，使投资者教育变得更加生动有趣、易于理解，满足了对投资者教育方式有更高要求的客户群体的需求。数字技术的出现使得传统的以单方向地介绍金融知识、金融概念的课程培训为主的投资者教育方式转向参与式、人际互动式的投资者教育方式，满足了对投资者教育方式有高要求的投资群体。

定制化的投资者教育方式提升了投资者教育的效果。首先，定制化的投资者教育方式可以为投资者提供符合投资者需求的高质量的投资者教育内容，帮助投资者迅速提高金融素养。其次，人工智能技术可以帮助投资者更好地分析和理解金融市场的大数据，尤其是对一些信息与情绪行为进行分析，可以根据市场、投资行为的变化及时调整投资者教育内容和方案，使投资者更便捷地作出更为智能化、自动化的投资决策，对投资者日常投资起到一定的作用。

第三节

AI使数字化财富管理迎来新发展

AI的快速发展将使数字化财富管理迎来新的发展，主要体现在强化投资品的风险管理、丰富投资品的应用场景、创新投资品的监管科技等方面。

一、AI进一步强化风险管理

（一）完善风险定价

AI进一步完善了投资品的风险定价。风险因素的识别与评估是产品定价的关键基础，AI的发展及其在深度学习领域的进步使其可以深度分析大量数据并识别潜在的风险，进一步优化风险定价模型，改进风险定价的准确性和效率，助力财富管理机构完善风险定价。第一，AI可以强化数据收集、处理和分析。AI可以处理海量的结构化和非结构化数据，包括市场数据、经济指标、新闻报道和社交媒体信息等，这些数据源可以为风险定价提供更加全面的背景信息。第二，AI可以提升预测分析能力。通过机器学习算法，AI能够识别和预测影响投资品价格的关键因素，并通过分析历史数据，发现隐藏的模式和趋势，从而预测未来的市场走势和风险，优化投资品的风险定价。第三，AI可以优化风险模型。AI通过深度学习算法，一方面可以捕捉传统模型无法识别的非线性关系和复杂的交互效应，改进现有的风险模型；另一方面可以通过分析新闻、社交媒体和其他文本数据，评估市场情绪和投资者情绪，将更多的数据纳入评价范围，进一步优化风险评估模型，为财富管理机构提供更加精确的风险评估结果。第四，AI可以实时调整风险评估和定价策略。AI一方面能够实时监控市场变化，识别市场中的短期机会和风险，并根据新的信息及时调整风险评估和定价策略；另一方面可以根据投资者的投资目标、偏好等信息提供个性化的风险评估和定价服务，使得风险模型更加精细化、科学化。

目前，很多金融机构已经将AI运用到投资品的风险定价中，并取得良好的效果。例如，中国人寿保险股份有限公司对健康险这类保险的风险定价不仅涉及被保险人，还涉及医疗服务的复杂产品，这对传统精算方法的挑战很大。然而生成式AI可以综合分析大量的健康险相关数据，包括历史赔付数据、人口统计数据和医疗资料等，从中识别出潜在的风险因素，有助于更好地理解不同客户的风险特征，提升风险评估的准确性。作为以科技为核心发展引擎的数字银行，微众银行也将AI运用到投资品的风险定价中，使用机器学习算法来评估借款人的信用风险，使用AI来分析经济数据和市场信号，改进其风险定价和投资决策。众多银行和保险公司使用AI来评估贷款和保险产品的风险，优化定价和减小违约风险。

（二）加强风险监测和预警

AI可以加强对投资品的风险监测和预警。AI能够提供实时、高效和精准的风险监测与预警。第一，AI可以实时处理和分析大量的市场数据、经济指标、社交媒体信息以及其他相关数据源，通过深度学习和异常检测算法，可以及时识别和监测不正常的市场行为或数据模式，从而预警潜在风险。第二，AI可以实现风险监测和管理流程的自动化，自动化系统可以根据预定的规则和算法，实时调整风险策略和措施，从而提高效率并减少人为错误。第三，AI可以基于各类数据进行复杂的情景分析和模拟，评估不同市场情境下的潜在风险，从而使金融机构提前准备以应对各种可能的风险。

目前，很多财富管理机构已经将AI运用到投资品的风险监测和预警中。对于银行而言，智能风险监测系统可以实现对风险事件的实时监测和预警，可以帮助银行识别潜在的欺诈行为，提高反欺诈能力；对于保险公司而言，保险公司利用AI监测投保人的行为和健康数据，能够预警潜在的健康风险和保险欺诈；对于基金公司而言，AI可以帮助基金公司及时发现公司主体的债券违约风险因素。例如，华夏基金的智能排雷项目基于AI算法对海量舆情信息进行解析、打标和去重，对文本内容进行深度分析，关联相应公司主体，从而助力投资研究人员更高频地发现企业可能出现的风险，并通过提供预警指标和模型的系统化建设工具，实现预警信息的自动监控、推送。同时AI还支持自动生成预警日报，协助业务人员更加自动、智能地进行风险排查和预警监控工作。

二、AI拓宽了财富管理的边界

（一）推动多维度场景化发展

AI布局智能财富管理的整个生命周期，拓宽了财富管理的边界，从投资需求逐步拓展到医疗健康、教育、养老、环保和可持续发展等多维度场景。在医疗健康领域，AI技术基于客户的健康数据和医疗需求，可以为客户提供个性化的医疗保险方案，优化保费和保障范围；AI还可以为投资者推荐合适的医疗基金和与健康相关的投资产品。在教育领域，AI一方面可以帮助家庭制定长远的教育储蓄计划，优化资金配置以满足子女教育费用需求；另一方面可以为投资者推荐与教育行业相关的投资产品。目前，各个财富管理机构已经推出各种教育类理财产品，如华夏查理智投中就有华夏常青藤教育金组合和华夏国内培优教育金组合。在养老领域，AI可以根据投资者的养老规划、收入情况推荐合适的理财产品，并且根据不同的人群制定不同的养老投资计划。例如，华夏查理智投中的养老智投策略可细分为华夏60后智享财富组合、华夏70后智赢人生组合、华夏80后智领未来组合和华夏90后智享自由组合，可以为客户自动匹配合适的产品。在环保和可持续发展领域，AI一方面可以帮助投资者分析环保和可持续发展项目的投资潜力，为投资者推荐合适的绿色债券和可再生能源基金；另一方面可以帮助投资者监控和管理个人或企业的碳足迹，优化环保投资组合，实现可持续投资。

目前，AI还被应用到科技投资、教育和职业发展、社交和共享经济、旅游休闲等领域。未来，随着AI的进一步发展，它在财富管理中的应用将更加深入和多样，将为客户提供更全面、个性化的服务和解决方案。

（二）推动生态圈建设

在AI的助力下，数字化财富管理平台在加强自身建设的同时，充分发挥平台用户的力量，促进平台生态系统建设。数字化财富管理生态的核心思想是通过设定合理的激励约束机制或激励相融机制，打通数字化财富管理研、产、用链条，使不同层次的参与主体能够合作共赢、协同创新。数字化财富管理平台不断加强自身建设，在AI的助力下，在加强区块链、云计算、大数据等技术基础设施建设的同时，也不断进行信用、风控等技术支持体系建设，通过技术创新和技术支持体系建设，满足平台各方参与者的数字化需求。此外，数字化财富管理平台还会根据实际需求不断进行技术和服务创新，这进一步促进了数字化财富管理平台的发展。数字化财富管理平台还将用户、第三方合作伙伴汇聚在一起，与其共建互利共赢的数字化财富管理服务生态圈，实现了平台与平台参与者共同发展的良性循环，促进了各方共赢。目前，蚂蚁集团依托支付宝平台、腾讯集团依托微信平台，已基本形成了平台与平台参与者共同发展的良性循环，构建了数字化财富管理服务生态圈。

基于数字化财富管理平台打造的数字化财富管理服务生态圈，推动了新技术的创新和应用，为商业模式创新和创新经济发展奠定了技术基础。第一，大型数字化财富管理平台为中小开发者提供了一个触达数亿用户的渠道，让技术对焦需求，是技术创新的“孵化器”。第二，依托数字化财富管理服务生态圈，新技术可以实现规模化应用，在应用的过程中不断更新迭代，是技术创新和应用的“加速器”。第三，技术创新和应用为新商业模式的发展提供了必要的技术支撑，促进了商业模式创新，激发了创业活力。

（三）推动监管科技发展

AI与财富管理场景深度融合后，虽然可以优化和提升财富管理服务，使其更具便捷性、普惠性，但在原有单一财富管理业务经营风险的基础上，技术安全和风险叠加等新挑战也不断呈现。伴随着数字化财富管理时代的到来，AI迅猛发展，科技创新正如火如荼地应用于财富管理业务。AI赋能下的财富管理业务和场景的创新性融合，让人们充分认识到科技是第一生产力。科技元素不断融入金融行业后，推动金融领域新模式不断涌现，“数字技术+场景”的跨界融合层出不穷。监管需要创新性地融合科技力量，在全场景、生态化、动态化、全局性等多方面，进行前瞻性和预判性的监管，着力缩短监管科技和数字金融功能发展趋势之间的距离。

AI与财富管理场景深度融合后，业务会呈现较为复杂的状态，因此必须实施穿透式监管，推动监管科技发展。中国人民银行2022年印发的《金融科技发展规划（2022—2025年）》明确指出，加快监管科技的全方位应用，强化数字化监管能力建设，对金融科技创新实施穿透式监管。传统的金融监管方式已经跟不上数字财富管理业务的发展，需要全程、全方位地运用监管科技，这种监管将呈现穿透式的特征，即以监管科技应对数字化财富管理新型科技风险，完善金融科技监管，加强对数据穿透金融业务和对数字技术全过程的安全防护。例如，依托监管科技持续监测数字渠道的业务流量、服务质量和消耗资源等运行状况，防范网络攻击风险从前端数字渠道向后台业务系统传导，进而用科技守住金融安全底线；保障数字化财富管理业务的稳定高效运行；保护消费者合法权益[1]。穿透式监管是金融科技监管的升级，是构筑金融和科技风险防火墙的有益尝试。

三、案例：招商银行和支付宝

（一）招商银行财富管理业务的数字化转型

在财富管理机构数字化转型的浪潮中，招商银行积极拥抱数字技术，率先凭借零售业务数字化转型一举成为国内的“零售之王”。2016年12月6日，招商银行推出的国内银行业首个智能投顾产品——摩羯智投，在上线不到一年的时间里，资产管理规模就突破了50亿元，成为国内银行业智能投顾发展的引领者。经过多年的发展，招商银行正以招商银行App为依托，向更高层次的数字化转型阶段迈进，着力

[1]　彭扬，赵白执南．完善金融科技监管 防范数字时代隐患［EB/OL］．（2021-09-04）［2024-08-05］．https://baijiahao.baidu.com/s?id=1709927268833183375&wfr=spider&for=pc.

构建开放的财富管理平台。招商银行数字化财富管理运营思路如图5-3所示。

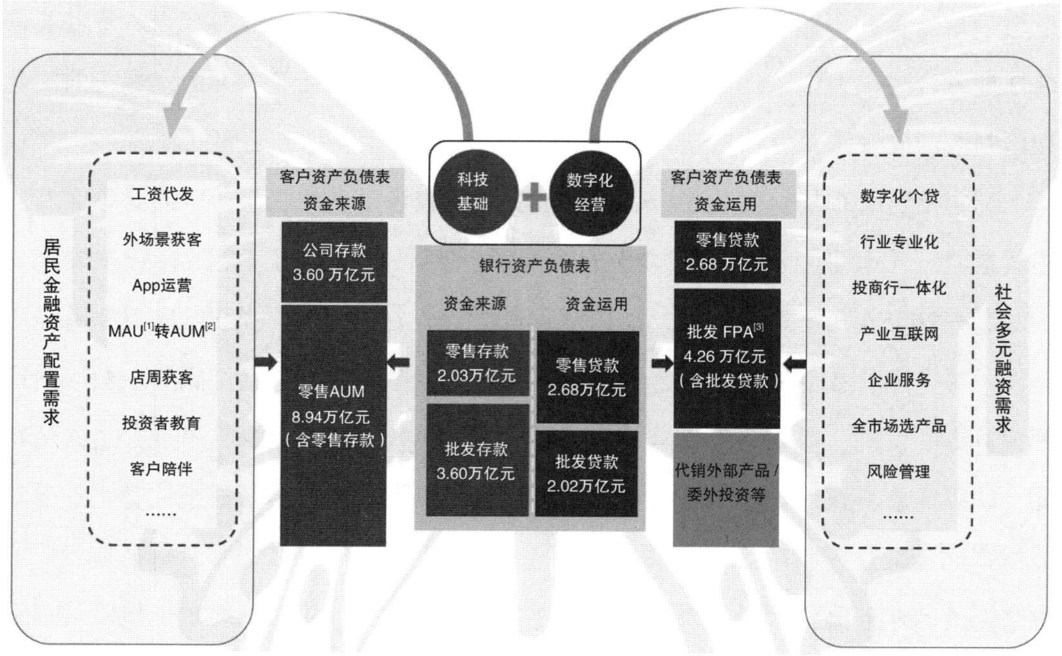

图5-3　招商银行数字化财富管理运营思路

资料来源：第一财经。

招商银行是国内最大的财富管理机构。招商银行于2016年确立了数字化发展战略，深入推进财富管理数字化转型。招商银行成立于1987年，是国内第一家完全由企业法人持股的股份制商业银行，招商银行在发展的过程中不断进行战略调整。面对数字技术的蓬勃兴起及其可能给财富管理行业带来的深刻变革，招商银行在2015年的年报中指出，要运用移动互联的思维推进互联网金融的布局和创新，并确立了“内建平台、外接流量、流量经营”的互联网金融发展策略；在互联网金融发展策略的推动下，2016年首次提及金融科技并提出了“全面推进数字化，打造数字化

[1] MAU全称为“Monthly Active Users”，中文名称为“月活跃用户”，指网站、App等月活跃用户数量。

[2] AUM全称为“Asset Under Management”，中文名称为“资产管理规模”。

[3] FPA全称为“Finance Product Aggregate”，中文名称为“客户融资总量”。

招行”的发展战略；2017年开始稳步推进战略转型，明确了“金融科技银行”的发展定位，并将上年1%的税前利润设定为金融科技创新项目基金，用以支持“金融科技银行”的发展；2018年将金融科技创新项目基金的额度由“上年税前利润的1%”提升至“上年营业收入的1%”，加大力度推进金融科技赋能财富管理，也是从2018年开始，招商银行的金融科技银行建设开始由点及面慢慢铺开；2019年在继续拥抱金融科技的同时开始注重客户体验和数字化风控系统的构建；从2020年开始进入更高级的数字化转型阶段，开始积极探索大财富管理，构建开放的财富管理平台。

拥抱数字化是招商银行财富管理快速发展的关键。在零售客户服务方面，借助“招商银行”和“掌上生活”两大App构建的多个应用场景不断提升客户流量。根据招商银行2018和2023年度报告，“招商银行”和“掌上生活”两大App的月活跃用户数量由2017年的4500万户增加到了2022年的1.12亿户；财富管理升级财富Alpha（阿尔法）+平台，实现投研选品、投后管理全流程数智化，深度赋能关键岗位专业度提升。在批发客户服务方面，数字化获客成为重要入口，数字化工具不断提升客户经理服务质效，财资管理云等产品助力企业数字化和业财一体化转型。根据招商银行2023年度报告，2022年，招商银行实现名单制高质量获客11.26万户，同比增长28.85%；企业微信承载服务量突破1700万次；财资管理云累计服务企业客户47.76万家，较上年末增长62.15%。在风险管理方面，招商银行构建智慧风控引擎，综合应用内外部数据，不断提升数字化风控能力和效率。同样，根据招商银行2023年度报告，2022年，招商银行表内外“全业务”智能化预警覆盖率达到100%；“天秤”守护交易安全，有效帮助客户拦截电信诈骗，将非持卡人伪冒及盗用金额比例降至0.1‰；在线风控平台新发放公司贷款金额3035.60亿元，同比增长53.58%。在经营管理方面，招商银行以数据驱动经营决策，提升管理决策效率及精度。招商银行通过零售、批发、风险领域的数字化，全面提升全岗位、全业务、全场景经营分析效率，实现财务全流程线上化、智能化管理，打造国内银行业领先的财务管理体系。

（二）支付宝平台

支付宝作为中国领先的第三方在线支付平台，由阿里巴巴集团推出。2004年12月，浙江支付宝网络科技有限公司成立。公司成立以来，支付宝以科技和数字技术作为支撑，逐渐成为全球最重要的支付平台和财富管理平台之一。

为了解决淘宝交易过程中的信任问题，支付宝上线并逐步分析独立。支付宝的推出旨在为淘宝提供安全、方便的支付方式。随着淘宝的快速发展，支付宝的用户和交易量也迅速增加。之后，借助平台庞大的用户群体，支付宝逐渐扩展了服务范围，除了电商支付功能外，支付宝还上线了水、电、煤气等公用事业缴费，以及手机充值、信用卡还款等功能。2008年，支付宝推出快捷支付功能，使用户在进行支付时无须重复输入银行卡信息，极大地提高了支付效率。支付宝在整个发展过程中不断进行技术和产品创新，2013年，支付宝推出货币基金理财产品余额宝，让用户可以从支付宝余额中获得利息收益。余额宝一经推出就迅速获得了大量用户，成为全球最大的货币基金之一。随后，支付宝又推出花呗、借呗等金融产品，进一步丰富了财富管理服务体系。

移动支付的普及和支付宝的技术创新助力支付宝向更广的领域发展。支付宝一方面不断推进全球化战略，与多个国家和地区的本地支付平台合作，扩大其国际影响力；另一方面不断将购物、旅游、医疗、交通等多种生活服务纳入平台，使其逐渐发展成为具有世界影响力、综合性的财富管理和生活服务平台。

Chapter 6

第六章

保险数字金融

自1980年恢复国内财产保险业务、1982年恢复人身保险业务以来，我国保险行业发展取得长足的进步。根据《2024中国保险发展报告》，截至2023年，全国保险法人机构已上升至238家，外资保险公司在中国市场的份额达到10%，全国保费收入51247亿元，世界排名第二，在GDP中的占比上升至4.1%。这表明，保险业在过去40多年取得了显著发展，并在社会稳定和经济发展中发挥了重要作用。近年来，随着金融科技浪潮的兴起，互联网巨头、科技公司等纷纷进入保险市场，以技术作为驱动力，给原本稳定发展的保险行业格局带来冲击。面对新技术，保险企业纷纷开始战略转型，积极融入数字化浪潮。本章，我们将从数字金融在保险中应用的现状及作用，结合国外保险数字金融的发展，对中国未来保险数字金融的发展展开讨论。

第一节

中国保险数字金融的现状

作为数字金融的一部分，保险科技（Insure Tech）应用先进技术，如人工智能、大数据、区块链和云计算等，改善和优化保险业务运营、客户体验和风险管理等，以更好地满足客户需求，提高效率，降低成本。在顶层设计上，各大保险公司都将数字化战略放在了公司战略的首要位置，投入大量资源进行科技能力建设。保险行业数字化转型的发展阶段可分为保险信息电子化、保险业务线上化和保险科技尝试赋能保险业三个阶段（见图6-1）。早期的保险科技以业务信息电子化和线上化为主，以在互联网上销售保险为主要特征。2017年以来，随着大数据、人工智能和区块链技术的发展和成熟，保险企业的科技应用已逐渐渗透到保险工作的全业务链条，科技的应用已经成为保险公司发展的重要驱动力。目前，人工智能、大数据、区块链、云计算等技术已经在保险业务中应用，以提高业务的准确性、效率和安全性。通过数字技术的运用，中国保险企业可以对用户的需求进行精准分析，从而实现精准营销。此外，数字技术还可以提高核保效率和研发智能理赔功能，促使保险工作更加便捷、高效，使风控、服务和精算水平得以显著提升[1]。

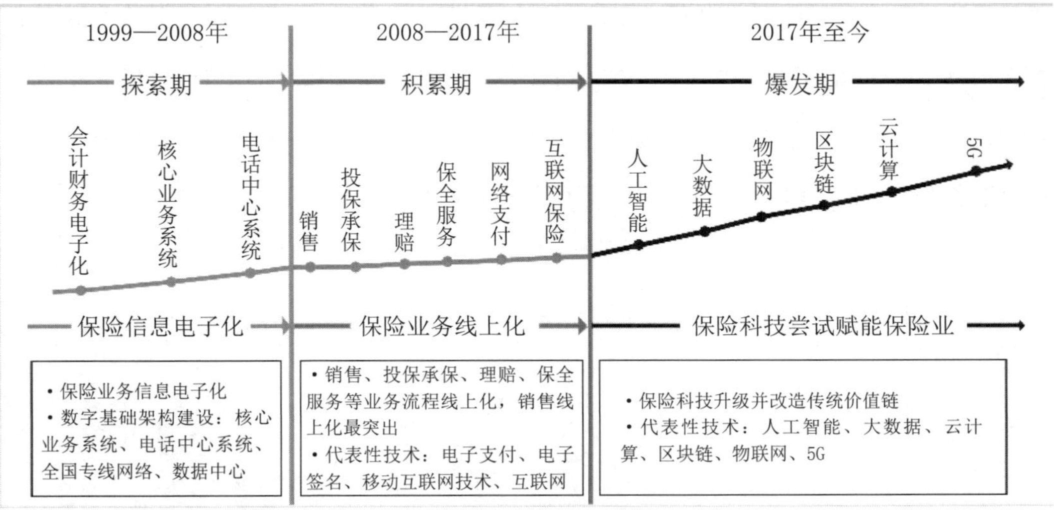

图6-1　技术进步不断推动保险业发展[2]

2021年12月29日，中国保险行业协会发布《保险科技“十四五”发展规划》，提出推动行业实现信息技术投入占比超过1%、信息科技人员占比超过5%的目标；在服务能力方面，提出推动行业实现业务线上化率超过90%、线上化产品比例超过50%、线上化客户比例超过60%、承保自动化率超过70%、核保自动化率超过80%、理赔自动化率超过40%的目标。随着规划的出台，保险科技得到更为明确和全面的发展指导，进一步促进了科技与金融的深度融合，提升了保险服务的效率和质量。

[1]　复旦大学：2021中国保险科技发展趋势报告［EB/OL］.（2021-11-02）［2024-08-05］.https://baijiahao.baidu.com/s?id=1715312670608757696&wfr=spider&for=pc.

[2]　复旦大学中国保险与社会安全研究中心，复旦大学中国保险科技实验室．中国保险科技发展报告（2021）［EB/OL］.（2021-10-31）［2024-08-05］.https://blog.csdn.net/m0_58728846/article/details/121176884.

当前我国保险业的科技投入持续增长。2020年，保险机构信息科技资金总投入为351亿元，同比增长27%[1]。根据艾瑞咨询测算，2022年，我国保险业科技投入451.3亿元，增长14.7%。中国保险业加快数字化转型使得科技力量赋能业务发展、风险管理，提升客户服务效能。保险行业协会数据显示，数字技术使得保险的服务质效得到提升：2023年度专利申请总数6469项，AI坐席服务量31亿个，重疾险平均理赔天数中位数5天，比上年缩短1天。从保费收入来看，我国互联网保险实现的保费收入从2011年的32亿元快速增至2021年的3779亿元，较2012年的111亿元上涨约33倍，年均复合增速为142%（见图6-2）。中金公司预计，按照25%的CAGR（年复合增长率）的中性估计，未来10年互联网保险市场规模将达到2.5万亿元。

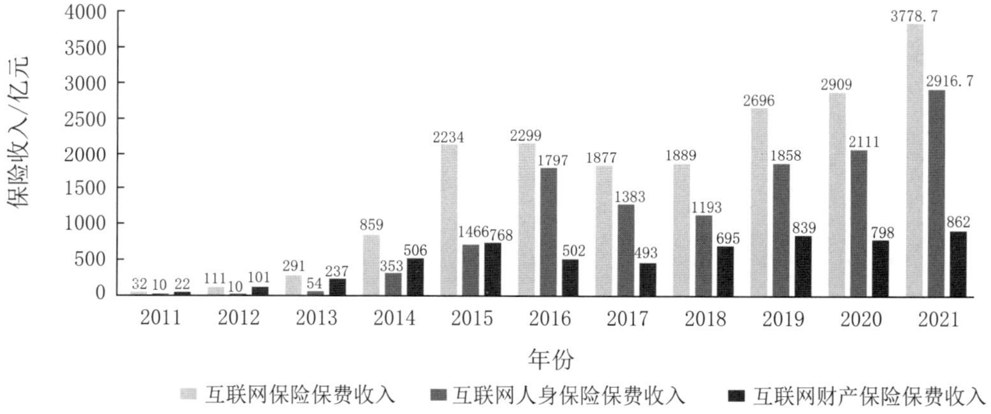

图6-2　我国互联网保险保费收入[2]

数字科技在保险业的应用，正在成为重塑传统保险销售、风险评估、定价、理赔全流程价值链的关键力量，是保险业未来转型升级和高质量发展的重要引擎和动能。

[1] 郭树清：2020年银行业信息科技资金总投入2078亿元，同比增长20%［EB/OL］．（2021-03-02）［2024-08-05］．https://www.163.com/dy/article/G432B9FJ05399LD0.html.

[2] 参见高等教育出版社《数字金融教程》数字保险章节。

第二节

数字金融在保险业务流程中的应用

一、产品设计环节

在保险产品设计环节，大数据的应用能够辅助精算师进行风险定价以及定制化产品开发。利用人工智能和机器学习算法，保险公司可以分析大量的历史数据和实时数据，以识别潜在的风险因素和异常模式，更好地预测风险，进行风险定价。当前，大数据分析中的广义线性模型、机器学习方法等均在定价模型中得到了应用，结合机器学习模型对概率进行最优模拟，并用广义线性模型对金额进行模拟，大幅度提升了模型的准确度和效率。

大数据分析的应用使得保险公司有能力通过更精确的定价模型预测保费金额，从而实现基于预判风险水平的风险定价。例如，在汽车保险中，数字技术可以通过传感器和连接设备收集车辆和驾驶员的实时数据，这些数据包括车辆的电池状态、行驶里程以及驾驶员的驾驶行为等。精算师通过对车辆数据、行驶数据和保险索赔数据的分析，可以更好地识别风险因素，进行风险评估和风险定价，从而设计更加科学、合理的保险产品。风险模型可分为“从车”和“从人”两类风险因子，前者是基于车辆的物理属性和易损零配件等静态风险因子，以及车辆驾驶习惯等动态风险因子的建模，对车辆的赔付风险进行更准确的评判；后者则是从投保人的消费行为信息中筛选出与车险赔付有强关联度的风险因子，对驾驶风险偏好、车辆使用目的等进行建模。然后，对这两类因子进行交叉评估，形成决策工具。通过对这些数据进行分析，保险公司可以更准确地评估风险，并为车辆提供更精确的保险费率。

大数据还可以辅助保险公司进行风险管理。通过对大量保险数据的分析和挖掘，保险公司可以更好地了解保险市场和客户需求的变化趋势，制定相应的保险策略和计划，从而提高保险公司的市场竞争力和业务盈利能力。例如，在汽车保险中，针对网约车出险率偏高的问题，保险公司可以采取大数据建模车辆风险评分的方法有效识别出网约车（见图6-3），风险评分处于700分以上高分段的汽车大概率为网约车，通过这种方式可以进一步控制网约车风险。除此之外，保险公司还可以运用电信大数据，通过对查询人（车主、被保险人）所有手机中网约车司机端App的活跃度进行监控，甄别疑似用作网约车的车辆。针对网约车用途的汽车，保险公司能够按照营业出租租赁用途对其适用高于家用车的承保政策，从而扩大该板块的潜在利润空间。

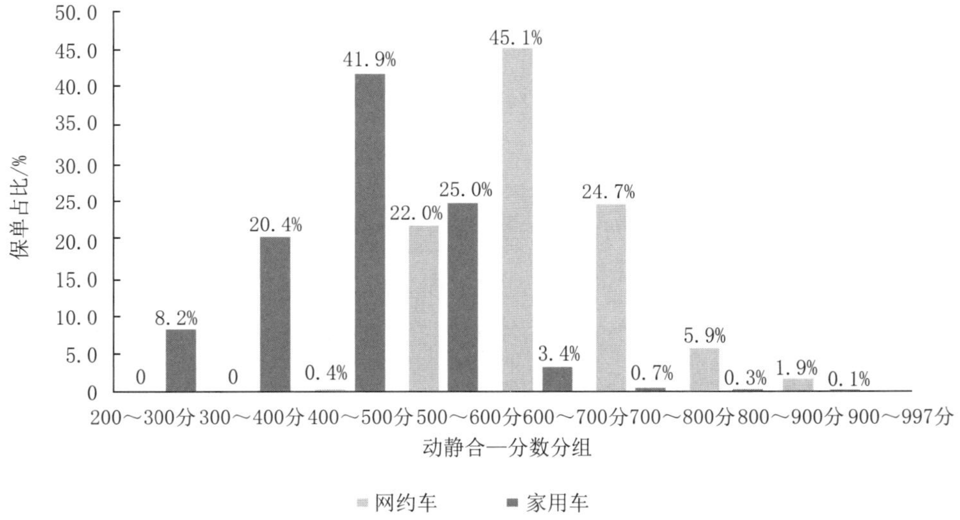

图6-3 基于大数据分析的汽车风险评分[1]

大数据还为客户定制化产品开发提供了很好的支持和依据。例如我国互联网保险行业领先的入口级平台慧择保险（简称“慧择”），在2020年5月推出的同行业首份人工智能计划书，上线45天，制作5万多份计划书，其中3万多份保单实现成交，90%为长险保单，成交率高达60%。慧择通过后台数据精准分析和洞察客户需

[1] 数据来源：律商风险企业内部数据。

求，通过人工智能技术构建清晰的用户画像，与海量数据化保险产品匹配，为用户规划适合的保险方案，并快速输出保险计划书。AI计划书可以实现个性化的保障方案规划，在用户输入信息后不到一分钟的时间，一个基于该用户自身情况的保险计划书即可完成。用户等待保险计划书生成的整体时间由3～6个小时缩短到10分钟左右。

除了大数据之外，保险与互联网的结合也产生不少产品创新的机会。例如，早在2013年，中国平安就联合阿里巴巴和腾讯等合资成立了国内首家互联网保险公司——众安保险，并成为其最大股东。作为一家互联网保险公司，众安保险除了上海总部外没有任何分支机构，它一开始的定位就不是传统保险产品在互联网渠道的销售，而是坚持“保险+科技”的双轮驱动模式。众安保险从生态系统合作伙伴的平台上挖掘保险需求，开发新的保险产品，将自己的产品嵌入合作伙伴的平台中，让消费者可以在日常生活消费的同时购买众安保险的产品，开拓了多种场景化保险产品。2013年11月，众安保险和阿里巴巴合作，在淘宝和天猫推出退货运费险。当消费者对网购的产品不满意并发生退货时，经营退货运费险的保险公司承担买家因退货产生的运费。退货运费险的保费低廉，一般只有几元，且从购买运费险到申请赔付都可以在网购平台操作。2014—2016年，退货运费险给众安保险带来的保费收入分别是6.13亿元、12.98亿元、11.94亿元。众安保险专注于健康、数字生活、消费金融和汽车四大生态，截至2021年底，其已经服务超5亿用户，累计出具约427亿张保单。

二、市场营销环节

传统的保险销售模式依靠线下的保险代理，但当今三个重要的外部环境变化使得传统的保险销售模式难以为继。

一是消费群体变化。成长于互联网时代的年轻群体对于线下保险业务购买和传统的电话营销接受度更低，对于简洁明了、便捷高效的线上销售接受度更高。此外，传统的车险经营模式存在与消费者的触达方式少、接触频率低等弊端。整体来看，车险客户与保险公司的互动时长每年仅有大概120分钟，这就使得车险的商业价值并未得到充分挖掘，客户体验不够充分，保险公司必须改变跟客户的互动方式，提升客户体验，让产品和服务融入客户的生活场景。

二是信息不对称显著。当前保险公司竞争不断加剧，同质化产品难以避免。但实际上，因技术快速迭代，保险需求差异显著，保险公司与用户之间存在显著的信息不对称。对于用户而言，想要比较不同保险公司产品的保障项目、优惠政策等信息，并选择合适的产品，需要付出高昂的时间成本，与不同保险公司逐一进行沟通。

三是消费者体验不佳。在购买环节，用户时常面临保险信息复杂、投保流程烦琐等问题。在理赔环节，用户则常常遇到推诿扯皮、手续繁多的问题，导致用户保险消费体验差。

互联网保险业务，是指保险机构依托互联网订立保险合同、提供保险服务的保险经营活动[1]。与传统的面对面销售方式相比，互联网保险销售方式具有诸多优势。从客户的角度看，一方面，网上产品种类多、信息透明，客户可以自主选择性价比高的产品；另一方面，互联网保险的投保和理赔过程便捷、高效，均可在线完成。从保险公司的角度看，通过网络可以快速销售标准化程度较高的产品，险种选择、保险计划设计和销售等方面的成本较低，运营成本得到降低，产品价格就会低。

2011年，有28家保险公司涉足互联网保险业务，占比为22.95%；2021年，经营互联网保险业务的保险公司已达133家，占比为73.88%（见图6-4）。互联网保险业务呈现较高的集中度。2020年，众安在线在财产保险领域以20.93%的份额居第一位；中邮保险依靠大股东中国邮政的网销渠道在人身保险方面以18.01%的份额居第一位。互联网保险业务率先在人身保险公司中得到快速普及，2014年之后，越来越多的财产保险公司开始涉足互联网保险业务，并逐渐超过人身保险公司（见

[1] 互联网保险业务监管办法［EB/OL］.（2020-12-07）［2024-08-05］. https://www.gov.cn/zhengce/zhengceku/2020-12/14/content_5569402.htm.

图6-5）。

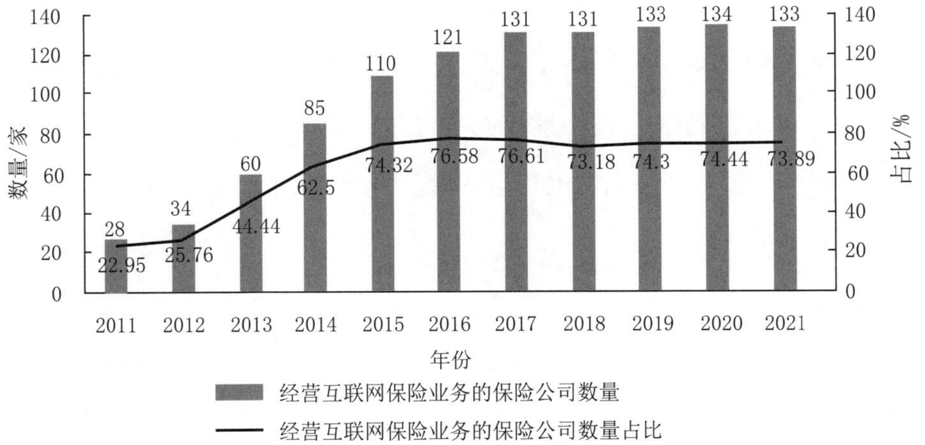

图6-4　经营互联网保险业务的保险公司数量及占比[1]

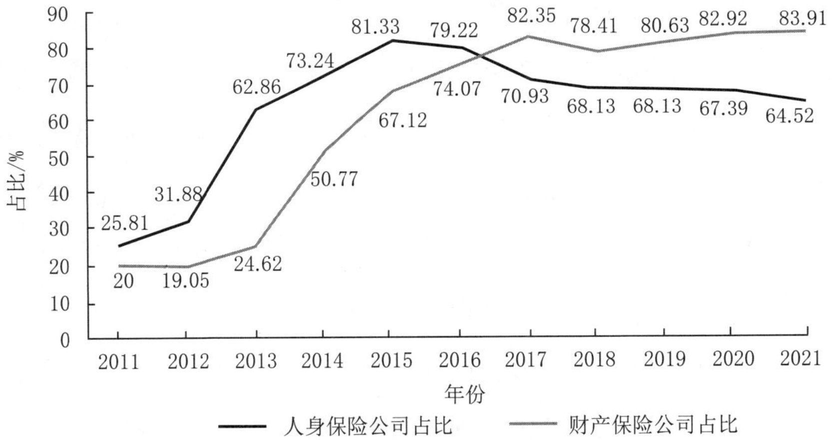

图6-5　经营互联网保险业务的人身保险和财产保险公司占比[2]

保险公司主要通过两个渠道经营互联网保险业务：一是自营平台，主要包括保险公司官网、微信公众号、移动端App等；二是第三方销售平台，包括综合类电商平台（淘宝、京东、携程网等）和第三方中介平台（慧择网、中民网等）。无论是

[1]　参见高等教育出版社《数字金融教程》数字保险章节。

[2]　参见高等教育出版社《数字金融教程》数字保险章节。

人身保险还是财产保险，来自第三方销售平台的保费收入都占绝对主导地位[1]。无论是保险公司还是保险中介，都需要获取用户画像，寻找优质客户，通过保险科技为用户提供更好的体验，为保险公司降低人工服务成本，从而在营销领域实现破局。第三方销售平台则依靠其场景和流量优势，精准触达用户，并结合其业务生态，开发了许多创新型产品，如退货运费险、账户安全险、航意航延险等，带动了互联网保险的增长。

例如，依托于腾讯生态的微保（全称“微民保险代理有限公司”），通过微信钱包九宫格保险服务的接入渠道，免去了用户再次下载专用App的困扰，同时连接了微信端数以亿计的活跃用户，将超市的概念引入保险市场，充当消费者选择的帮手。目前，微保的特色服务主要体现在以下三个方面。一是购买前的“规划帮手”服务。微保通过简洁明了的保险教育、场景化的理赔案例参考，以及根据用户自填信息分析而来的“帮你选保险”模式，能够节约用户的时间成本，减少车险购买中的信息不对称。二是购买中的“投保帮手”服务。在微保创设的“保险购物车”模式下，用户可以将感兴趣的产品一键添加至购物车，再对产品进一步替换、组合，多次进行“一键对比”，特别是提供多家保险公司同类险种的比价服务，用户可以在一个界面内完成“货比三家”，在详细了解产品的基础上理性决策。此外，该服务还会为用户智能化匹配其他险种，以及提供多个不同保障层次的保险组合，有利于提升消费者体验。三是购买后的“理赔帮手”服务。微保开发了智能理赔问诊、保单管家、一键退保等功能，发生状况后投保人通过视频报案，最快3秒钟可以提交，并可以实时了解保险公司的理赔进度。

线上化平台入驻新保险公司的边际成本极低，平台所收取的渠道费用仅为4%～5%，而保险公司在线下发展经销商所需要支付的渠道费普遍为20%～30%。因此，第三方平台渠道能够吸引更多无法支付线下营销费用的中小型保险公司入驻，将中小型保险公司与广大消费者连接了起来，进一步覆盖传统保险销售不足的细分

[1] 参见高等教育出版社《数字金融教程》数字保险章节。

市场，从而推动保险普惠化发展。

三、核保理赔环节

在全球范围内，车险核保理赔利用科技的趋势越来越明显。

首先，保险科技可以提高核保效率。

利用大数据分析技术实现整个核保过程自动化，能使交易体验既简单又流畅，并且，大数据分析技术还能在早期进行风险分析和管理，大幅提升了客户的保险产品交易体验，节省了大量的纸质文件签署工作以及与咨询顾问交流的时间，提高了交易效率。同时，系统能够根据已经输入的产品信息预先对客户的购买资格、年龄、性别等信息进行精准识别，降低了客户申购被保险公司拒绝的风险，并成为定制化产品设计的宝贵数据基础。通过应用人工智能和大数据分析技术，能够快速评估投保人的风险，并自动决定是否接受保单。自动化核保流程可以大大提高效率，减少人工错误，并降低核保的时间和成本。

其次，数字技术可以优化理赔流程，同时提供智能定损服务。

通过使用电子理赔和支付技术，保险公司可以在线处理理赔申请，让客户不必亲自前往保险公司办公室或银行处理理赔，提高客户满意度。传统的理赔流程可能需要花费较长时间，包括保险公司评估、车辆检查、车辆维修等步骤。线上平台能够依托线上化优势实现便捷的全流程理赔，通过数字化信息的传递，让客户对理赔、维修的进度有实时体验，为用户群体带来便利。例如，用户可以通过手机应用程序提交理赔申请，并随时跟踪理赔进度，包括申请审核、维修进度、赔付金额等。这种数字化的理赔方式不仅可以提高理赔效率，减少等待时间，还可以提供更多的服务，例如提供代步车等服务。同时，通过线上化方式，大大减少了纸质材料的使用，减少了环境污染。总之，依托于互联网和数字技术，保险公司可以提供更加便捷、高效、透明的理赔服务，提升客户满意度。

数字化理赔服务也是帮助解决保险产品理赔难、传统中介只管销售不管理赔问题的关键，是提升客户满意度和客户黏性的重要手段。例如，慧择通过7×24小时智能客服、理赔材料线上预审、免原件理赔绿色通道等，全程协助客户解决理赔难题，做到高效快速，从报案到理赔专家介入案件平均仅需29分钟。根据慧择发布的《2021年小马理赔服务年报》，截至2021年，小马理赔已经累计实现协助理赔案件4.3万件，协助用户理赔结案金额达5.7亿元。

在车险情景下，当车辆发生事故时，传感器和连接设备可以立即捕捉到事故信息，并将其传输到保险公司。保险公司可以利用这些信息进行快速定损，减少人工估损的时间，提高理赔效率。此外，通过图像识别和计算机视觉技术，保险公司还可以智能识别车辆损伤，并自动计算修复成本，进一步优化理赔流程。这方面最典型的案例是平安车险。

中国平安于1988年诞生于深圳蛇口，是国内金融牌照最齐全、业务范围最广的个人金融生活服务集团。2023年，公司名列《财富》世界500强第33位，排名全球金融企业第5位。按原保费收入计，平安寿险和平安产险分别是中国第二大寿险公司和第二大产险公司。中国平安数字化转型的最突出特点是大数据、云计算、人工智能等技术的研发和应用。中国平安并没有采取技术外包或与科技服务商合作的方式，而是自建研发团队。截至2023年12月31日，中国平安拥有超过2万名科技开发人员，其中科学家逾3000名，科技专利申请累计达51533项，在人脸识别、声纹识别、疾病预测等方面处于全球领先地位。此外，中国平安围绕金融服务、医疗健康、汽车服务、房产服务、智慧城市搭建五大生态圈，将核心金融业务嵌入生态中，用生态反哺金融。2021年，中国平安旗下五大生态圈对应的子公司和核心金融子公司的互联网服务平台（包括网页和移动端App）注册并生成账户的用户增至6.47亿，持有中国平安核心金融公司有效金融产品的个人客户达2.27亿。每年新增客户中，有34%～41%的客户来自互联网。

聚焦车险领域，中国平安早在2014年就推出了“平安好车主”App线上车险平台。截至2023年12月31日，平安产险的“平安好车主”App的注册用户数量超过

2亿，累计绑定车辆超过1.36亿。“平安好车主”App致力搭建一站式车主服务社区。从保险方案来看，“平安好车主”App中针对新能源车的方案，根据车主的不同需求，主动收集新能源车的电池容量、电池类型、充电方式等一系列信息，为用户推出多重保障措施。此举提高了保险方案的权威性与可靠性，线上化的展示也有利于用户充分了解新能源车险方案中的核心概念与保障内容。从违章查询来看，“平安好车主”App将新能源车主的用车场景融入其中，预设充电桩位置、行驶范围等信息，大大提升了用户的用车体验，也方便用户一键查询和储存。

“平安好车主”App在投保理赔便利化方面进行了众多探索。

一是“信任赔”自主理赔功能。“平安好车主”App为车险理赔服务设立专区，结合平安车险4300万车主大数据，基于图片定损、OCR（光学字符识别）票据识别、生物识别等技术搭建的AI智能理赔信用模型，为每位客户配置理赔信任额度，车主可在额度内自主理赔，只需要完成报案上传照片、确认接收赔款两步即可。“平安好车主”App采用“一人一车一额度”的原则，信用额度可随不出险月度的增加而增长，也可通过传播安全驾驶行为获取。“平安好车主”App将车险理赔信任额度与安全驾驶行为进行绑定，如果车主有良好的安全驾驶习惯，就可获得更高的信任额度。若发生单方小额事故，车主可在“平安好车主”App或“平安产险理赔助手”微信小程序进行自主理赔。

二是理赔全程线上可查。基于完善的车辆信息和专属的理赔团队，中国平安完善了新能源车险的理赔服务链。相比中小车企在理赔阶段存在的推诿扯皮、手续复杂的问题，“平安好车主”App依托人工智能、OCR票据识别等技术，聚合服务功能，推出了“一键理赔”：用户在行车过程中遇到交通事故后，只需打开“平安好车主”App，点击“在线报案”，上传自己拍摄的车辆损坏照片，通过后台AI智能定损机器人自动评估维修方案及金额，通过人脸识别确认赔付，理赔款便会即时到账。平台也有理赔专家全程陪伴，随时解答客户疑问，协助客户办理，一键解决车险理赔难题。

三是模拟车损测算功能。“平安好车主”App提供车损测算功能，能够让车主了解并体验理赔报案的全过程。车主上传车损照片后，可以测算所需修理费用。车主可以自行比较保险理赔与自费修理哪种更划算，App还会提示车主本次理赔后来年保险报价将会上涨多少，App也会同时给出不同修理厂家、4S店的报价供车主参考，使得车主可以基于更丰富的信息决定是否进行核保理赔。

保险数字金融可以提升车主的体验，在核保理赔阶段各个环节的数字技术应用，极大地降低了车主理赔的时间和精力成本。对保险公司而言，核保理赔环节所需的参与人员减少，有利于降低公司成本，提升运营效率。

基于以上案例可以看出，数字金融在保险中的应用不仅是由于新技术的推动，更是用户需求改变的必然结果。数字金融在优化保险业务环节方面发挥了重要作用。在产品设计方面，科技的应用使得保险产品更具个性化和差异化，满足了不同消费者的需求。通过大数据分析和人工智能技术，保险公司能够更了解消费者的需求和行为，从而设计出更符合市场需求的产品。在市场营销方面，科技工具的运用增强了保险公司与客户之间的互动和沟通，提高了销售效果。通过社交媒体、移动应用和在线渠道等方式，保险公司能够与消费者建立更紧密的联系，提供个性化推荐和定制化服务。在核保理赔方面，科技的应用简化了理赔流程，提高了效率，减少了人工错误和欺诈行为发生的可能性。通过自动化核保系统和智能化理赔系统，保险公司能够快速处理保单申请和理赔请求，提供更快速、更准确和更可靠的服务。科技的应用还能够通过大数据分析和人工智能算法来识别欺诈行为，降低保险欺诈风险，保障保险业务的安全性。数字金融在保险的各个环节都发挥了重要作用，不仅完善了服务，帮助用户提升了体验，也为保险企业降低了成本、提升了效率。

第三节

保险数字金融的作用

本节通过对财产保险公司的数据进行分析，展现数字金融给保险公司带来的好处。由于保险科技包括内部研发和外部采购两个部分，本节将分两个部分讨论。本节使用的数据包括56家财产保险公司2020—2022年的年报中的保费收入、赔付支出、净利润、总资产等数据，也包括各财产保险公司的专利和技术采购数据。

一、保险公司专利的影响

本部分搜集了各财产保险公司2005—2006年，2013—2022年申请的专利，并进一步区分发明型、外观设计型和实用新型专利。如图6-6所示，从2016年开始，财产保险公司的发明型专利数量有较大幅度的提高，并且2019年的增幅达到最大；外观设计型专利的数量也有一定程度的增加。

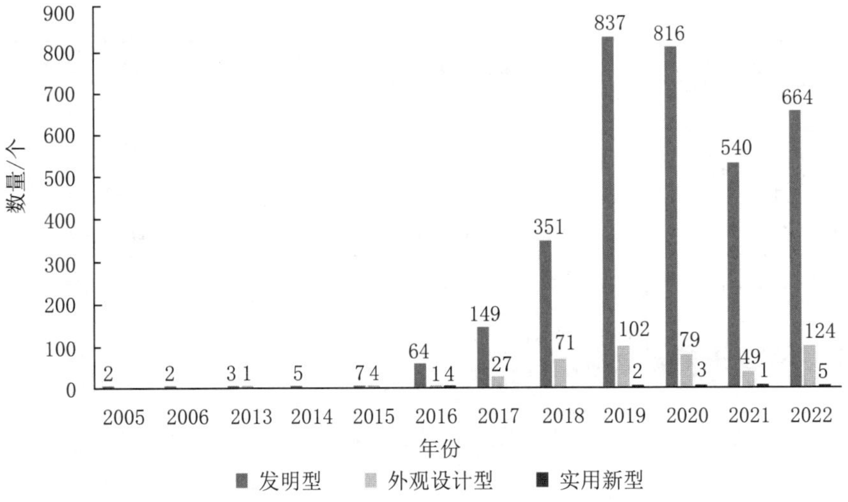

图6-6　财产保险公司2005—2006年，2013—2022年专利数量

保险公司申请的专利可能包括针对保险产品、服务模式、理赔流程等方面的创新，通过技术创新，保险公司可以提升产品的差异化竞争优势，满足客户需求，并在市场中获得更高的市场份额。比如，通过创新数字化渠道提供在线销售、理赔服务和客户支持，保险公司能够提高操作效率、降低人力成本，并改善客户体验。同时，利用大数据分析技术，保险公司能够挖掘客户需求和行为模式，优化产品设计和定价策略，从而提高市场竞争力。区块链技术等专利的应用也可以增强数据的安全性和透明度，提高保险合同的可信度和索赔处理的效率。因此，本部分对专利与企业绩效进行了进一步分析，采用的线性回归模型如下：

$$Y_{it} = lnpatent_{it} + X_{it} + \gamma_i + \gamma_t + \in_{it}$$

其中，i为财产保险公司，t为年份，Y_{it}为财产保险公司的保费收入或净利润，$lnpatent_{it}$为发明专利对数值，X_{it}为控制变量（企业资产规模），γ_i为企业固定效应，γ_t为年份固定效应，$\in_{it}$为误差项。

回归分析（见表6-1）结果显示，发明型专利能显著促进财产保险公司的保费收入和净利润。

表6-1　发明型专利对财产保险公司保费收入和净利润的影响

变量	保费收入	净利润
发明型专利	0.012***	0.267***
	（0.003）	（0.054）
观测值	166	166
$Adj\ R_2$	0.00957	0.0639

注：*、**和***分别表示10%、5%和1%的显著性水平。

二、数字科技采购的影响

本部分搜集了各财产保险公司2016—2022年采购的各类数字科技，并将其分为以下九类（见表6-2）。

表6-2 财产保险公司2016—2022年采购的数字科技类型及其数量和占比

名称	数量/个	占比/%
云计算类项目	126	9.18
信息化系统/平台	245	17.86
数字化产品	70	5.10
数据/数据库	175	12.76
智能/智慧项目	140	10.20
硬件/运维服务	189	13.78
视频应用和媒体	126	9.18
软件	119	8.67
其他	182	13.27
总和	1372	100

如图6-7所示，2017年开始，财产保险公司采购的数字科技数量相对有较大幅度的提高，并在2019—2022年一直保持较高的数量。

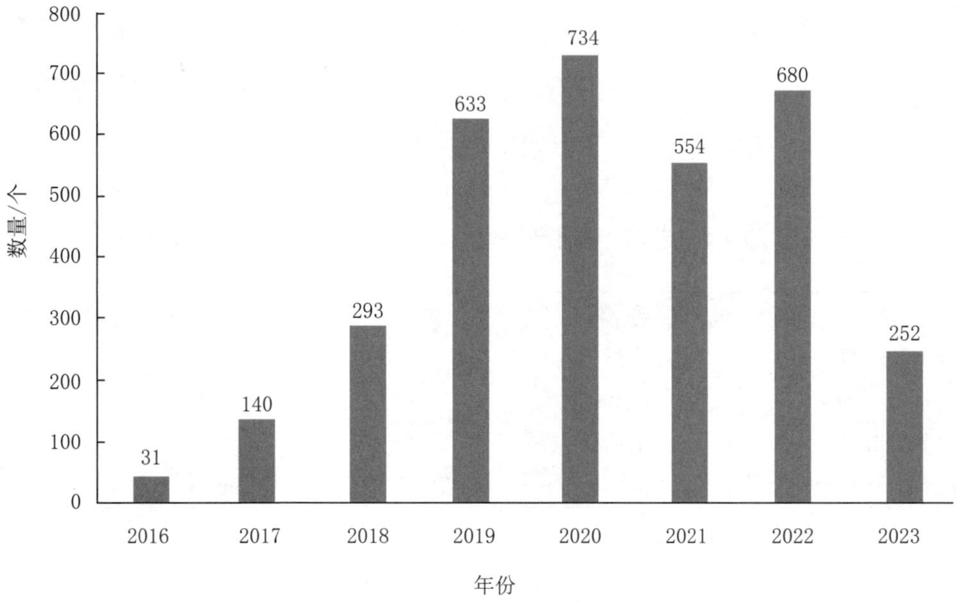

图6-7 财产保险公司2016—2023年数字科技采购数量

数字科技采购作为企业技术的另一个重要来源，可以提升保险企业的数字金融能力，进一步正向影响企业的经营绩效。因此，本部分采用线性回归对此进行了验证，具体公式如下：

$$Y_{it} = lndigital_{it} + X_{it} + \gamma_i + \gamma_t + \in_{it}$$

其中，i为财产保险公司，t为年份，Y_{it}为财产保险公司的保费收入或净利润，$lndigital_{it}$为采购的数字科技设备量对数值，X_{it}为控制变量（企业资产规模），γ_i为企业固定效应，γ_t为年份固定效应，$\in_{it}$为误差项。

回归分析（见表6-3）结果表明，数字科技采购能显著提高财产保险公司的保费收入和净利润。这可能是因为采购更多数字科技的财产保险公司在风险评估和风险管理方面更加注重细节和精确度。保险业务的核心在于风险管理和赔付管理，准确评估和管理风险可以帮助保险公司降低赔付风险和成本，提高盈利能力。数字科技设备还可以帮助保险公司提升客户体验和服务质量，增强客户黏性和提高客户忠诚度。例如，保险公司可以通过移动应用程序和在线服务平台提供更加便捷和个性化的服务，提高客户满意度和和赢得客户口碑。自动化和数字化的理赔处理流程也可以减少人为错误和延误，提高理赔速度和客户满意度。通过更高效的理赔管理，保险公司可以减少操作成本，并更好地控制赔付风险。

表6-3　数字科技采购对财产保险公司保费收入和净利润的影响

变量	保费收入	净利润
数字科技采购	0.033***	0.624***
	（0.008）	（0.125）
观测值	166	166
$Adj\ R^2$	0.0166	0.0619

注：*、**和***分别表示10%、5%和1%的显著性水平。

综合来讲，数字科技的内部研发和外部采购意味着保险公司通过技术创新和优化业务流程来更好地评估和管理风险，更加准确地为保险产品定价，以达到降低核心成本，提高效率，并更好地满足客户需求的效果，从而帮助保险公司提高车险等保费收入，提高利润。

本节两个部分分别从内部研发和外部采购两个角度，对数字金融在保险业务流程中的应用和作用进行了介绍。但数字金融对保险的作用不仅是提升各个流程的服务能力和效率，提升保险公司的绩效，更具有改变保险现有模式，进行革命性创新的潜力。下一节本书将结合国外的案例，介绍数字金融如何对保险进行模式创新。

第四节

保险数字金融的模式创新：以国外保险数字金融发展为例

国外保险数字金融的模式创新可以分为三个主要阶段：第一代的保险创新是以“熟人互保”（P2P）保险模式为代表的结构设计创新；第二代的保险创新是以区块链为代表的数据技术与保险业务的结合；第三代的保险创新是由大数据的应用推动的。

一、第一代保险创新——“熟人互保”模式

第一代的保险创新主要集中在结构设计方面，“熟人互保”模式能够通过社群作用对投保人的行为施加约束，从而对传统保险中投保人的道德风险进行有效控制。借助互联网技术的发展，基于“熟人互保”模式的保险公司能够联系到数量足够多的小社群，形成规模效应以降低运营成本，使得基于社群的互保模式的线上运作成为可能。一群具有相同保障需求或者相似风险特征的人聚集起来，汇聚资金形成共同账户抵御风险，这种具有风险分担职能的数字化网络被称为P2P保险[1]。

2010年，Friendsurance在德国成立，成为世界上第一家聚焦P2P保险的公司。P2P保险定义为投保人自发汇聚资金、自我组织、自我管理保险合约的创新模式[2]，其核心是一群具有相同思想、相同保险需求的人聚在一起，设计一套可控、可靠、公开透明的保险机制并降低成本。在“熟人互保”模式的保险中，每个成员都可以通过社交功能自行选择互相分担风险的成员，并缴纳一定的金额。承保人保

[1] 资料来源：欧洲保险与职业养老金管理局（European Insurance and Occupational Pensions Authority）。

[2] 资料来源：美国保险监督官协会（National Association of Insurance Commissioners）。

存这部分费用，如果有人出险需要赔付，赔付的金额首先从与之建立互助联系的成员的缴纳金额中出，如果这部分不足以支付赔付金额，承保人可能会出剩下的费用，这取决于承保人的盈利模式。如果没有人出险，那么小组成员会拿回部分费用或留到下一年。

在车险领域中，法国保险公司insPeer是一家成立于2015年的P2P保险平台。通过insPeer的服务，投保人可以与认识的人建立共担风险的团体，从而减少投保人在汽车和摩托车上的保费支出。在保险模式设计方面，insPeer采取的模式是投保人集体提高他们在保单上的免赔额，成员支付的免赔额越高，基础保费就越低，投保人通过这种方式与所在团体共同分担增加的风险。在发生索赔时，insPeer将会从保险公司支付的赔偿金中收取一部分作为佣金。如果保费池中还有剩余的钱，则上述互保团体中的成员将会得到补偿。在P2P保险的成员选择方面，insPeer的投保人可以自主选择共同分担免赔额的团体成员，并可以设定每个参与者在发生索赔时的互助金额。通过这种方式，投保人可以与熟悉的朋友而不是陌生人在同一个投保团体中，从而提升投保人的控制感和信任感。在风险控制方面，insPeer开发了一种专有方法帮助客户更好地了解发生索赔的可能性，并允许客户通过增加免赔额来降低保险费用，同时不修改其他合同条款。图6-8对这一保险模式进行了总结。

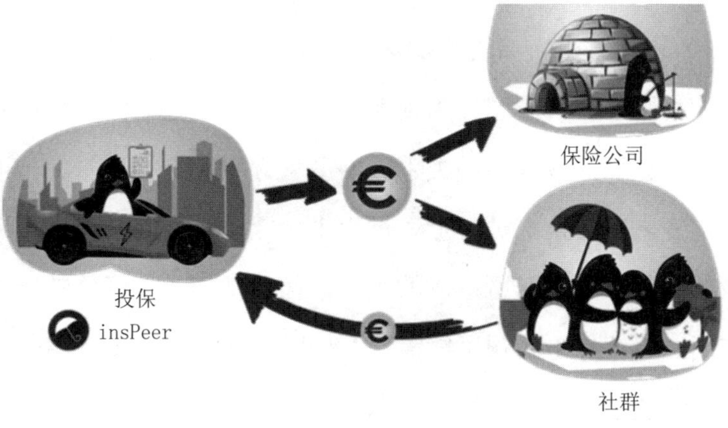

图6-8　insPeer的保险模式创新

二、第二代保险创新——区块链应用

相比起主要集中在用户模式创新上的第一代“熟人互保”保险，第二代保险的数字金融创新模式强调以区块链为代表的先进技术的应用。在第二代保险创新模式下，通过在传统的保险模式中引入区块链技术，保险公司得以将保单作为智能合约置于区块链当中，从而在大幅提高财产保险效率的同时节省运营成本。

在汽车保险的应用场景中，区块链的应用极大地提升了理赔环节的效率，不同的保险公司、再保险公司、经纪人和其他方可以访问相同的共享数据，共享区块链将省去不同主体在确认相同信息上所做的重复工作。此外，以区块链中智能合约形式存在的保单可以自动执行程序化的索赔处理操作，还可以无延时向投保人发放赔付款，节省传统车险企业在上述环节的人力成本。

在车险领域的区块链应用实践中，以色列初创公司Kasko2Go将区块链技术应用到保险欺诈的风险控制中。Kasko2Go公司基于区块链技术开发了名为“Normal Sigma”的风险评估方案，该方案能够为道路上的车辆提供基于AI的风险评估，通过处理环境、历史事故和地理数据对事故概率进行较为精确的估计。通过这种方式，Kasko2Go创造了一个生态系统，为安全风险低的司机提供比安全风险高的司机低得多的保险费，并为保险公司寻找低风险客户。同时，在处理索赔的环节，Kasko2Go开发了名为“数字指纹”的区块链方案。该方案所采取的GetmeIns技术会根据事故损坏的图片或者组图，为损坏情况生成一个独特的“数字签名”，这类签名可与早前的事故照片或任何同类事故的第三方照片进行比对，帮助保险公司及时识别旧损伤重复索赔的情况。在上述过程中，区块链技术的应用帮助保险公司有效控制了保险欺诈和双重索赔所造成的损失。在此基础上，区块链对于提升效率也能起到积极作用。传统保险公司可能需要几周时间才能完成案件赔付，而基于区块链技术的智能合约能够大大地加快汽车保险的理赔过程，同时在整个理赔过程中确保数据和条款的透明性。Kasko2Go通过应用区块链技术大幅减少了传统保险公司运营模式中占比较高的人力成本，在未来，随着区块链应用的不断成熟，车险将向着自营程度更高的模式发展。图6-9对这一保险模式进行了总结。

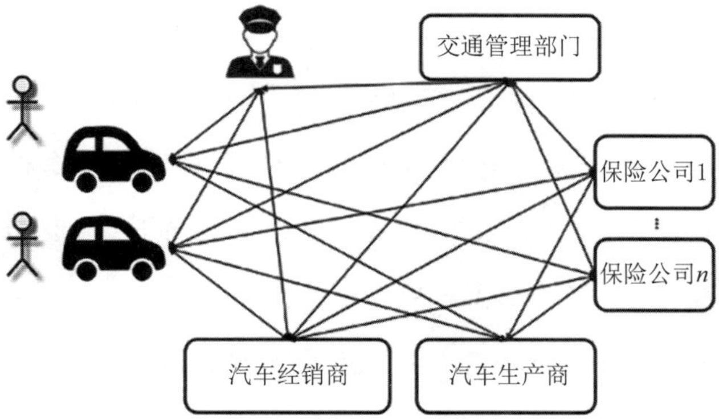

图6-9　基于区块链的保险模式创新

三、第三代保险创新——大数据的推动

大数据推动的保险创新典型案例是在汽车保险领域以用户使用为基础的保险（Usage Based Insurance，UBI）。UBI模式通过车联网、智能手机和车载自动诊断系统（On-Board Diagnostics，OBD）等设备记录车主的驾驶行为，利用车主的驾驶行为、车辆信息和周围环境等数据建立模型，以决定车险的保费。

UBI模式在保险业务中的应用始于2009年，由美国最大的保险公司之一Progressive（美国前进保险公司）首次引入。投保车辆需要安装一个被称为Snapshot的小型设备来收集保险定价所需的数据，如里程、驾驶时间和驾驶行为等，上述数据将被传输到Progressive进行分析，以计算得到车主的驾驶风险系数。为了吸引更多潜在用户参与Snapshot计划，Progressive开发了名为“Snapshot Road Test”的驾驶行为评估计划。车主可以选择参加为期30天的免费路试，在路试过程中利用OBD设备进行数据收集。Progressive将在路试完成后告知车主其驾驶行为的安全系数，并根据该结果告知车主是否适合参与Snapshot计划以获得保险费折扣。

在随后的10年间，UBI模式车险在世界范围内经历了快速发展，2016年，UBI模式全球保单数达到1400万，但市场渗透率始终处于较低水平。UBI模式发展面临瓶颈主要有两个方面的原因。一是车载设备的高成本影响了UBI模式在车险领域的推广进程。OBD设备收集数据的能力与设备成本直接相关，出于节省成本方面的考虑，车载设备在收集数据的类型和数量方面相较于车辆内置传感器较为有限，因而在一定程度上限制了风险评估能力和预测模型准确度的提升。二是在收集用户信息上面临着关于隐私的一定的法律限制，特别是用户存在装车载设备抵触情绪[1]，如果不能让用户直观体会到保险费用降低的好处，则其在推广方面有较高的难度。

目前有两类创新可以解决传统UBI模式的难点。

第一类创新是通过进一步细分市场，找到用户痛点较强的客群。Mile Auto是一家美国保险公司，该公司会根据客户的实际行驶里程进行保费定价。该公司成立时间不长，总部位于佐治亚州亚特兰大。作为一家初创公司，Mile Auto在用户规模和分析能力上难以与大型保险公司相抗衡，因此其选取了里程计价作为UBI车险的切入点，并在竞争激烈的美国车险市场取得了一定的成果。

在用户定位方面，Mile Auto针对的是低里程车主这一特殊的细分用户群体。根据Mile Auto的统计，超过65%的车主每年开车不到10000英里（约等于16093.44千米），该部分车主在以年计费的保险模式下的保费超出了其实际驾驶里程所应支付的保费数额，Mile Auto的目标正是帮助低里程车主消除这部分额外的支出。在里程计价模式下，用户只需为其实际驾驶的里程数付费，从而能够帮助低里程车主降低30%～40%的费率。相较于UBI模式下基于驾驶行为定价的复杂模型，Mile Auto的定价方式更为简洁，总保费由月度基本费率和驾驶里程付费两部分组成，上述定价方式更加符合低里程车主对于车险的需求。

在数据收集方面，Mile Auto的车险模式以降低成本为目标对数据收集方式进行了相应的调整。在业务早期，Mile Auto使用一种名为“Mile Auto Pulse”的远程信息处理设备来追踪里程和驾驶行为，该设备属于OBD端口外接设备的范畴，主

[1] 一项针对德国车主保险论坛的研究发现，部分用户认为外接车载设备可能会影响正常的驾驶系统使用，或对驾驶行为信息进行过度收集，因此他们对外接车载设备存在反感情绪。

要用于记录驾驶里程数。随着远程信息处理技术的发展，Mile Auto利用应用程序MVerity取代了外接实体设备来追踪投保车辆行驶的里程数，该应用程序能够使用GPS（全球定位系统）和传感器来准确测量里程，在节约车载设备制造成本的同时减轻了用户对UBI车险外接设备的排斥情绪。

在车险定价方面，Mile Auto的定价策略结合了用户特征定价和UBI定价两种模式。Mile Auto对用户的基本费率和每英里费率的计算均基于标准保险变量，例如用户的驾驶历史、车辆类型等，即在费率的确定环节中，Mile Auto并未引入车主的驾驶行为数据作为参考。在Mile Auto的定价体系中，驾驶行为数据的应用主要体现在确定费率后总保费的计算环节，系统将根据用户上传的里程表图片和应用程序跟踪的里程数，综合计算得到用户当月的总费率。值得注意的是，部分大型汽车保险公司也有意将Mile Auto的模式引进自身的保险业务体系中，例如Allstate保险公司（美国好事达保险公司）的Milewise业务和Lemonade保险公司（美国的一家互联网保险公司）的Metromile业务。里程保险业务有助于大型保险公司完善业务体系中针对低里程用户群体的业务种类，同时里程计价模式也是对传统UBI保险定价模式的有效补充。

第二类创新与汽车产业的新能源和数字化升级有关。新能源汽车不仅在动力系统上将燃油发动机转变为动力电池，同时还在汽车的“大脑”——电机和电控系统上进行了数字化。因此，新能源汽车在生产端就具有大数据采集的能力。利用车载监控、自动驾驶系统等车载设备即可对用户的驾驶行为进行记录和分析，从而进一步完善风险控制和定价体系。2021年，特斯拉宣布入局保险行业，并推出针对新能源汽车打造的UBI车险，特斯拉车险所获得的成功为UBI模式发展带来了新的增长点。基于UBI模式，特斯拉推出了“Safety Score Beta”（安全评分系统）驾驶习惯评价体系和“实时驾驶行为”的保险产品。特斯拉自营车险能够将保险价格降低20%～30%。与传统的UBI车险相比，特斯拉的UBI车险创新主要集中在三个方面。

第一，相较于传统车载设备的数据收集，特斯拉保险的数据来源为汽车内置

传感器，这显著提升了驾驶数据收集的精细程度。以Autopilot（自动辅助驾驶系统）为例，该系统可以基于五个安全系数指标进行衡量：①前向碰撞警告次数；②急刹车频率；③急转弯频率；④跟车过近频率；⑤Autopilot强退次数。基于上述指标的数据，特斯拉的系统能够根据公式计算出预测碰撞频率（PCF）和未来事故的可能性，然后转换为0～100不等的安全评分，以对应保险的定价。该安全评估模型的精细程度相较于传统OBD设备有很大提升，在准确度和风险控制能力方面具有优势。

第二，特斯拉UBI模式不需要外置车载设备，消除了用户的体验障碍。作为新能源汽车的制造商，特斯拉的驾驶行为数据来自其自动辅助驾驶系统传感器，因此能够实现在无须外接条件下进行驾驶行为记录，帮助车主获得更好的驾驶体验。

第三，特斯拉UBI模式的优势还在于能够将保险的缴费周期从年降低到月，从而大大提升业务的灵活性和用户体验。按月缴费的实现得益于基于实时数据变化的安全评分，日常安全评分在每次驾驶后自动刷新，每30天合并为月度里程加权平均安全分，为下月保费计算提供定价依据。在该模式下，特斯拉的保险业务能够动态调整用户风险评价以控制赔付率，同时灵活调整的按月缴费模式也使得特斯拉车险相较于以年为缴费周期的传统保险公司具有独特优势。

总而言之，UBI模式的独特优势在于能够针对车主的历史行为数据进行基于个体的动态风险评估，在帮助车主节省保费的同时对车主的日常驾驶行为施加约束，促使车主形成更加安全谨慎的驾驶习惯。这无疑对个人（节省保费）、企业（更精准的风控定价）和社会（提升驾驶安全性，降低事故发生概率）都具有较高的价值，是一个值得参考的创新模式。

第五节

我国保险数字金融发展的启示与展望

目前，我国保险公司已经在数字金融领域进行了布局和探索，以提高保险业务的效率、降低风险、提升用户体验。可以看到，数字金融对保险的发展起到了积极的推动作用。通过科技的应用，保险公司提升了核心竞争力，优化了业务环节，提高了服务质量。在未来，随着科技的不断进步和应用，数字技术将继续对保险行业产生深远影响，推动行业的发展和创新。

然而，我国保险整体发展水平与国际领先的保险公司相比还有一定的差距，保险数字金融仍面临一些挑战。以2023年的数据为例，全球市值100强的保险企业中，中国大陆入榜企业仅有7家（分别为中国平安、中国人寿、中国太保、中国人保、中国财险、新华保险和阳光保险）。2024年，在福布斯发布的全球保险20强中，仅有中国平安（排名第三）和中国人寿（排名第十三）入围。如何更好地利用数字金融创新，赋能保险高质量发展，是当前亟须解决的问题。

一、加强保险科技原始创新

保险科技的开发难度大，需要进行持续投入和积累，提升原始创新能力。我国的保险企业在科技应用上取得了一定的进展，但整体水平与国际领先水平相比还有一定的差距，新兴技术如人工智能、大数据分析和区块链等尚未充分应用于保险业务中。因此，加强技术创新，提高保险科技的核心竞争力，是当前亟须解决的问题之一。

例如，区块链所具有的去中心化、不可篡改的特点将为保险各方提供安全保障，在帮助保险公司有效控制赔付风险的同时，为用户提升保单理赔的处理效率。

在区块链技术的辅助下，用户、车企、保险公司等各方的数据均储存在区块链上，这将带来多方面的积极作用。因此，引进区块链技术将是保险公司打造未来竞争优势的重要途径。这也考验着我国保险公司的底层技术能力。作为保险公司数字技术研发的重点，目前我国保险公司在区块链领域共计申请了2063项专利[1]，仅次于人工智能领域的2415项[2]。在我国保险公司中，中国平安是保险公司中拥有区块链技术专利最多的企业，占总体的85%以上。其次是泰康保险，占比在10%以上。其他公司均低于5%。2019年，福布斯发布了首份全球区块链50强榜单，入选的保险公司涵盖来自金融、科技、食品饮料、医疗健康等多个细分领域的头部公司。其中，保险公司仅有安联保险（Allianz SE）、大都会人寿（MetLife）、美国州立农业保险公司（State Farm）3家入榜；中国大陆仅有蚂蚁金服入榜。

再如，数字技术中的大数据技术可以大幅提升保险产品的风险定价效果。保险公司需要更深入地应用以提供个性化保险产品。但在应用大数据方面，保险公司面临两个挑战。一个是技术上的挑战，外部数据源（如社交媒体、传感器数据等）的数据质量不一，需要加强数据治理和增强对外数据合作能力。截至2023年末，大部分保险公司在大数据方面的应用能力仍有不足。举个例子，目前我国保险行业仅有1172项大数据专利，85%以上属于中国平安，其他公司占比均不足5%[3]。另一个是外部数据应用上的挑战，企业面临公共部门数据开放不足、私营部门数据可获取性低的问题。再举个例子，在中国气象数据网可查询地面每小时的观测数据，个人需要注册且可选范围被限定在7天以内。在经过权威认证或凝聚共识知识类数据（如专利文档、法院判例、医疗诊断记录等数据）方面，中国的公开程度不够。在行业数据方面，虽然数据资源非常丰富，但它们都集中在大型央企和平台企业。由于机制，加上目前对用户隐私和数据安全的强调，数据开发利用效率和共享意愿较低，

[1] 资料来源：SooPAT专利数据库，专利摘要含有“区块链”，申请人含有“保险”。

[2] 资料来源：SooPAT专利数据库，专利摘要含有“人工智能”或“AI”，申请人含有“保险”。

[3] 资料来源：SooPAT专利数据库，专利摘要含有“大数据”，申请人含有“保险”。

这使得数据的使用和分享变得困难。因此，不仅需要企业将技术能力作为重点投入的方向，完善数据治理和共享机制，也需要国家在数据的共享和利用方面给予更有力的推动，为数字金融在保险业的应用提供良好的创新环境。

二、发挥保险数字金融的普惠作用

2023年10月召开的中央金融工作会议首次提出“加快建设金融强国”，并指出要“做好科技金融、绿色金融、普惠金融、养老金融、数字金融五篇大文章”。保险业需要把人民对美好生活的向往作为普惠保险的发展目标，增加普惠保险产品供给，改善投保理赔服务，加大保险资金支持力度，持续强化对民营经济、中小微企业、“三农”等领域的金融支持，不断提升特定群体的金融服务质效。

通过互联网可以将保险产品推广到更广泛的人群中，特别是那些因为地理、经济或其他原因而难以接触传统保险渠道的人群。通过互联网，这些人群可以方便地了解、购买保险和索赔，实现保险的“普及”。更为重要的是，通过数字金融创新，保险的费率进一步降低成为可能，从而实现保险的“实惠”。这是因为，数字金融具有互联网的规模效应，可以触达尽可能多的个体。大数法则是保险人计算保费的数理基础。当风险单位足够多时，保险人能够预测发生保险事故的大致数量，因为实际损失的结果会随着风险单位数量的增加无限接近从总体得出的预期损失的结果。进一步地，数字金融中的大数据，又被称为“数字足迹”（如购物、通话、社交等信息），大数据的应用能够辅助预测风险水平，用于评估保险人是否符合保险条件，有效减少信息不对称带来的逆向选择和道德风险。比如汽车保险的UBI模式，利用用户驾驶数据，为驾驶里程较少、驾驶习惯更好的用户提供更为优惠的保险价格。

保险的普惠发展，可以进一步发挥互联网平台和中小型保险公司的作用。保险科技发展的不平衡导致不同保险公司之间存在差距。大型保险公司在技术创新和应用方面处于领先地位，凭借自身的规模优势、牌照优势、资金优势，在保险科技浪潮中抢占先机。作为行业的领军者，传统大型保险企业在自身数字化转型的过程中，也引领着保险行业的数字化变革和新生态建设。然而，中小型保险公司在技术能力和资源方面不具有优势，可能在数字化浪潮中面临技术转型和应用的挑战。国外保险数字金融的案例可以为我国的中小型保险公司数字金融发展提供一定的启示。在不少细分市场，由于客户数量少、利润低，大型保险公司常常对这些市场不够重视，忽视了相关的产品和服务。例如，微保赋能中小型保险公司服务摩托车保险市场，Mile Auto作为中小型保险公司尝试UBI保险新模式。这些数字化保险的案例为中小型保险公司的发展提供了新的思路：通过数字化创新，以及服务细分市场，实现差异化发展。互联网平台可以提供渠道，为中小型保险公司提供更多的客户触达机会。中小型保险公司专注于产品设计与开发，以及为客户提供更好的承保、理赔等服务，可以更好地发展核心竞争力。

三、保险数字金融面临着监管和合规要求的挑战

监管机构要求保险科技企业合规运营，这是保护用户权益的必要举措，但技术创新可能会超出传统监管框架的范畴。然而，当前的监管政策尚未完全跟上保险科技的发展步伐，存在一定的滞后性。因此，建立健全法律法规和监管机制，为保险科技的创新应用提供有力支持，是当前的紧迫任务之一。

例如，由于现行的保险制度产生于互联网时代之前，相关条款可能需要与时俱进地进行调整。当用户在互联网平台购买保险时，如果按照传统线下流程来操作，用户需要花5～6分钟反复跳转、确认，重复操作导致用户无法享受到互联网投保的方便快捷。为此，建议进一步优化互联网渠道车险投保流程，提升用户体验。例如，探索行业“一键续保”极致体验，针对续转保用户，当次年续保时，若投保人/被保险人、车主及车辆等信息均无变化，且相关条款等也与上年一致，用户仅需进行订单信息确认后就直接进入支付流程，完成两步极简化“一键续保”。此外，《保险经纪人监管规定》《保险代理人监管规定》均要求保险公司在注册登记地以

外开展业务或提供服务时，应在当地设立分支机构。若保险通过互联网平台进行销售，在运营中却需要在各地设立子公司才能开展保险业务，这无疑提高了保险业务成本，也使得用户难以享受到纯线上化带来的费率优惠和体验升级。因此，建议监管机构鼓励互联网平台在保险业的应用，为互联网保险提供政策支持。

在人身保险领域，我国“相互宝”的探索值得关注。2018年底正式上线的“相互宝”提出，只要年龄在30天～59周岁、身体健康、芝麻分不低于650分的支付宝会员，都可以免费加入。如果成员遭遇重大疾病（“99种大病+恶性肿瘤”），可以获得最高30万元的保障金，费用由所有成员分摊。“相互宝”收取保障金额的10%作为管理费，远低于一般人身保险公司将近20%的管理费。而且，“相互宝”基本实现了整个保险流程的线上化运行。网络互助保险的运营需要强大的数字金融作为支撑，其中包括信用评分体系的完善（芝麻分作为关键的准入条件）、人工智能技术的突破（理赔申请的自动化）、区块链技术的成熟（授权自动扣款）。凭借支付宝平台的优势和低门槛的加入方式，“相互宝”上线仅9天便积累了1000万用户，会员数量在峰值时曾达到1.0580亿，累计救助了28363名罹患重大疾病的成员，募集互助金40.42亿元，平均每人获得互助金14.25万元。

当然，“相互宝”的业务模式仍存在一些潜在风险，这也是监管部门关注的重点。“相互宝”采用“先免费加入，后分摊费用”的模式，无法像传统保险公司那样积累准备金，以应对赔付突然增加的风险。特别是由于网络互助平台并不是金融机构，没有资本充足率的要求，加剧了偿付的风险。2016年5月3日，保监会有关部门强调推出网络互助计划的平台不具备保险经营资质或保险中介经营资质，互助计划不是保险产品。“相互宝”于2022年1月28日24时停止运行。

从业务模式上判断，网络互助体现了保险的特征，例如，它是为了满足消费者的风险保障需求而诞生的产品，沿用了传统保险“人人为我，我为人人”的思想。保险经营的大数定律在网络互助中仍然成立，如“相互宝”这样的大平台甚至比传统保险公司更能满足大数定律的条件。虽然网络互助从形式上不能完全符合保险的运营规律，但它具有门槛低、分摊费用低、过程透明等特点，具有普惠金融的特征，可以对社会保障起到很好的补充作用。

相比美国和欧盟监管机构将P2P保险的所有业务模式都纳入监管[1]，目前我国的网络互助平台仍处于无主管、无监管、无标准、无规范的“四无”状态。“相互宝”作为一个案例，体现了保险数字金融创新对监管的新挑战。

综上所述，中国保险数字金融的发展在“十四五”规划的引领下取得显著成效，但仍面临技术创新、普惠发展、法律法规完善等方面的挑战，只有充分解决这些问题，才能进一步推动保险数字金融高质量发展，实现金融强国的目标。

[1] 非法商业保险活动分析及对策建议研究[EB/OL]．（2020-09-09）[2024-07-09]．https://www.iaf.org.cn/dynamic/bbs/91902.html.

Chapter 7

第七章

银行数字化改造

商业银行是以营利为目的，以金融负债筹集资金，以金融资产为经营对象，具有信用创造功能的金融机构。在很多人的印象中，银行（更确切地说是金融业）似乎天生就是传统的、保守的、笨重的。但只要我们稍微把时钟往前回拨几十年就会发现，事实并非如此。

1946年，世界上第一台通用计算机在美国宾夕法尼亚大学（University of Pennsylvania）诞生，这台机器改进后的最早使用者是保诚保险公司。1948年，美国银行开始使用IBM604型计算机。20世纪50年代，银行已用可编程计算机及开发磁性记录识别技术自动处理支票。1971年，微型计算机甫一问世，即被金融业所运用。20世纪70年代，光纤和超级计算机诞生，金融业是最早、最积极的用户。金融业在20世纪中后叶的高速发展阶段与现代科技尤其是计算机的快速发展阶段恰好衔接。金融与科技之间的结合，可追溯至19世纪的电子汇款，以及信用卡、自动提款机等技术的出现。

在中国，金融业的科技革命自20世纪70年代起就一直在悄悄进行。20世纪70年代，我国银行业引进国外小型计算机。20世纪80年代初期，我国银行业实施了联机实时处理。1993年，国务院在《关于金融体制改革的决定》中明确提出“加快金融电子化建设”，在国务院的统一部署下，中国人民银行和银行业金融机构开始共同探索行业电子化建设之路。20世纪90年代，银行业由中型计算机应用更新至大型计算机应用，2000年前后，不少银行就已实现数据大集中，建立了大型数据仓库。

种种证据表明，银行机构恰恰是利用信息技术开展金融服务的先行者和推动者，这背后的道理也并不难懂——金融业本身就是一类信息数据行业，它依赖数据，并依此决策。但为什么时至今日，银行机构却纷纷提出要进行数字化改造？银行业自身紧迫的转型压力从何而来？改造的成果又如何？本章将针对这些问题展开讨论。

第一节

金融供给侧结构性改革

我国真正意义上的商业银行的出现要追溯至改革开放。改革开放初期，我国通过剥离中国人民银行的商业性业务，建立五大国有商业银行（中国工商银行、中国银行、中国建设银行、中国农业银行、交通银行），形成了中国人民银行与五家专业银行各司其职的二元银行体制。随后，我国继续扩展银行体系，将三大政策性银行（国家开发银行、中国进出口银行、中国农业发展银行）和五大国有商业银行分离，相继成立了12家股份制银行，以及众多城乡信用社、城乡合作银行。

1997年，第一次全国金融工作会议确定了金融改革的方针、政策和措施。1999年，财政部成立了华融、东方、中国信达、长城四家金融资产管理公司用于剥离万亿元国有商业银行不良资产。2001年，我国加入WTO（世界贸易组织），商业银行改革持续推进。2003年，中国银行业监督管理委员会成立。五大国有商业银行先后完成股份制改造，并成功在境内A股及香港H股两地上市。2011年5月，央行发放首批第三方支付牌照，标志着非金融机构开始涉足商业银行传统的业务。2014年1月，民营银行试点启动，同年7月，批准首批三家民营银行的筹建申请。2018年4月，宣布取消对中资银行的外资持股比例限制。这些举措进一步提升了银行业的开放竞争程度。

在监管方面，成立银监会、证监会和保监会，银监会负责监管银行业，证监会负责监管证券业，保监会负责监管保险业。2018年，中国银行业监督管理委员会和中国保险监督管理委员会职责整合，设立中国银行保险监督管理委员会。2023年，在此基础上组建国家金融监督管理总局，统一负责除证券业之外的金融业监管。

截至2023年底，我国商业银行体系主要包括6家国有大型商业银行（中国工商银行、中国农业银行、中国银行、中国建设银行、交通银行、中国邮政储蓄银行）、12家股份制商业银行（中信银行、中国光大银行、招商银行、浦发银行、中国民生银行、华夏银行、平安银行、兴业银行、广发银行、渤海银行、浙商银行、恒丰银行）、125家城市商业银行、1607家农村商业银行、19家民营银行和41家外资法人银行。2024年初，我国商业银行总资产达360.50万亿元，占银行业金融机构总资产的85.4%。

从规模上看，国有大型商业银行和股份制商业银行占据了主导地位（见图7-1），而其他几千家中小型银行则治理偏弱、能力不足。近年来，我国商业银行的净利润增速大幅放缓，从2011年的36.3%下降至2024年的10%以下。同时，商业银行的资产利润率和净息差均逐年下降。利息差（简称“利差”）是商业银行的主要利润来源，利差空间的压缩直接给银行的盈利能力带来挑战。利差空间收缩的主要原因是我国推行的利率市场化改革。从世界各国的经验看，利率市场化后利差下降明显，这将继续对我国商业银行的盈利空间造成挤压。长期以来，我国商业银行的营业收入来源主要为利息收入，对利息收入的依赖较强。国有银行和股份制银行的利息收入占比均在60%以上，甚至有些达到80%以上。因此，一旦利息收入受到下行压力，银行业的盈利能力自然会受到较大的冲击。从数据来看，从2014年开始，各类银行的不良贷款率几乎呈现单调递增趋势。其中，农村商业银行的不良贷款率在各类银行中最高。不良贷款问题不仅严重制约商业银行的发展，还对金融稳定构成巨大隐患。

整体而言，过去40年间，我国的金融抑制指数下降了约40%，但仍处在较高的水平[1]。世界银行全球竞争力报告里的金融体系对比显示，中国的金融体系在全球排第56名，远落后于第3名的美国，甚至也落后于第38名的印度。从商业银行来看，牌照准入严格，贷款利率尚未真正实现市场化，造成商业银行覆盖面不全，

[1] HUA X P，HUANG Y P. Understanding China's fintech sector: development，impacts and risks[J]. European journal of finance，2021，27（4/5）：321-333.

服务效率较低，大量金融需求未被满足。根据世界银行的数据，我国每千成人的银行账户数为19.1，每十万成人的银行分支机构为8.5，相较于世界平均值（52.4和18.97）差距仍然很大，金融服务的可得性不足。融资难、融资贵、融资慢的发展难题长期存在。根据《2020年中国银行业社会责任报告》，截至2020年末，我国小微企业融资贷款余额约为42.7万亿元，仅占社会融资存量总规模的14.99%。另据世界银行和国际金融公司等单位共同发布的《中小微企业融资缺口：对新兴市场微型、小型和中型企业融资不足与机遇的评估》显示，我国有2300万户小微企业存在贷款融资困难，需求缺口总额约达11.9万亿元。

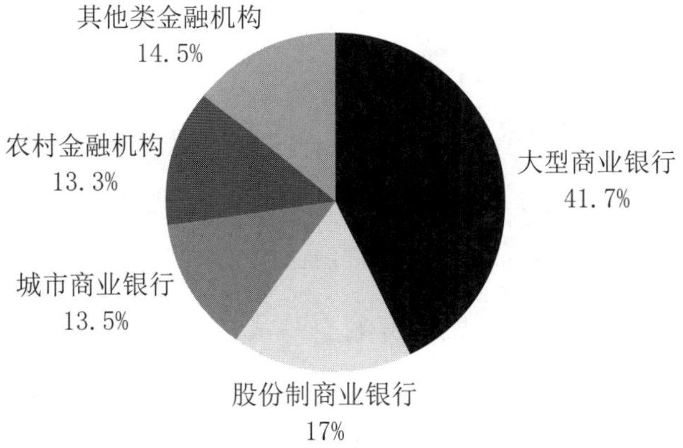

图7-1　2023年底我国银行业机构资产份额[1]

我国金融供给侧的结构性问题，不仅给数字金融以超前发展的机会，也拷问着作为金融中坚力量的商业银行。行业外部竞争对手的出现，对改革尚未完成的商业银行来说，产生了巨大的鲇鱼效应，搅动了原来较为封闭的行业。

［1］ 数据来源：国家金融监督管理总局。

第二节

数字技术革命对银行的挑战

以前的科技变革更多地表现为银行对技术的迁移应用。但这一次的数字技术革命与以前的科技变革有很大的不同。首先，以往的科技丰富了金融的应用，但未出现与金融行业的融合。然而，在这一次科技浪潮中，科技公司进入了金融市场，这使得金融市场竞争中出现了新的主体，竞争格局发生了变化。其次，过去的技术体现在原有金融产品和服务的升级、优化，而数字技术是对金融服务底层逻辑的创新和变革。例如，利用数字技术可以大幅降低匹配成本，非金融交易信息（生活场景、社交、商品服务交易等）可以提供数字足迹，这些都可以降低信息不对称，控制金融风险。再如，互联网和人工智能可以降低服务成本，且具有规模经济（边际成本可忽略不计），使得提供金融服务的交易成本大大降低。更重要的是，金融机构原来的优势也许不再是优势。实体网点和传统的人工作业模式已经可以被AI取代。传统金融机构正在大量裁员，有些则正在转变为科技公司，比如高盛银行1/3的员工都具有技术背景。

因此，今天的数字金融（也称为“金融科技”），是在金融与科技深度融合的基础上，创造新型商业模式，形成场景金融，打造新的金融业态。传统的金融行业界限和市场格局被打破，这对传统金融机构来说无疑构成了巨大挑战。

具体而言，为实现资源的跨期匹配，用户（包含个人及机构）的金融需求通常包括储蓄、支付、投资、融资，这四项也是银行的重点业务。但从业务层面来看，互联网开放、共享、去中介化的特质，正使得商业银行面临金融脱媒的挑战。

一、在支付结算方面

支付结算是商业银行的中间业务，银行在其中扮演中间人的角色，赚取的是提供服务的手续费。在高速发展的数字经济时代，人们的消费、娱乐与工作方式趋向网络化，人们更加注重支付结算的便捷性、时效性，传统商业银行的支付结算效率已经难以满足时代的发展需要。

自2011年5月起，央行开始对非银行支付机构发放支付业务许可证，具有支付牌照的非银行企业推出的支付结算业务，导致商业银行作为货币流通中间人的作用在不断降低，不仅对商业银行传统的手续费收入造成影响，甚至出现其中间业务被替代的可能性[1]。

互联网公司推出的跨行账户转账功能，也会进一步危及银行业的在途资金收益。资金在用户银行账户端划出后，进入对应的三方支付公司的账户中，再划入另外对应的银行账户，而短期内沉淀在三方支付公司账户中的这部分资金，可以带来一定的效益。支付宝、快钱等推出的“信用支付”业务，给传统银行的客户多提供了一条选择途径。创新支付产品的不断推出，大大改变了消费者的支付习惯。电子钱包、大宗商品的网上交易，都有可能绕过现有商业银行，重新开辟新的交易空间。互联网公司和券商、保险、信托、银行的合作，也将改变资金支付的版图，而由此带来的交易金额的增长，会给传统银行中介业务份额造成更大的流失。

数字金融最大的特点，在于其极大地丰富了支付结算的应用场景，满足了不同背景用户的多样性需求。除了一般的还款、转账、缴费、充值、付款、快捷支付等业务之外，还具备代付、海淘、红包、国际航旅、退税海外转运、留学交费、理财、保险等支付业务，以及独具特色的消费金融功能。在支付手段上，数字金融也兼具快捷支付、手机支付、二维码支付、声波支付、NFC（近距离无线通信）支付、网络电视支付、指纹支付等多种融合先进技术的支付方式。数字金融为用户提

[1]　邱峰．互联网金融对商业银行的冲击和挑战分析[J]．吉林金融研究，2013（8）：44-50.

供了极大的便利，并且增强了用户黏性，从而对传统银行的业务造成持续、强劲的冲击。

总体来看，数字金融所提供的便捷、高效、个性化的结算支付功能，对传统商业银行的手续费收入、在途资金收益产生了较大的影响，并引发支付方式与支付习惯的“革命”，对传统银行的客户基础产生影响。

二、在存款理财方面

商业银行具有较高的安全性和稳定性，曾是人们存放现金的首选。商业银行凭借其专业性，能够为客户提供理财服务，但往往具有5万元的财富管理服务门槛。更具灵活性、收益更高的互联网理财的出现，对银行传统的存款、理财业务构成了挑战，传统银行面临着存款减少、顾客流失、理财产品分流等多方面的威胁。

银行活期存款、定期存款利率较低，而理财业务门槛较高、期限较长。例如，多数银行现有的财富管理业务只为理财金额达到5万元以上的客户提供理财服务，且期限较长，缺乏灵活性。很多投资者的资金与投资期限不满足银行规定的最低要求。互联网理财产品的销售，主要针对这些银行散户，为他们提供收益管理、现金管理等多项服务，对银行的活期存款、定期存款产生了较大的影响。我国银行的客户存款增长率自2013年起呈逐年下降趋势，且股份制银行的下降幅度更为明显。

例如，天弘基金与支付宝联合推出的余额宝自2013年6月上线以来发展迅速，据天弘基金年报披露，余额宝在2017年、2018年、2019年为用户赚取的收益分别为523.95亿元、509.40亿元、244.82亿元；截至2019年底，余额宝用户数已经突破6亿，成为中国规模最大的货币基金。

从美国市场经验看，20世纪60年代，美国商业银行活期存款占比约为60%，30年之后，银行活期存款占比已降至10%，这说明货币基金对商业银行活期存款的长期影响尤为明显。余额宝为客户的活期存款资产在保“活”的前提下，提供了一条风险极低的增值渠道。从本质上看，余额宝等产品都属于现金替代品，属于T+0型货币基金，流动性较好；而银行的传统理财产品则属于封闭性基金，不到时间是不能被赎回的，流动性较差。因此，有部分商业银行超短期理财产品的客户会转投余额宝，这对商业银行超短期理财产品造成冲击。

一方面，互联网理财产品收益率明显高于商业银行同类存款业务；另一方面，与传统银行柜台相比，在互联网第三方理财平台购买理财产品更加方便快捷，具有操作流程更加简单、赎回申购更加方便与费用更低等多个方面的优势。因此，大量具有投资理财想法和需求的顾客，很可能会被网络理财平台吸引，造成线上理财产品投入的增多，而线下理财产品的购买次数与金额明显降低，使得传统商业银行的理财资金与个人存款面临分流转移的威胁。

三、在贷款融资方面

我国资金信贷资源长期处于供不应求的状况，没有很好地满足市场多样化的需求。商业银行作为资金流通的龙头，长期把持着资金资源的走向，其库存的资金成为一种紧缺资源，这种局面造成了信贷资源不合理使用与分配的情况。银行具有完整审慎的风险评估系统，对借款人信息的核查时间长、核查资料复杂，且借款门槛高、缺乏灵活性，仅能满足部分人群的融资需求。数字金融的出现，很大程度上满足了长期被商业银行信贷业务排斥和边缘化的人群的需求。互联网融资平台满足了长尾客户的需求，并为有融资需求的客户带来一种与传统商业银行不同的全新的融资体验，因此，其对传统银行业的融资冲击很大。

第一，数字金融业务比商业银行业务的透明度更高、中间成本更低，参与者通过互联网获得了更直接有效的关联性[1]。第二，数字金融坚持以客户为中心，尊重客户体验，强调交互式营销，主张平台开放，运作模式上注重互联网技术与金融核心技术的深度整合，能够为客户提供更具灵活性的产品，为筹资者提供的服务也更加合理和人性化。第三，数字金融业务比商业银行业务门槛更低，能够触及商业银

[1]　康欣华. 互联网金融对商业银行的影响与启示研究[D]. 广州：华南理工大学，2014.

行门槛之外的长尾客户，为范围更广的客户提供服务。数字金融的出现，使得网络金融能够以极低的交易成本和高效的信息流通方式，撼动传统商业银行资金中介的优势地位。互联网企业充当资金信息中介的角色，加快了金融脱媒的进程，为资金需求方与供给方提供了信息交换的渠道。

此外，近年来，利用大数据、人工智能等金融科技，民营银行和互联网银行主导推出的线上贷款也极大地满足了用户的零散金融资金需求。基于用户行为，大数据能够实现对用户画像的清晰刻画，对传统的征信数据构成了很好的补充，特别是让在传统模式下难以获得贷款的小微、“三农”用户享受到了金融服务。个性化强、便利性高的贷款服务也提升了用户的贷款效率和服务体验。

银行传统金融中介地位的削弱，对其营业收入中占主要地位的净利息收入产生较大的影响。数字金融的快速发展和大量的产品创新，促进了金融改革的深化和资源配置效率的提升，对市场上的信息不对称现象起到了抑制作用，压缩了商业银行的利润空间，使得以利差为核心的传统金融面临更大的挑战，促使商业银行进行数字化转型，提升服务水平和创新能力。

数字金融的出现对银行形成重大挑战，银行有被替代的风险。国际货币基金组织和欧央行最新的联合报告指出，数字金融创新主要体现在两个方面：信息的新形态（information）和信息沟通的新渠道（communication）[1]。信息的新形态主要指使用新方法收集并分析客户数据。尽管金融业越来越多地参考客户的线上数据来进行信用评分，但是评分本质上参考的依旧是所谓的“硬数据”（收入、就业时间、资产和负债）。这一评分方法存在两个问题：①“硬数据”存在顺周期偏差；②新企业家、非正式工人等没有足够的金融数据可供查阅。为了缓解这两个问题，金融科技在参考“硬数据”的基础上，还使用了在线搜索和购买的历史记录等非金融数据。如果该技术能与人工智能和机器学习结合，这些非金融数据不仅比采用

[1] BOOT A，HOFFMANN P，LAEVEN L，et al. Fintech: what’s old，what’s new? [J]. Journal of financial stability，2021，53：100836.

“硬数据”做信用评估更为准确，还能推动普惠金融发展。新渠道指的是各种电子平台的兴起形成了与消费者新的信息沟通，推动了科技企业与金融业的竞争。亚马逊、Facebook、阿里巴巴等平台依靠电商、社交等服务与顾客建立了高黏性的沟通渠道，同时也开发了更多的金融服务，在支付、资产管理和金融信息提供等方面与银行展开竞争。新渠道还使银行能够为客户提供远程服务，促进了银行间的跨地域竞争。

这些挑战无疑也成为推动银行业改革进一步深化的重要力量。《“十四五”数字经济发展规划》提出，到2025年，数字经济核心产业增加值占GDP的比重达到10%，数字化创新引领发展的能力大幅提升，数字技术与实体经济融合取得显著成效。《数字中国建设整体布局规划》进一步指出，建设数字中国是数字时代推进中国式现代化的重要引擎。在数字经济深入推进、数据基础设施建设重要性不断提升的背景下，各行各业都在加速进行数字化转型。2017年，央行成立了金融科技委员会，并于2019年和2022年两次发布《金融科技发展规划》，要求“加快金融机构数字化转型”，将数字元素注入金融服务全流程，将数字思维贯穿业务运营全链条。在此背景下，商业银行数字化转型的步伐逐渐加快。2020年，银行机构信息科技资金总投入为2078亿元，同比增长20%[1]。2022年，6家国有大型商业银行和12家股份制银行信息科技投入达1826.27亿元，同比增长8.36%，科技投入占营收的比重增至3.37%。银行大力投入发展数字科技的同时，是否起到推动商业银行高质量发展、更好地服务实体经济的作用？这一关键问题需要得到更好的解答。

[1]　郭树清：2020年银行业信息科技资金总投入2078亿元，同比增长20%[EB/OL].（2021-03-02）[2024-08-05]. https://www.163.com/dy/article/G432B9FJ05399LD0.html.

第三节

银行数字化转型的进程

想要回答银行的数字技术投入是否产生了效果，需要先了解数字化并非仅技术上的投入。数字化的本质是企业的转型，需要同时考虑到技术采纳的成本，以及新旧技术及相应体系之间的摩擦。因此，对于企业来说，数字化转型并不是一个简单的选择。柯达、诺基亚等无数转型失败的例子也表明，转型甚至难于新创。改变自己，甚至从某种程度上否定自己，毕竟是一个艰难的选择。更不容忽视的是，现有的资源和能力可能并非优势，反而成了前行的包袱。除利益冲突、管理模式冲突之外，价值观冲突也许是转型难的更深层次原因。因此，企业的数字化转型不是简单地购买技术或开展电子商务，抑或是任命首席信息官。数字化转型的核心不在于数字技术投入多少，而在于组织是否也进行了相应的调整。

想要回答银行的数字技术投入是否产生了效果，还要对银行数字化进行衡量和测度，特别是银行业的业务具有特殊性，其他衡量制造业、零售业企业数字化转型程度的指标体系可能并不适用，需要构建一套商业银行数字化转型指标体系，以科学、全面地对我国商业银行的数字化转型程度进行定量刻画，进而通过数据分析回答中国的商业银行数字化转型到底进行得怎么样、是否取得了一定的效果，为银行业数字化转型的相关研究提供测量工具和参考。

如何度量企业数字化转型？管理学研究指出，组织转型需要解决三个核心问题：一是转型创新的方向问题，即选择什么新的产品和服务；二是工程技术问题，即如何设计生产新的产品或者服务；三是组织管理问题，即新产品和服务如何成功落地执行。创新方向、工程技术、组织管理三个问题的解决呈现层层递进的顺序，也会产生相互作用。组织管理的转型不仅是一个结果，也前置性引导未来的战略创新，是最重要的一个环节。企业的数字化变革也是一个循序渐进的过程。从战略的觉醒开始，到业务流程的转变，进一步促使组织文化变革，再形成战略的进化和商业模式的更新。

参考这一框架，北京大学数字金融研究中心团队编制了北京大学商业银行数字化转型指数，定量刻画商业银行数字化转型的程度[1]。指数的研究对象包含从2010年到2021年的246家银行（包括所有的国有大型银行、股份制银行，128家城商行，54家农商行，以及外资银行和民营银行）。该指数包含战略、业务和管理三个维度，在每个维度下面都有进一步衡量的具体指标，可以对我国商业银行的数字化转型情况和发展趋势进行较为全面、客观的衡量。

战略数字化关注银行整体战略层面对数字技术的关注程度，具体通过计数银行年报文本中对数字技术相关关键词的提及频率进行构建。参考文本学习法，通过收集文本、中文分词、取差集、人工筛选等步骤，共识别出124个数字技术相关词语，较为客观地对关键词词库进行了构造。我们将124个关键词划分为人工智能、区块链、云计算、大数据、线上化、移动化6类。通过计数上述关键词的提及次数和年报的总词数，计算各银行年报中对数字技术的提及频率。提及频率越高，说明银行对数字技术的关注程度越高。

业务数字化关注银行将数字技术融合于自身提供的金融服务的程度。数字技术使得银行和用户之间的触达渠道得到扩展，赋予了银行覆盖长尾需求、实现个性化产品创新的能力，改变了银行的研发创新方向。因此，基于以上数字技术引发的业务变化，我们通过数字化渠道、数字化产品、数字化研发三个维度，对银行业务的数字化进行衡量。首先，在数字化渠道方面，我们通过银行当年是否推出了手机银行（App）、微信银行进行衡量。该信息通过对手机应用市场、微信公众号及小程序进行人工搜索来获取。其次，在数字化产品方面，我们选取互联网理财、互联网

[1]　谢绚丽，王诗卉．中国商业银行数字化转型：测度、进程及影响[J]．经济学（季刊），2022，22（6）：1937-1956.

信贷和电子商务的推出情况，对银行的产品数字化进行刻画。该信息通过搜索银行年报中提及的“互联网”“网上”“新产品”“新服务”“电子商务”等关键词对以上产品推出进行文本定位，再通过人工识别判断该银行是否推出了上述相关产品。最后，在数字化研发方面，我们通过银行专利申请的摘要中是否包含上述数字技术关键词，来识别银行拥有的数字技术相关专利，并对数量进行统计。考虑到专利研发成功后在较长时间内均能够发挥作用，我们使用三年内的相关专利总数对指标进行构建。

管理数字化关注银行将数字技术融合于治理结构和组织管理的程度，通过数字化架构、数字化人才、数字化合作三个维度，对银行的管理数字化进行衡量。首先，在数字化架构方面，我们关注银行两种主要的组织架构变化。第一类是银行内部组织架构的调整，包括增设网络金融部、数字金融部、金融科技部等；第二类是建立金融科技子公司，在银行组织架构外进行数字化创新。其次，在数字化人才方面，我们使用银行高管团队、董事会中具有信息科技背景的高管、董事的占比来衡量。我们通过教育背景和工作经历两个方面进行人才识别，其中，教育背景根据其简历中介绍的学历背景是否有计算机科学与技术、软件工程、信息与计算科学等相关专业进行判断；工作经历根据其简历中的任职经历是否包含在信息科技公司任职、分管信息科技部门或担任银行首席信息官进行判断。最后，在数字化合作方面，通过在年报中搜索“合作”“联合”等关键词进行定位，判断银行在当年是否开展了与外部科技公司的投资合作。以上数据均来源于银行年报，数据获取方法为人工识别编码。

战略数字化、业务数字化、管理数字化三个方面具体指标见表7-1。

表7-1　商业银行数字化转型指标描述

一级指标	二级指标	指标类型	具体指标测量
战略数字化	数字技术提及频率	连续变量	年报正文每10000词中，数字技术相关关键词提及的次数
业务数字化	数字化渠道	分类变量	手机银行、微信银行渠道
	数字化产品	分类变量	互联网理财、互联网信贷以及电子商务产品
	数字化研发	连续变量	三年内数字技术专利总数（取对数）
管理数字化	数字化架构	分类变量	数字金融相关部门、金融科技子公司
	数字化人才	连续变量	信息科技背景的董事在董事会中的占比
		连续变量	信息科技背景的高管在高管团队中的占比
	数字化合作	分类变量	与外部科技公司的投资合作

通过对指数的分析有以下几个主要发现。

一、数字化转型的程度不断加深，与科技公司的竞争及政策的推动相关

与金融科技投入大幅增长相符合，银行的数字化转型程度在逐年攀升。北京大学商业银行数字化转型指数从2010年的14.20增长到2021年的94.42，增幅接近6倍，证实了近年来商业银行在大力实施数字金融转型（见图7-2）。从增长率来看，数字化转型总体逐渐放缓，呈现两个增长高峰。第一个高峰是2013年，在这一年行业数字化转型进入快车道，余额宝推出，这与国家大力推进“互联网+”政策相关。科技公司的数字金融对银行形成了竞争，对促进银行的数字化转型起到重要的推动作用[1]。第二个高峰是2019年，这与央行成立金融科技委员会，中国人民银行印发的《中国金融业信息技术“十三五”发展规划》明确指出要推动金融科技的应用，促进金融创新发展。在此之后，银行业数字化转型进入新的快速发展阶段。

[1]　王诗卉　，谢绚丽．经济压力还是社会压力：数字金融发展与商业银行数字化创新[J]．经济学家，2021，5（1）：100-108.

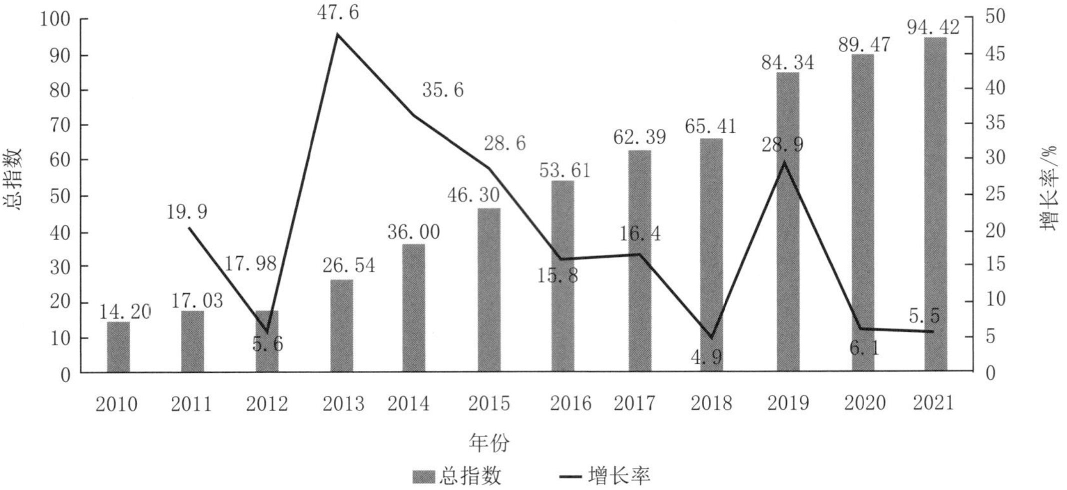

图7-2　北京大学商业银行数字化转型指数

二、数字化转型的重点从线上化发展为科技化、智能化

数字化转型的重点在近些年有所改变，首先体现在银行年报中有关数字金融关键词的变化（见图7-3）。通过词云分析发现，早期银行最频繁提及的数字金融关键词是“电子银行”。2013年之后，关键词变成了“互联网金融”。2018年以后，银行提及最多的词变成了“金融科技”和“数字化”。这一数字金融关键词的转变，体现了银行数字化转型从单纯的业务线上化，到全方位的产品、服务、人才科技化的转变，这种变化体现了数字金融与银行的结合逐渐深入的特征。

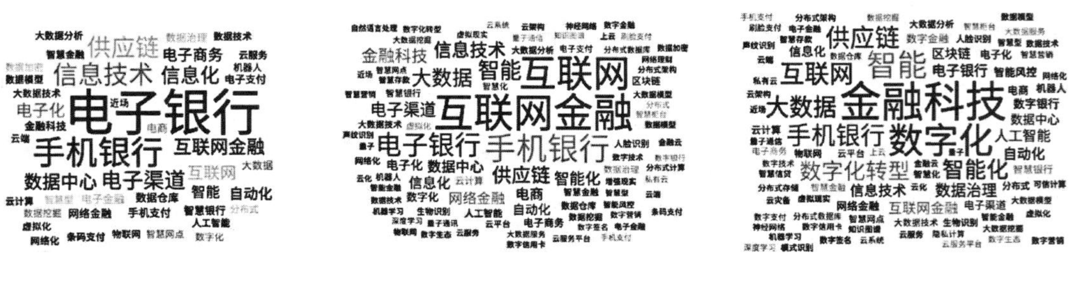

2010—2013年　　2014—2017年　　2018—2021年

图7-3　银行年报文本词云分析

国际证监会组织（IOSCO）于2017年2月发布《金融科技研究报告》，将金融科技发展历程划分为三个阶段。第一个阶段是金融科技的萌芽期，这一阶段的主要特征是金融机构内部设立IT部门，将信息技术软硬件设备用于金融业务当中，旨在压缩运营成本，提高金融业务部门服务效率。第二个阶段是金融科技的起步期，在这一阶段，科技与金融的合作更加深入，科技第一次独立于金融系统，以互联网金融为典型。第三个阶段是金融科技的快速成长期，在这一阶段，互联网不再是推动金融技术化的最主要动力，而是作为新兴技术的基础继续存在。未来的金融服务将向长尾客户普及，此前只有高净值客户才能享有的财富管理、投融资服务将向广泛的长尾用户群体辐射。银行数字化转型的变化与这一过程相似。当今的转型重点已经突破了简单的互联网化或线上化，而以数字科技赋能金融业务为重点。

三、渠道的线上化基本完成，线上与线下的结合成为重点

与以上数字化转型持续发展趋势相对应的是渠道转型的深入。数据统计显示，指数所覆盖的246家银行的手机银行、微信银行等电子化渠道的建设率已接近100%。根据中国银行业协会发布的《2020年中国银行业服务报告》，2020年银行业金融机构离柜交易3708.72亿笔，同比增长14.59%；离柜交易总额2308.36万亿元，同比增长12.18%；行业平均电子渠道分流率为90.88%。其中，手机银行交易1919.46亿笔，同比增长58.04%，交易总额达439.24万亿元，同比增长30.87%；网上银行交易1550.30亿笔，交易总额达1818.19万亿元，同比增长9.68%。也就是说，90%以上的银行业务已经不在柜台办理。

传统商业银行服务模式的核心在于实体的物理渠道，通过人工面对面的交互完成交易和信息收集。数字金融通过搭建基于互联网的金融服务平台，将大量业务转移到线上进行，使得物理营业网点的重要性大幅下降。这种便捷、高效的交易模式渐渐改变着人们的支付习惯和交易习惯，现金已不再是日常生活的必备之物。传统银行赖以生存的线下渠道从过去获取客户、触达客户的利润中心，变成如今客户稀

少的成本中心，过去作为比较优势存在的物理渠道的作用逐渐削弱。这对商业银行传统的基于物理渠道的运营方式提出了挑战。

自2015年起，银行机构线上网点关闭数量迅速提升，且线下网点新设数量显著下降（见图7-4）。银行新设线下网点从2015年的8056个下降到2021年的2377个；而关闭线上网点从2015年的482个迅速上升到2021年的2592个，净新增网点数从2015年的7574个骤降为2019年的-569个。

从2019年起，我国商业银行的网点数量已经进入负增长阶段。商业银行如果想在未来的竞争中取胜，就必须重新审视自身的渠道策略，从战略上对其网点布设作出重新考量，逐渐摆脱物理网点的地理位置、经营面积和门面效果等因素的制约，同时改变仅仅依靠现场交易的局限性，有效化解业务需求和服务效率不相匹配的矛盾。未来，智能化、体验化和社区化必将成为网点转型的重要方向，而线上线下全渠道经营则成为银行新的运营挑战。随着人工智能、元宇宙等技术的发展，数字虚拟员工、虚拟营业厅等创新也开始被银行应用。

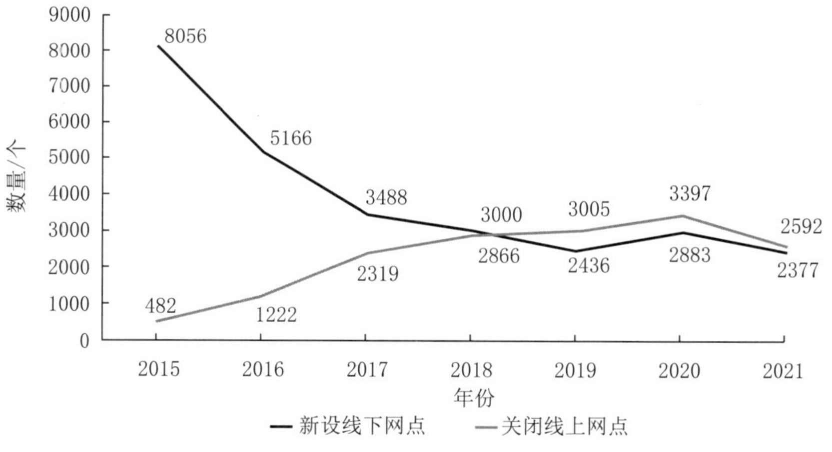

图7-4　我国商业银行网点新设和关闭情况

四、银行金融科技专利迅猛增加，技术的开发和应用不断深化

另外一个可以与银行金融科技正在不断深化相印证的是，近几年银行的金融科技专利数量飞速增长。银行对数字技术的研发创新自2016年起迅速增加，21世纪10年代只有几百个，到了2021年，数量已过万。据全球银行发明专利排行榜，截至2019年末，全球有207家银行合计申请了10131件科技专利，覆盖中国、美国、日本、加拿大、韩国等20个国家，涵盖人工智能、区块链、云计算、大数据和物联网5项技术。其中，中国有53家银行申请了科技专利，合计4177件。微众银行、中国工商银行、中国银行、中国建设银行、平安银行等银行申请的专利数量已跻身世界前列。零壹财经对全球银行业金融机构申请的科技专利进行统计分析，并发布了《2020年全球银行科技专利排行榜TOP50》。其中，中国的银行上榜最多，有19家；其次是日本和美国，分别有12家和7家银行上榜。榜单前三的银行分别是美国银行、中国银行和中国工商银行，其专利申请数量分别为2668件、862件和843件。专利申请数量的飞升体现了银行对金融科技的大力投入，但我们也需要注意到，专利的申请只集中于少数银行，呈现明显的头部效应。

目前，已有多家银行建立了自己的金融科技子公司，许多数字技术已经在银行的运行中得到应用。例如，人工智能技术已经大量在客服中心和远程银行得到应用，并且呈现出普及化、个性化、多元化三个趋势，具体包括提升服务品质且降低风险的智能质检、提高效率的智能人机协同和降本增效的智能语音导航等。2020年，银行业使用人工智能的远程银行和客服中心占比稳步上升，根据《中国银行业客服中心与远程银行发展报告（2020）》的调研结果：已有81%的客服中心与远程银行至少使用1项人工智能应用，在19%没有使用人工智能应用的客服中心与远程银行中，仅6%的客服中心与远程银行未反馈有使用人工智能技术的计划。此外，按常见的6类人工智能应用口径（智能语音导航、声纹智能核身、智能质检、智能人机协同、文本机器人线上服务、智能化知识管理）统计，总计有236项人工智能

技术应用在客服中心与远程银行实现落地，其中有19家客服中心与远程银行实现了6项人工智能应用全覆盖。

五、数字化的金融产品以大行及民营银行为主导，总体渗透率仍较低

（一）信贷产品

信贷产品是商业银行经营的核心。在传统的信贷风控中，人工进行的审核和监督是必不可少的组成部分。同时，银行往往要求贷款人或贷款企业提供抵押物以降低风险。这种模式对于缺乏抵押物、单笔金额小的贷款是无法适用的，因此造成了长尾客户和小微企业从银行融资难的问题。商业银行通过对大数据、云计算、人工智能等技术的深度运用，从风险识别、风险监测、风险预警到欺诈案件防控等诸多领域的风险管控能力都有了大幅提升，使面对长尾客户和小微企业的普惠金融成为可能。例如，生物识别技术利用人体固有的特征（指纹、声纹、虹膜、步态等），对身份进行验证。目前，指纹识别、人脸识别已经被广泛应用在支付验证、手机开户、信用卡申请等环节中，省去了烦琐的人工验证过程，节约了成本，提高了审核效率。通过数据分析与挖掘技术，实现对海量结构化与非结构化数据的加工存储、快速统计分析，并综合运用实时流技术，实现对资金流、工作流、外部数据的实时获取和分析处理，从而及时、高效地作出风险监测和预警。物联网技术为贷后管理，为质押物的监控、动产状态的实时跟踪等环节提供强有力的支撑。传感器、射频识别、工业二维码等技术的应用将从时间和空间两个维度上保证实时监控的准确性，简化贷后流程，节约人工成本。

在个人客户信息获取方面，大数据技术的应用可以全面采集用户行为信息并进行精准的用户画像，再结合各种风控模型，对客户的资信情况进行判断，能够提升银行审批的效率值和准确度。在企业客户信息获取方面，大数据技术可以集合企业工商、税务、海关、诉讼、环保等公共信息，以及从供应链中实时获取的订单、生产、物流、仓储等信息，通过智能风险控制模型，对企业进行实时的风险评估和控制。

数字化贷款审核、评估、放款的过程都要在线上进行，所以需要强大的技术能力和系统支持。因此，从各类型银行的数字化贷款产品总体的开发情况看，以规模和实力强大的国有银行和股份制银行为主。民营银行由于面临只能在线上开展业务的限制，在大数据支撑的数字化信贷方面也较为积极。目前来看，科技企业与银行合作开展数字化信贷成为一种重要的模式，科技企业除了为银行提供底层技术外，还可以通过数据赋能，与银行合作开发客户以及进行风险控制。

（二）存款和理财产品

银行通过对大数据、云计算、机器学习等技术的运用，可以在更好地了解客户的同时不断创新理财产品，帮助客户把钱投到风险相对可控、收益比较稳健的地方，在支持创新和支持老百姓收入增长的同时，不断发挥财富管理在扩大直接融资、服务实体经济中的作用。此外，人工智能等金融科技在理财业务上的应用，催生了智能投顾产品，其作为一种新兴投资模式，近年来快速崛起。在智能投顾模式下，客户只需选定能承受的投资风险等级及投资期限，银行就可以通过智能投资模型，分析股市、债市等各类市场形势，为客户量身推荐基金投资组合方案，让客户完成投资组合购买。当基金组合不符合市场投资形势时，智能投顾将重新计算并建议客户调整基金组合，以适应最新的市场形势。目前，中国居民的可投资资产规模大且保持着较快增长速度，但大多存在银行，居民对金融资产的投资有限，理财投资困难[1]。通过智能投顾，客户能以较低的门槛获得专业化的投资顾问服务，享受个性化的资产配置方案，降低投资的时间成本和机会成本，提升投资效率，享受普惠金融与科技创新的成果。因此，数字理财产品的市场将有巨大的潜力。世界知名咨询公司A.T. Kearney（科尔尼管理咨询公司）曾预测，美国智能投顾行业的资产管理规模将从2016年的3000亿美元增长至2020年的2.2万亿美元，年均复合增长率达到64.6%。虽然智能投顾在中国起步较晚，但据Statista估算，2017年，中国的智

[1]　专访|黄益平谈财富管理竞合式发展，如何解决百姓“投资难”[EB/OL].（2021-09-02）[2024-08-05]. https://www.bimba.pku.edu.cn/emba/xw_emba/516198.htm.

能投顾管理的资产达289亿美元，年增长率高达261%；到2022年，中国的智能投顾管理的资产总额达到1100亿美元；预计到2026年，中国的智能投顾管理的资产总额将超1600亿美元，用户数量将超过2.43亿。

从各类型银行的数字化理财产品开发情况看，除国有银行、股份制银行外，行业整体渗透率仍较低。随着《关于规范金融机构资产管理业务的指导意见》《商业银行理财业务监督管理办法》《商业银行理财子公司管理办法》等一系列监管政策的出台，我国监管机构引导商业银行以子公司形式开展理财相关业务，稳步推进银行理财产品打破刚性兑付和净值化管理的导向日益清晰。在此背景下，理财子公司数字化转型成为商业银行推进数字化转型升级的重要抓手。大型银行和股份制银行理财子公司依托集团信息技术的强力支持、数字化转型的丰富实践经验，部分已基本建成前中后台一体化、适应现代财富管理业务需要的智能化平台，如招银理财、中银理财、平安理财等；城商行和农村金融机构由于技术、人才、资源的相对匮乏，其理财子公司的数字化转型相对缓慢，主要体现在客户销售、营销和客服服务能力提升等方面的数字化转型。

六、银行的数字化转型深入到组织和人才

银行数字化的组织架构转型推进明显，特别是推进数字化转型相关部门的设立。2010—2012年，样本中仅有20%的银行设立了专门的数字金融相关部门，主要为国有银行、股份制银行。2013年后逐渐上升，2015年超过50%的样本银行设置了数字金融相关部门，设立数字金融相关部门渐成银行“主流”，这一增长主要来自城商行、农商行的组织转型行为。2021年，接近90%的银行都设立了数字金融相关部门，这类部门早期更多地被称为“电子银行部”，后来更多地被称为“互联网银行部”“网络金融部”“金融科技部”“数字金融部”等。名称的改变，也体现了银行对数字化的理解不断深入。电子银行部或互联网银行部主要从事网上银行、手机银行、电话银行和银行的电子化产品渠道建设等业务。在移动互联网和数字金融

的发展趋势下，不仅要从产品和业务层面实现互联网化，更要在全行层面重构金融服务。也正因此，金融科技部、数字金融部应运而生。

银行设立专门的数字金融推进部门，是布局、协调数字金融业务的重要环节。大部分此类部门的级别为总行一级部门，肩负着全行数字化战略落地实施的任务，统筹全行数字化业务发展与管理、线上渠道的用户发展与建设运营，以及全行与外部金融企业的联动、合作。新部门的设立不仅有利于数字化创新业务的开展，也可以对内部及外部都起到信号作用，显示出企业革新的决心和勇气。特别是对传统商业银行来说，其创新能力、创新业务的执行和整合往往受内部组织架构的历史包袱影响，难以跨越内部部门利益的鸿沟。因此，组织架构上的变革将有助于传统商业银行更加顺利、有效地实施数字金融转型，其作用在于重构信息科技部、研发中心、数据中心与业务部门的关系，优化调整组织架构，加强技术变革与业务创新的深度融合。

从人才上看，银行高层管理团队的信息科技背景和经验，能够对银行数字金融转型起到关键作用：一方面，他们可以为银行数字化转型提供专业知识支持；另一方面，他们能够为银行带来技术和人才等方面的资源，提升银行的转型效率。相关研究发现，银行管理层对数字技术所带来的创新机会的认知，对银行的数字化创新和线下分支机构的调整行为均具有促进作用。银行管理层对运用数字技术所带来的风险挑战的认知，则会削弱机会认知的促进作用[1]。上述结果说明，在数字化时代，管理层对于新兴技术的积极认知，构成了企业的动态能力，有助于企业在技术变革中生存和发展。目前，商业银行中拥有具有信息科技背景高管及董事的银行的比例在逐年上升，从2010年的27%上升到2021年的78%，体现了各银行对管理人才的调整和对科技人才储备的重视。2022年，国有银行及股份制银行的科技人员数量增长10.7%，平均占比达到5.55%。在总员工规模基本稳定的趋势下，科技人员数量

[1]　王诗卉，谢绚丽．知而后行？管理层认知与银行数字化转型[J]．金融评论，2021，13（6）：78-97，119-120．

强势扩张，说明科技人才的布局已成为商业银行数字化转型的关键举措。我国商业银行高管和董事会科技人才储备情况见图7-5。

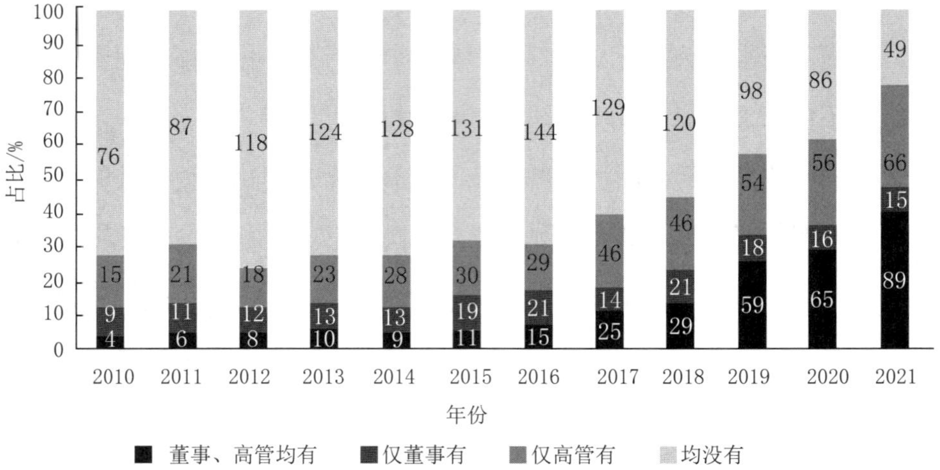

图7-5　我国商业银行高管和董事会科技人才储备情况

第四节

银行数字化转型的影响

在测度银行数字化转型的基础上，可以更全面科学地评判数字化转型的价值。北京大学商业银行数字化转型指数作为一个开放的公共产品，支持学界和业界进行更为深入的研究。目前，这一指数已经被上千研究者采用，采用指数进行的研究发表在各期刊上。这些研究有以下几方面的重要发现。

一、银行数字化转型有助于银行更好地支持实体经济

数字化转型对银行服务实体经济的相关研究发现，数字化转型可以促进银行信贷供给配置到房地产之外的实体行业[1]，帮助银行增加信用贷款的比例，并降低贷款的行业集中度[2]。银行和企业的数字化协同还能促进企业绿色转型[3]。因此，银行数字化转型可以优化银行业务流程，促进银行调整贷款信用结构、行业结构，使银行更好地服务实体经济。数字化转型还显著降低了银行流动性囤积水平，有效缓释银行流动性创造的顺周期性[4]。商业银行的数字化转型对中小企业的融资交易和配置效率都有正向的外溢效应[5]。

[1]　丁鑫，周晔. 数字化转型与银行信贷配置：基于银行贷款投向实体经济的视角[J]. 数量经济技术经济研究，2024，41（3）：193-216.

[2]　罗煜，崔书言，旷纯. 数字化与商业银行经营转型：基于传统业务结构变迁视角[J]. 国际金融研究，2022（5）：34-44.

[3]　丁杰，黄金波. 银企数字化促进企业绿色转型的协同效应研究[J]. 系统工程理论与实践，2024，44（1）：102-122.

[4]　龙海明，胡鸣. 数字化转型能有效缓释银行流动性创造顺周期性吗？[J]. 国际金融研究，2023（12）：60-72.

[5]　魏建国，魏英杰，司筱涵. 商业银行数字化转型与中小企业融资效率提升[J]. 北京邮电大学学报（社会科学版），2022，24（1）：1-11.

也有研究认为，银行数字化转型程度与其服务实体经济的能力之间呈U型曲线关系，即随着数字化水平的提升，银行服务实体经济的能力呈现先下降后上升的变化趋势。究其原因在于，在银行数字化初期，表外业务扩张抑制了其服务实体经济的能力，而进一步的数字化转型引致的服务效率提升又促进了其服务实体经济能力的回升[1]。

二、银行数字化转型改变银行的经营模式和效率

银行数字化转型可以改变银行资源配置。研究发现，数字化转型降低了银行对物理网点的依赖，加速了线下的分支机构的退出[2]，同时也使得银行劳动力结构产生变化。从总量上看，数字化转型对银行劳动力需求具有破坏效应，数字化转型指数每增加一单位标准差，劳动力雇佣就会减少0.792%。从结构上看，数字化转型减少了银行对本科及以下学历员工的需求，但扩大了对硕士及以上学历员工的需求[3]。这表明，数字化转型推动了银行人力资本升级，数字技术对劳动力市场确实造成冲击。

从经营绩效上看，银行的数字化转型能够提升银行的利润率，降低成本收入。在关键数字技术的采纳中，人工智能技术的作用最大，其次是大数据[4]。银行的数字化转型还能够缓解银行面对跨界科技企业竞争带来的压力[5]，特别是在投资类业务和贷款类业务方面，能够促进商业银行进行业务的差异化发展[6]。

[1] 张庆君，郭辽，欧一丁．数字化转型提升了银行服务实体经济能力吗？：基于我国上市商业银行的经验证据[J]．武汉金融，2022（4）：29-39.

[2] 谢绚丽，王诗卉．中国商业银行数字化转型：测度、进程及影响[J]．经济学（季刊），2022，22（6）:1937-1956.

[3] 余明桂，马林，王空．商业银行数字化转型与劳动力需求：创造还是破坏？[J]．管理世界，2022，38（10）：212-225.

[4] BIAN W L，WANG S H，XIE X L. How valuable is FinTech adoption for traditional banks?[J]. European financial management，2023，30（3）：1065-1093.

[5] 谢绚丽，王诗卉．中国商业银行数字化转型：测度、进程及影响[J]．经济学(季刊)，2022，22（6）：1937-1956.

[6] 于国栋．数字化转型对商业银行差异化发展的影响[J]．金融发展研究，2023（9）：54-61.

三、银行数字化转型对金融风险有双重影响

关于数字化转型对个体风险的影响，研究认为，银行的数字化转型通过降低银行成本并提高其运营效率，来抑制其风险承担水平[1]。也有研究认为，数字化转型对银行风险承担的影响呈现先上升后下降的倒U型动态演变关系[2]。但大多数研究都发现数字化转型对商业银行风险承担的影响具有异质性。进一步研究发现，数字化转型对银行风险承担的影响呈现结构异质性特征。例如，数字化转型增加了小型银行的不良贷款率，但没有增加大型银行的不良贷款率[3]。大型银行在产品、渠道、营销和风控等数字化转型各环节上都具备领先优势，这使得它们的融资和放贷效率更高。大型银行贷款会优先触达优质客户，这些头部客户也更青睐与大型银行合作。由于数字化转型会带来服务能力和服务半径的扩张和下沉，大型银行会吸纳中小型银行的区域客户，给中小型银行的生存空间造成一定的挤压。中小型银行在数字化过程中拓展新的客户群体时，不得不采取较高风险的投资策略，投资于长尾客户等风险较高的领域。

银行数字化对金融系统性风险影响的相关研究还比较有限。通过运用互联网以及大数据、云计算等新一代数字技术，部分金融科技公司或银行成为银行各类服务的程序、平台和系统的研发主力。这使得商业银行开发数字金融产品的技术可能产生较强的同质化。例如，多家金融机构采用的算法可能高度相似。一旦出现风险事件，类似的算法导致风险在不同金融机构间迅速产生同方向的反应，从而加剧系统性金融风险发生的可能性。特别是在算法共振的情况下，不同金融机构的关联可能是通过外包给同一家技术公司而产生的，金融机构对于各自之间的关联未必能有清

[1]　蒋海，唐绅峰，吴文洋．数字化转型对商业银行风险承担的影响研究：理论逻辑与经验证据[J]．国际金融研究，2023（1）：62-73.

[2]　何小钢，罗欣，况雅琴．数字化转型与商业银行风险承担[J]．企业经济，2023，42（6）：121-132.

[3]　CAO X R，HAN B Y，HUANG Y P，et al. Digital transformation and risk differentiation in the banking industry: evidence from Chinese commercial banks[J]. Asian economic papers，2022，21（3）：1-21.

晰的认知，这加大了监管的难度。在获客方面，如果与同一数字科技平台合作，或者采用相似的获客模型，开拓的新投资渠道和客户群体也较为同质，这可能会增加基础资产组合的相似度，从而造成风险相关度提升。这些可能引发系统性风险的新要素，需要得到关注。

第五节

银行数字化转型面临的挑战及对策建议

在银行数字化转型中，呈现出一些值得关注的问题。本节将对这些问题进行介绍和讨论。

一、不同类型银行的数字化转型路径

对不同类型银行的分类研究发现，大小银行的数字化转型差异明显。国有商业银行和股份制商业银行在数字化转型中起引领作用，而民营银行因为有天生数字化的特征，后来居上。但是，广大中小型银行的数字化转型相对落后，和位于第一梯队的国有商业银行、股份制商业银行、民营银行的差距较明显（见图7-6）。前文也介绍到，大小银行在数字化转型中面临着风险差异，相比大型银行，数字化转型对小型银行来说，其风险承担能力上升更多，如果中小型银行的风险控制能力没有得到相应的提升，则会导致风险加剧。

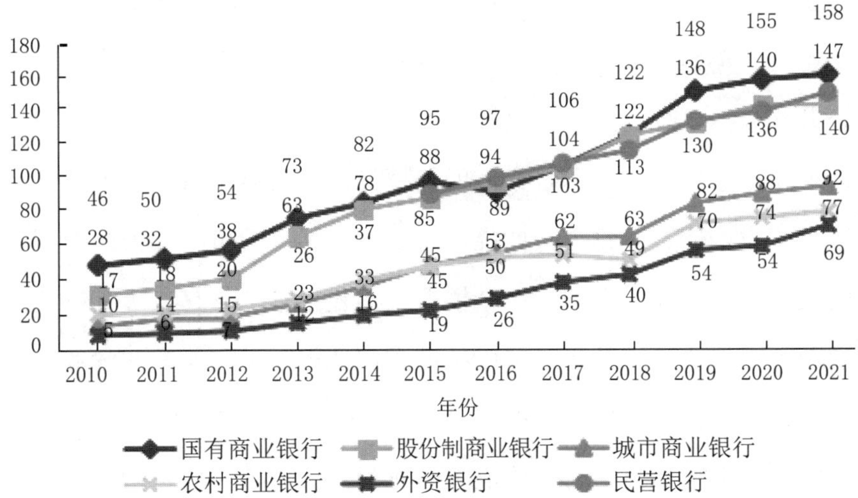

图7-6　我国各类银行的数字化转型指数

大型银行由于资金雄厚而易招揽到科技人才，在数字化转型方面规划和投入较早，是数字金融的先行者。相较于大型银行，中小型银行的信息科技投入较少，大部分中小型银行的科技投入一年不到5亿元，科技人员则只有数百名，这导致在科技驱动创新和数字化浪潮中，大型银行和中小型银行的数字化转型可能有着不同的路径。

因此，在银行数字化转型的过程中，其战略定位也会出现分层：一些银行将自身定位为基础设施的提供者，一些银行是工具的提供者，还有一些银行就会变成使用者。例如，在云设施的选择上，大小银行会有不同。总体来看，大部分中小企业倾向于采用成本较低的公有云，一些大型的头部企业在发展到一定程度之后，会考虑自建数据中心。但是，金融行业较为特殊。由于监管不允许金融企业将客户的信息放到公有云上，因此在数字化转型过程中，它们一般会以自建数据中心为主，一些实力较强的头部大型银行会成立自己的金融科技公司。中小型银行一般会采用两种路径：一是选择行业云；二是寻找类似的云服务提供商，来提供高性价比的数字化服务。中小型银行更多扮演使用者的角色，集中在科技应用层面。借助第三方平台开发的金融科技产品，中小型银行能够节省资金和时间成本，实现金融业务全流程数字化服务。不同的银行应该思考自己在数字化转型过程中在行业中的战略定位，以及实现这个战略定位需要具备的能力、人才和资源，并朝着这个方向努力。

总而言之，金融大数据战略不应该也不会是千篇一律的。每家企业都需要根据自己的资源和禀赋，探索适合自己的道路。因此，中小型银行和大型银行在战略上会有不同的路径选择。由于科技投入的规模经济，大型银行具有天然的优势，可定位于数字基础设施或数字化工具的提供者。中小型银行可更多扮演使用者的角色，聚焦于科技的应用层面。此外，区域银行长期扎根本地，具有决策链条短、业务流程灵活的特点，这些独特的优势可以帮助它们扎根本地产业链和政务服务，形成特色数字金融，构筑自己的数字生态。

针对中小型银行如何在数字化浪潮中找到自己的道路这一问题，本部分提出以下五点建议。

第一，银行需要在战略层面树立数字化的信念和目标，但这并不意味着其要实现科技投入最大化，不能盲目追求高精尖。中小型银行的数字化要结合自身业务需求，以提升产品价值为导向，始终围绕业务成长，直奔业务节点改造，切实为业务部门提供帮助，不宜好高骛远，否则会超出自身的承受能力。

第二，中小型银行的数字化工作，需要有速赢特色。要快速看到数字技术与业务结合的亮点，用较短时间快速推进、集中投入、快速见效、快速迭代，在一个细分业务领域形成品牌价值，建设客户口碑。

第三，在组织结构层面，中小型银行需搭建适应市场创新和数字化转型需求的灵活组织架构，做好数字化转型组织框架的顶层设计，建立专门的数字金融部门，统筹企业的数字化转型，对内整合内部技术和人才资源，对外加强合作。在组织文化层面，要建立创新型企业文化，培养业务人员的数字化思维，将数字化融入整个银行的经营管理过程中。

第四，在数据技术层面，夯实各项基础系统，强化全行统一的数据管理，提高数据治理能力，建立统一的内部数据标准，将数据治理与业务需求相结合，提高数据治理的价值，为用户的精细化运营提供支撑。提升数字化的营销能力，减少对平台的依赖，提升直接触达和经营客户的能力。建设数字风控体系，拓展以风控为支撑的信贷业务，逐步积累数字风控能力。

第五，区域性银行应充分发挥其长期扎根本地、决策链条短、业务流程灵活等相较于大型银行的独特优势，挖掘当地的特色产业，通过打造当地区域特色金融服务，构筑起自己独特的区域生态系统，并与区域产业建立充分连接，发挥地方资源优势，在本地大型企业的上下游生态圈、乡村振兴和政务服务（如公交出行、市民卡、医院、社保）等多方面获取独特的业务机会。

总而言之，中小型银行在数字化转型的过程中，可以借鉴大型银行的转型方式和转型路径，但不能盲目追求热点，应该扬长避短，发挥自身优势。同时，由于不同中小型银行之间也存在较大的差异，如区位差异、经济环境差异、客户差异，以及自身历史禀赋差异，银行要结合自己的业务方向和管理需求来制定短期目标和长期战略，突出特色。

二、数字化不等于线上化，银行需要依靠数据要素形成数字化创新

目前，大部分银行都已经实现了线上渠道的搭建。但不可忽视的现实是，这些线上渠道的客户活跃度并不高。根据QuestMobile（北京贵士信息科技有限公司）发布的《2024中国移动互联网春季大报告》，银行中App月活跃用户数过亿的只有四家。其中，中国农业银行最高，为1.6亿，排在中国农业银行后的依次是中国工商银行、中国建设银行和招商银行。这样的数字与大科技平台的月活跃用户数相比，则显得相去甚远。微信月活跃用户数达10.5亿，淘宝为9.2亿，支付宝为8.9亿。抖音2023年日活跃用户数已达7.6亿。对于银行而言，从“获客”到“活客”还有很长的路要走，而“活客”和“留客”需要商业银行通过大数据分析，洞察客户行为偏好和其真实的金融需求，探索推动营销服务向智能化、人性化方向转变，提升客户活跃度。银行还需通过深度学习、知识图谱等技术支持，打造服务客户全生命周期的营销模式，提升客群分层分类经营能力，推动客户关系管理智能化、精细化升级，增强客户黏性和稳定性。因此，数据要素及其开发能力的构建，是银行实现数字化的重中之重。

数据基础方面，金融行业用户覆盖面较广，一般具有大量丰富的数据信息，包括账户数据、客户身份信息和交易数据等，具有扎实的数据基础。这些精确、高密度的业务数据是商业银行最核心、最基础的数据资产，对于驱动商业银行发展、提升其经营绩效具有极大的挖掘价值和战略意义。然而，在传统的数据支撑型企业的定位下，商业银行内部大量的数据价值没有得到充分发挥，对新时代数字化的要求支撑力度不足，具体体现在以下几个方面。

（一）从以交易为核心到交易和运营双主线

之前银行的数据系统追求的是以交易为核心的账平表对，对实时分析能力要求不高，但随着大数据和云计算的发展，银行需要具备能够实现交易和运营双主线的实时数据分析能力，这样才能更好地获得竞争优势。比如，客户一旦上线，银行需要马上分析出该客户的特征，并据此为其推送相关的服务。再比如，客户申请了贷款，银行需要马上判断风险并决定是否发放贷款，以免客户流失。要实现上述过程，需要银行具备能够实现交易和运营双主线的实时数据分析能力。

（二）从被动服务到以客户为中心

随着金融科技公司的蓬勃发展，商业银行的市场份额正在被逐渐蚕食，商业银行如果不能满足客户日益多元化的需求，为他们提供更好的体验，将进一步丧失行业竞争力。构建以客户为中心的银行服务体系，对于商业银行的生存发展至关重要。商业银行不得不从过去的被动服务向以客户为中心转变，为客户提供更具针对性的产品服务解决方案。要实现这一转变，离不开对客户数据的充分获得和分析，以及在此基础上，依托金融大数据技术进行的客户画像及客群分类。

（三）从部门分割到数据整合

银行传统的业务架构按照客群、监管划分的业务种类区分不同业务职责范畴，各司其职，如对私、对公部门的划分，存款、贷款部门的划分等。各业务部门间、分行间、系统间“画地为牢”“数据孤立”“单个系统竖井式作坊开发”的管理，与客户需要的一站式、管家式服务相矛盾。内部数据存储碎片化导致数据分析和智能使用的难度增加，降低了数据的治理和利用能力，使数据的价值没有得到充分开发。因此，需要加强企业内部数据的标准化整合，构建统一的金融数据平台，实现内部数据的标准化采集、集中存储、统一管理和分析。

（四）从封闭系统到开放合作

仅有银行内部的数据，不能满足大数据多样化和时效性的需要。原本商业银行更多是依靠自己已有的数据和能力，现在要从封闭系统向开放合作转变。开放银行是一种平台化的商业模式，在开放银行中，银行通过API（应用程序接口）、SDK（软件开发工具包）、小程序等与商业生态系统共享数据、算法、交易、流程和其他业务功能，为商业生态系统的客户、员工、第三方开发者、金融科技公司、供应商和其他合作伙伴提供服务，使银行创造出新的价值，构建新的核心能力[1]。一方面，合作伙伴能够通过开放平台接入金融服务；另一方面，银行也可借助合作伙伴的力量，将银行服务搭载在生活场景中，丰富业务形式，直接触达用户。在此模式下，银行与商业、政务、金融科技等生态系统合作伙伴共享数据、算法、交易、流程和其他业务功能，共同实现“银行服务无处不在”的终极愿景。

然而，获取外部数据，特别是实时数据，需要较强的技术能力。同时，在数据获取和挖掘的过程中，还要保障数据安全、防范风险，这对于大多数银行来说，都不是一个简单的过程，对技术团队有较高的要求。从数据环境上看，外部个人数据和企业数据有效开放的路径尚不明朗。2021年，我国出台《中华人民共和国数据安全法》和《中华人民共和国个人信息保护法》，加大信息收集的监管力度，督促金融机构和科技企业严格按照合法、正当、最小必要原则收集、使用、保管用户信息。中国人民银行2021年9月发布的《征信业务管理办法》要求金融科技公司全面剥离与个人征信相关的业务，通过持牌个人征信机构提供替代数据、大数据等信用信息服务。这些政策对保障个人隐私和消费者合法权益，建立良好的数据共享秩序有积极的作用。但鉴于目前实际发放的个人征信牌照数量有限、持牌机构服务能力不足，数据获取的安全合规成本提高，银行获取外部数据的难度和不确定性也会进一步提升。

三、银行数字化转型的深水区是组织管理的数字化

如果将三个数字金融转型维度进行对比就会发现，战略转型领先，这说明各个银行都在战略上较快地进行了数字金融的部署。此外，业务转型也呈现持续增长趋

[1] Gartner：探索开放银行平台业务模式［J］. 中国金融电脑，2019（10）：83.

势，并且在中期曾超越战略转型这一维度。但是，管理数字化的程度大幅滞后于战略转型和业务转型，这说明管理转型是商业银行在数字化转型的过程中最需要加强的维度（见图7-7）。虽然很多银行采取了设立数字金融相关部门的措施，但部门的设立不等于制度、流程和文化的改变。和科技公司普遍具备的高激励、轻组织、快速迭代等文化相比，商业银行急需从组织和文化上重塑自己。随着数字化转型的深入推进，多家银行还通过设立金融科技子公司，突破传统组织架构的边界，优化激励措施，吸引科技人才。

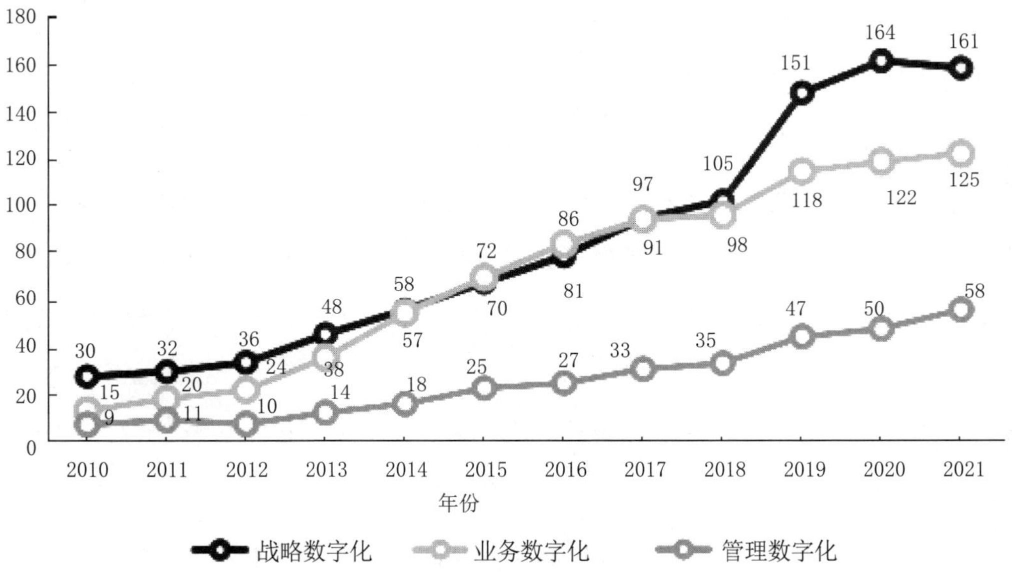

图7-7　我国商业银行数字化转型各维度指数

需要注意的是，我国的商业银行中，还有20%以上的银行既没有拥有数字技术背景的董事，也没有拥有数字技术背景的高管。数字化转型的实现，需要高素质的数字化领军人才的支撑，特别是既懂数字技术又懂金融业务的复合型人才。但由于金融机构内部普遍存在“重业务轻技术”的现象，导致金融机构对数字化人才的吸引力不足，内部这种人才的供应较为短缺。相关数据资料显示，90%以上的金融科技企业认为自身存在金融科技人才不足的问题。中小型银行大多分布在偏远地区，而高科技人才往往集中在一线城市，因此中小型银行科技人才短缺的问题相较于大型银行会更加突出。

数字化的组织必须是敏捷的。在当今技术快速发展、不确定性增加的环境下，银行必须从变化缓慢的航母，变成能够适应海浪波动、海流变化，能够立即调整方向的冲锋艇。敏捷是指企业以用户而非自我为中心，行动优先，通过科学试错来深化认知，不断修正目标，进行快速迭代。银行作为传统金融机构，无论是监管对于防范风险的要求，还是内部经营文化和管理制度的要求，相比金融科技企业会采取更加稳健的经营策略，业务流程长、环节多、审批严，因此创新速度显著缓慢，对于市场各种变化的响应也明显滞缓，难以适应数字时代市场的快速变化和激烈竞争。此外，银行在发展数字金融业务的过程中，对客户体验的重视也远远不够。因此，数字化转型非常重要和关键的一点就是要对银行原有体制机制进行调整和创新。数字化转型的核心在于内部理顺数字金融创新的体制机制，厘清总行与分行之间，线上与线下之间，技术部门与业务部门、创新研发部门和资源保障部门之间的职责，明晰各自的角色定位和责权关系，全行合力，统筹协同推进数字化转型战略的实施，进而带动银行整体经营转型。企业文化上，要鼓励包容创新，在风险可控、成本可担的基础上，允许适当试错，建立以项目制为核心的敏捷、迭代、容错研发机制；采用更为市场化的激励机制，鼓励创新，提升人才竞争力和吸引力。

国际领先银行数字金融转型的经验可供我国商业银行参考。由于欧美对金融的监管比较严格，同时传统金融发展得比较充分，互联网和科技平台更多地成为银行的补充，并未与其产生正面竞争。尽管如此，在技术发展和消费者需求的推动下，欧美的大型银行都在数字化方面进行了大量的投资与创新。

首先，国际代表性商业银行注重数字化转型的战略制定，而其战略大都深刻体现以客户为中心的数字化导向。例如，摩根大通的数字化战略是“移动优先、数字万物”（Mobile First，Digital Everything），以提升客户体验；西班牙对外银行的战略定位为“21世纪数字银行”（The Digital Bank of the 21st Century），推动传统业务的数字化转型、优化客户体验、布局金融科技；荷兰国际集团提出“向前思考”（Think Forward）战略，打造差异化的数字客户体验，根据客户需求和偏好，提供新的银行服务，不断提升客户体验。这些深刻体现了国际领先银行以客户为中心的经营文化和理念。

其次，国际领先银行重视科技人才的引进与培养，着力打造具有创新文化的敏捷组织，普遍通过自主或外部合作方式设立数字工厂、创新实验室、研发中心等组织，促进创新。例如，美国高盛集团将自己定位为科技公司，将科技应用提升到全行战略高度，技术人员占总员工比例达25%。摩根大通的技术人员约5万名，占员工总数的20%。通过将业务人员与技术人员组合成跨职能和部门的项目小组，协同开发金融科技产品；采用创新小组、创新竞赛等激励措施，积极鼓励员工创新。

最后，随着数字化转型的深入，银行的组织也将实现数字驱动。在数字化的进程中，产品的线上销售或数字化营销只是数字化的第一阶段。数字产品，如数字音乐、数字书籍、数字地图等的出现，实体商业与虚拟商业的互动结合是第二阶段。洞察数据成为企业的战略资产则是第三阶段。在真正的数字化企业中，企业决策由直觉驱动变为由数据驱动，快速地实现从见解到行动的连接，这将进一步考验商业银行的管理和治理能力。在业务和管理全面数字化的基础上，采用标准化、自动化、智能化的业绩追踪和检视管理工具，通过智能化流程分析，能够识别服务、生产过程中存在的瓶颈，赋能一线队伍提升产能；通过数据驱动智能化决策，为各层级管理人员分析识别方向，提供决策支持，从而降低决策过程中的非理性，提升决策效率，实现组织的数字驱动。

Chapter 8

第八章

中央银行数字货币

在数字货币的浪潮中，央行数字货币成为各国关注的对象。我国数字人民币于2020年正式启动试点工作，截至2023年6月底，已完成1.8万亿元的交易，成功应用于生活消费、企业支付、政府补贴、乡村振兴等领域。数字人民币的推出不仅体现了中国在数字金融领域的领先地位，也是中国推动金融系统现代化、提高货币发行和流通效率、防范金融风险、推动人民币国际化的重要举措。本章以数字货币的兴起为背景，首先介绍央行数字货币的整体进展，然后进一步介绍央行数字货币中发展较快的数字人民币，最后在此基础上讨论央行数字货币的机遇和挑战。

第一节

数字货币的兴起

在第四次工业革命的浪潮下，区块链、大数据、云计算、人工智能等技术的飞快进步，正深刻改变着金融领域。其中一个具有跨时代意义的创新是数字货币的兴起，它改变着货币的生产、存在方式，以及增值途径。数字货币包括私人数字货币（Private Digital Currency）和央行数字货币（Central Bank Digital Currency，CBDC）两大类，其中私人数字货币又可以分为以比特币、以太币为代表的加密货币（Cryptocurrency）和以天秤币（Libra或Diem）为代表的稳定货币（Stable Coin）。

2008年，中本聪发布比特币白皮书，提出了一种基于区块链技术的点对点电子货币系统。2009年，比特币的首个板块——创世板块的出现，象征着比特币网络的真正启用。第一个比特币作为货币的交易发生在2010年5月22日。佛罗里达州的一名程序员Laszlo Hanyecz用10000个比特币买下了价值25美元的比萨优惠券。2011

年2月，比特币第一次超过1美元等值。2013年4月，比特币的价格第一次冲破100美元关口。比特币作为第一个被广泛接受的数字加密货币，其去中心化的性质、有限的供应量（上限为2100万个比特币）以及通过区块链技术确保交易的安全性和透明性，使得比特币不仅成为价值存储和交换的媒介，同时也成为一种广受追捧的投资资产。截至2021年底，加密货币的市场规模已经高达2.6万亿美元，占到全球金融资产的1%。金融机构已经开始提供加密货币交易所交易基金（Exchange Traded Fund，ETF）等投资产品。

加密货币作为一项金融创新，也具有价格波动大、价值不稳定的明显问题。稳定币则针对这些缺陷，采取锚定现实世界的法定货币或贵金属，或者采用抵押或算法机制，保持价格相对稳定。稳定币最具代表性的是Facebook发布的天秤币（Libra）。虽然受各国监管部门的质疑与管制，天秤币至今尚未正式落地，但天秤币的提出，却极大地助推了各国研发中央银行数字货币的步伐。因为它以主权货币作为价值支持，具有内在价值，且具有跨境支付与国际货币的潜力。

私人数字货币依托区块链技术，突出的特征是去中心化以及相应带来的安全性和透明度。区块链技术在分布式网络框架上运行，其中数据存储在多个节点上，而不是集中在单个服务器或实体中。工作量证明算法（PoW）和权益证明算法（PoS）等共识算法保证了去中心化结构，确保所有节点在数据一致性方面达成一致协议，从而提高了透明度和可追溯性。加密技术可以防止数据被篡改。

然而，私人数字货币 “去中心化”的特征，与法定货币需要具备的“可扩展”（scalability）、“安全”（safety）两个基本要求是一个“不可能三角”。目前的主流加密货币，使用的工作量证明算法是共识机制的关键。但这个机制的实质，是无数人比拼“挖矿”，这也意味着“挖矿”过程耗费了大量的算力和电力。根据估算，每一笔比特币交易的耗电成本，高达100美元。同时，这一算法理论上的最快支付速度是每秒7笔，但实际的一笔比特币支付需要几十分钟。这意味着比特币很难承载大规模的交易。在安全方面，加密货币并非没有安全漏洞。比如，因为没有一个中心化机构帮助找回或者重设密码，如果丢失密码，加密货币就永久丢失了。更不用说由于匿名性，加密货币往往成为灰色经济甚至是非法经济的工具。因此，起码在目前阶段，私人数字货币很难替代现存的法定货币和相关的支付体系。

第二节

央行数字货币

在数字货币兴起的背景下，大量经济体在研究数字货币的开发和应用。虽然央行对数字货币的关注从2009年比特币问世就开始了，但其态度的真正转变与2019年稳定币出现带来的“竞争压力”有关。2020年10月，国际清算银行与美联储、欧洲央行等7家中央银行共同编写和发布了报告《央行数字货币：基本原则与核心特征》，标志着央行数字货币正式进入国际组织与主流央行的视野。

一、央行数字货币的定义和分类

各界对于央行数字货币的界定尚未形成共识。国际货币基金组织认为，央行数字货币是司法管辖区的中央银行或其他金融机构发行的主权货币的数字表示形式，并作为中央银行负债[1]。国际清算银行强调，央行数字货币是央行货币的一种新形式，即以现有账户单位计价、既充当交换手段又充当价值存储的中央银行负债[2]，并进一步提出基于发行人（中央银行或其他）、发行形式（电子或物理形式）、使用场景（零售或批发，即面向公众发行或面向金融机构发行）、验证方式（基于代币或账户）四个关键属性，将央行数字货币与现金、银行存款等相区分。

根据使用场景，CBDC分为批发型和零售型。其中，批发型CBDC主要致力于运用分布式记账技术（Distributed Ledger Technology，DLT）提高现有支付和清算体系的稳健性与效率，避免央行集中记账带来的单点故障问题，保障资金交易的

[1]　KIFF J，ALWAZIR J，DAVIDOVIC S，et al. A survey of research on retail central bank digital currency [R]. IMF Working Papers，2020.

[2]　Committee on Payments and Market Infrastructures. Central bank digital currencies [R]. CPMI, Markets Committee Papers，2018.

连续性，减少交易参与方的分歧，提高支付与结算的效率。零售型CBDC则更像是居民的数字现金。进一步根据验证方式的不同，CBDC可以分为基于代币（Token-based）和基于账户（Account-based）两种支付方式。基于代币的支付需要验证所用代币的真实性和有效性，基于账户的支付则需要验证账户持有人身份的真实性。

结合使用场景和验证方式两个特征，可以将CBDC分为三类。

第一种批发型CBDC，由于主要使用分布式记账技术等代币化数字结算平台，因此是基于代币验证的，也可称为“面向批发市场的无账户数字基础货币”。它可以线上转账、交易，不需要双方面对面进行现金交易，提高了交易效率。

第二种零售型数字账户CBDC，可通俗理解为“面向个人的数字存款”。这一类型的数字货币从用户的体验上看，像是在线上开设的银行存款账户；从技术上看，则与当前的数字支付工具如支付宝、微信支付十分相似，唯一的区别在于发行者是央行。这类货币相当于让央行为每个普通用户开通一个电子账户。但过去主要国家的央行没有采用这个方式，一是因为管理过于烦琐，二是因为将对商业银行形成竞争。

第三种零售型数字现金CBDC，是属于“面向个人的数字现金”。这一类型的数字货币与现金较为相似，唯一的区别是数字化，能够电子支付。像现金一样，它可以脱离账户与身份信息使用。也就是说，它本身就具有价值，可以直接进行转账。脱离账户的价值属性也意味着它具有匿名性，能够像现金一样满足匿名交易的需求。

二、央行数字货币的政策目标

虽然各个经济体央行都非常关注CBDC，但其研发CBDC的动因并不完全相同。总体而言，CBDC的研发与一国数字基础设施建设（手机和互联网普及程度）正相关，也与公众对CBDC的兴趣等因素正相关。但在这些基本的供给与需求因素之上，央行往往对数字货币有更为明确的政策目标。

（一）增强金融包容性

增强金融包容性是CBDC项目的共同政策目标。普惠金融尽管取得了重大进展，但世界上大部分人口的金融服务仍然不足，因此，其仍是金融发展的一个重要目标。CBDC可能通过增加数字支付的可及性来促进金融包容性，这也是很多发展中国家乐于参与CBDC项目的重要原因。

（二）保障支付功能

帮助民众便利支付与普惠金融相关。但在现金减少、私人公司支付服务不足的情况下，即使是金融包容性水平较高的国家，仍可能面临支付的挑战。例如，某些人群依赖或更喜欢现金支付；偏远地区和低收入人群可能由于对于私营企业而言无利可图，因此得不到支付服务。

在支付行业高度数字化的国家，也需要担心数字服务中断的风险。例如，瑞典央行的e-Krona项目的首要目标之一是确保老年人和残障群体在无现金社会中可以获得支付渠道。瑞典央行认为e-Krona可以成为现有数字支付形式的额外备份，避免支付系统中少数主要参与者发生单点故障的潜在风险，从而保障支付的弹性。在中国，移动支付市场由支付宝和财付通/微信支付这两家公司主导。如果这些公司发生问题，可能会对中国的支付系统造成严重后果。因此中国人民银行的关键政策目标之一是让数字人民币充当现有数字支付解决方案的备份。

保障支付功能在灾害多发的国家尤为重要。例如，巴哈马由自然灾害频发地区的岛屿组成。2019年的一场飓风促成了同年Sand Dollar试点项目的启动，以向受灾地区支付援助。

（三）增强竞争和效率

在现金和支票使用率高的国家，支付的运营成本较高，数字支付可以降低支付成本。在一些国家，现有的数字支付也相对昂贵。这是由于支付市场显示出明显的网络效应，往往有利于少数大型参与者的集中。为避免垄断的高额费用或未来的创新停滞，CBDC可以成为确保更多竞争和提高市场效率的一种方式。

CBDC作为一种潜在的政策工具，可以提供运营成本更低的数字支付方式是因为中央银行的非营利性质。它们可能会提供低成本支付作为公共物品，但最终可能需要收回成本。

（四）减少非法使用现金

现金的一些特征，包括匿名性和缺乏审计追踪，使其容易被用于非法交易（如逃税、洗钱和恐怖主义融资）。CBDC可能会减少这个问题。例如，巴哈马央行将减少非法使用资金作为其CBDC的首要政策目标。这一目标的背景是该国正在进行的加强反洗钱、打击资助恐怖主义的运动。

（五）维持货币主权

货币替代长期以来一直是各国面临的风险。如果一个国家有太多的人使用外国数字货币，则该国中央银行履行职能的能力可能会受到损害。数字货币相对于传统货币更有竞争优势。因此，从货币主权考虑，CBDC也是央行的必然选择。

以上归纳了央行对于CBDC的一些主要政策目标。如果分零售型CBDC和批发型CBDC看，二者的动因还有更为细微的区别。零售型CBDC的研发主要受一国创新能力支持，并且非正规金融规模越高，管理当局追踪交易数据的需求就越强，进而研发零售型CBDC的积极性就越高。批发型CBDC的研发则主要受一国金融发展程度影响。金融体系越发达，提升支付结算效率的需求就越高，研发批发型CBDC的积极性就越高。因此，发达经济体央行研发CBDC更多为提升支付安全性、稳健性和国内支付效率，推动金融稳定；新兴经济体央行除提升支付安全性和支付效率外，还希望通过CBDC扩大金融服务受众，推进普惠金融。

三、央行数字货币的架构选择

与研发CBDC多种多样的动因类似，央行可以根据自身的情况对本国的CBDC进行设计。国际清算银行的报告《央行数字货币的兴起：动因、制度框架和技术路径》指出，一般而言，央行在确定零售CBDC的制度框架和技术路径时，需考虑四个层次的问题，分别为基本架构、基础设施、验证方式以及跨境联通（见图8-1）[1]。

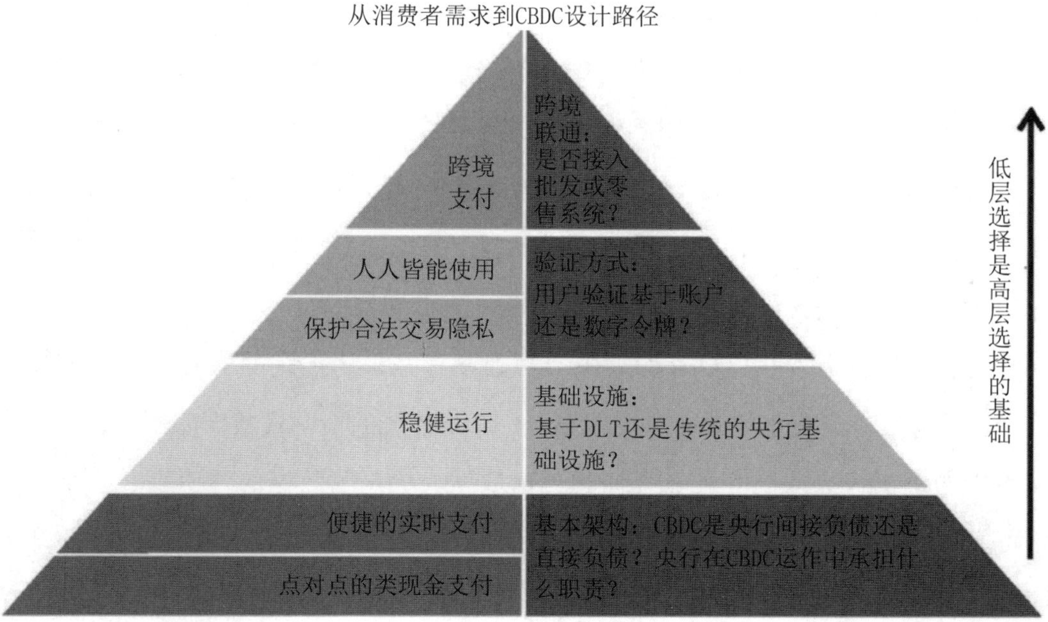

图8-1　央行数字货币的设计路径

首先，央行需要在CBDC的基本架构层面，考虑在CBDC运作中，中介机构是否需要参与以及如何参与。中介机构参与的弱点是其可能会遇到技术困难或偿付能力问题。然而中介机构的优点是其为消费者提供的服务可能具有更强的便利性、创新性和效率。因此，央行在基本架构选择上需要平衡这两方面的考虑因素。可能的架构有四种。央行直接CBDC（Direct CBDC），即通过央行运营的支付系统直接向公众提供零售支付服务。这种模式没有中介机构的参与。中介机构参与的模式分为混合CBDC（Hybrid CBDC）以及中介CBDC（Intermediated CBDC）。混合CBDC即中介机构为公众提供零售支付服务，央行对所有交易集中记账，并提

[1]　AUER R，CORNELLI G，FROST J. Rise of the central bank digital currencies[J]. International Journal of Central Banking，2023，19（4）：185-214.

供备用的技术支持，在私人部门支付服务出现问题时避免交易中断。中介CBDC即中介机构为公众提供零售支付服务，央行只维护批发交易账户，不对所有交易集中记账。上述三种架构中，CBDC均为央行的直接负债。另外一个极端是央行间接CBDC（Indirect CBDC），即由中介机构运作支付系统，提供零售支付服务，CBDC为中介机构的负债。但由于这个模式下消费者没有和央行建立直接联系，大部分央行不认可这种CBDC架构。国际清算银行对全球30个零售CBDC项目调查发现，在基本架构方面，4家央行考虑采取直接CBDC，7家考虑采用混合CBDC或中介CBDC，暂无央行采取间接CBDC。

其次，央行需要决定CBDC运作的基础设施是采用传统的中心化数据库还是DLT，因为二者在效率等方面存在差异。DLT与传统的集中式数据库不同，它依靠网络中的每个节点共同验证、存储和更新数据，提高了数据的透明度、安全性和不可篡改性。但与比特币及其他私人加密货币采取非许可制DLT不同，目前开展CBDC试验的央行均采用许可制DLT，对中介机构设置了准入要求。

再次，央行需要决定CBDC用户验证方式。验证方式包括账户验证和数字令牌两种。账户验证方式与消费者实名关联，有助于确保支付的顺畅和合法性；但该种方式下，没有银行账户和依赖现金交易的人群无法进行CBDC支付。数字令牌方式虽然可以解决上述问题，但又因其匿名性而存在一定风险。在具体设计中，这两个选择并不完全对立，可通过分层并用的方式共存，成为“类现金且类存款”的数字货币。如中国数字人民币，即采用了这样的设计。

最后，央行需要决定是否将CBDC用于跨境支付。这取决于CBDC技术架构能否与既有批发或零售系统联通，以及是否允许非居民进行CBDC支付。基于数字令牌的CBDC因其内在特点，所有人群均可进行CBDC支付，但各央行通常会对非居民的支付设置一定准入要求。

四、央行数字货币的进程

各国央行已经或正在尝试的几种数字货币构想包括我国的数字人民币、英国的RSCoin、瑞典的e-Krona，以及新加坡的Ubin等。

例如，英格兰银行于2015年提出了双层运营模式的零售型CBDC项目RSCoin，与伦敦大学学院（University College London）合作探讨了RSCoin的设计思路并开展了小规模的试验。RSCoin项目在保证中央银行对货币供给的中心化管控的同时，结合了分布式记账的优势，目的是实现一种由中央银行控制，可部署、可扩展的加密货币设计框架，进而允许任何中央银行在此基础上部署和拓展自己的CBDC。2021年4月，英格兰银行与英国财政部宣布联合创建一个CBDC工作组，统筹协调CBDC的探索工作。他们指出，英国探索的CBDC作为一种供家庭和企业使用的新型货币，将与现金和银行存款共存，而不是取代它们。

瑞典央行于2017年春季开始研发数字货币e-Krona，目的是应对瑞典的现金使用量持续下降、移动支付迅速发展的现状，顺应移动支付的发展趋势。除此之外，瑞典央行更强调移动支付的“普惠性”。瑞典央行认为自己有责任提供现金的替代品，这种移动支付方案要确保所有群体都能普遍使用。为了保证数字货币的“普惠性”，瑞典央行特别强调数字货币的离线支付功能。在网络基础设施较差的地区或者地质灾害影响网络信号的情况下，临时的离线功能是支付体系正常运营的基本保证。

欧洲央行针对零售型CBDC于2020年10月公布了“数字欧元”（Digital Euro）的研究报告，并向社会各界征集关于“数字欧元”的相关意见，以探讨在欧元区发行这种零售型CBDC的必要性，以及可能带来的影响。

日本银行则于2020年10月表示，将逐步开展关于零售型CBDC设计方案、运营模式及可行性的概念验证工作，如有必要，将会考虑开展试点研究。

美联储在CBDC领域采取了较为谨慎的做法。美联储表示，虽然CBDC具有潜在利益，但还有一系列政策和操作问题需要被彻底评估和测试，包括网络攻击及CBDC对货币政策和金融稳定的影响等。因此，美国将积极与社会各界沟通交流，并从概念层面论证CBDC及DLT的可行性与潜在风险。此外，美联储还关注由于跨境支付体系，一个国家的CBDC设计不当可能会对其他国家的金融体系产生的影响。因此，美联储与多个中央银行结成了CBDC联盟，相互分享CBDC领域的研发经验。

无论是积极还是保守，各主要国家央行都不愿意缺席这场新的竞争。2022年国际清算银行的央行数字货币调查结果显示，在参与调查的81家央行中，有90%的央行正在进行CBDC的相关研究，其中62%的央行正在进行相关试验或概念验证。可以说，央行数字货币有可能成为新的国际货币的竞争主战场。

第三节

中国数字人民币

中国对央行数字货币的关注从全球范围看也十分超前。2014年1月，时任央行行长的周小川开始在央行内部成立数字货币研究小组，探索数字人民币的发行和应用。2015年1月，央行发布数字货币系列研究报告，完成发行法定数字货币原型的修订工作。2016年1月，央行召开数字货币研讨会，确定将发行法定数字货币。2016年，中国人民银行数字货币研究所正式成立，标志着中国央行数字货币进入正式组织开展阶段。

2019年12月，央行选定深圳和苏州进行数字货币的小范围场景封闭试点，并于2020年正式启动数字人民币的试点工作。2020年10月8日，价值1000万元的数字人民币被随机发放给5万名深圳居民。被选中的居民可以在深圳的3389家线下商店使用获得的200元数字人民币。未使用的数字人民币将在10月19日24时被收回。四家国有商业银行（中国工商银行、中国农业银行、中国银行、中国建设银行）参与了试点并各自设计了不同颜色的数字钱包。同年12月15日，价值2000万元的数字人民币被随机发放给10万名苏州居民。同样，未使用的数字人民币在10天之后被收回。苏州试点除了规模较深圳试点扩大一倍外，参与的商户数量也增加到5000多家，包括了京东线上商城，并支持蓝牙和近场通信（NFC）支付。另外两家大型国有商业银行（交通银行和中国邮政储蓄银行）也加入了试点，至此，六大国有商业银行全部参与了数字人民币的试点，并将在中国的数字人民币系统中扮演重要的角色。

与此同时，试点规模不断扩大。2020年11月，增加上海、海南、长沙、西安、青岛、大连等6个试点地区。2022年4月，试点地区进一步扩容，新增天津、重庆、广州、福州、厦门、杭州、宁波、温州、湖州、绍兴、金华等城市。截至2022年底，数字人民币试点范围已拓展至17个省（自治区、直辖市）的26个地区。为了支持在中国不同地区组织这些大规模的试验，中国人民银行数字货币研究所在深圳、苏州和上海设立了多家子公司。中国人民银行数字货币研究所主要负责规划和执行数字人民币试验，地方政府、私人企业和技术公司（如大型科技公司腾讯和阿里巴巴），三大电信运营商（中国联通、中国移动、中国电信），商业银行等则提供资源合作。

根据中国人民银行披露，截至2023年6月底，数字人民币钱包增至12亿个，进行了约9.5亿笔共1.8万亿元的交易，平均每笔交易金额约为1895元。与2022年相比，数字人民币累计交易笔数增加了近2.9亿笔，交易金额则增长190%。截至2024年5月末，数字人民币累计交易金额已达6.6万亿元，相较于2023年，交易金额同比增长7.3倍。

一、数字人民币的特点

作为中国人民银行发行和管理的法定数字货币，中国央行数字货币最初被称为“DC/EP”，代表数字货币（Digital Currency）与电子支付（Electronic Payment），后更名为“数字人民币”（e-CNY）。数字人民币由中国人民银行发行，旨在以安全、高效、便捷的方式替代传统纸币，具有无限法偿性，任何机构或个人不得拒收数字人民币。

数字人民币的设计特色可以总结为以下四点：

从货币定位上，数字人民币的定位是针对零售市场的数字现金，属于基础货币M0。数字人民币不付息，不会替代银行的存款（狭义货币M1和广义货币M2）。

从基本架构上，我国央行对数字货币的发放采用双层运营体系，属于中介CBDC。具体而言，由中国人民银行发行数字货币，商业银行在中国人民银行开户，按照百分之百全额缴纳准备金，个体和企业通过商业银行或机构开立数字钱包，个体与企业所持有的央行数字货币仍属于央行负债。

图8-2对这一设计进行了更为详细的刻画。我国数字人民币运行可分为发行层（第一层，中国人民银行）、流通层（第二层，指定运营机构：目前的10家机构包括中国工商银行、中国农业银行、中国银行、中国建设银行、交通银行、中国邮政储蓄银行、招商银行、网商银行、微众银行、兴业银行）、用户层（第三层，企业和个人用户）。在此基础体系上，存在第2.5层，即第三方支付缴费机构网络层（支付宝、微信支付、城市商业银行等）。第三方支付缴费机构不直接参与同央行间的数字人民币的兑换，主要提供交易场景设计服务。

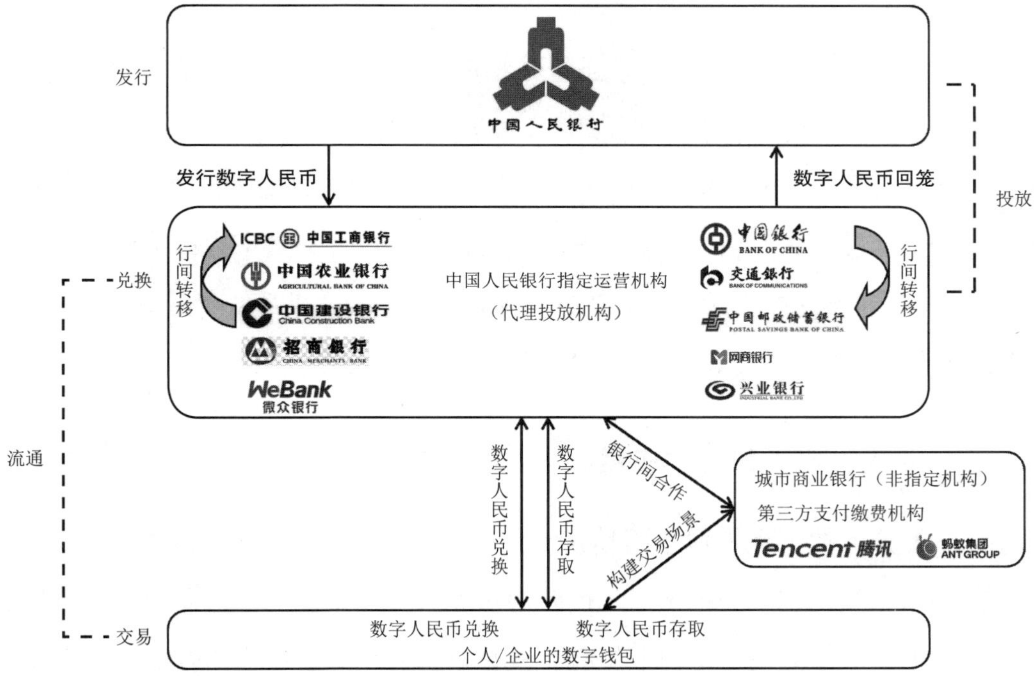

图8-2　数字人民币的运行框架

这样的运营体系具备三个优势：一是不改变现有货币发行流通体系，更容易实现法定数字货币对纸币的替代，相比央行直接面对海量用户在技术上更为可行。二是可以调动商业银行积极性，共同参与法定数字货币发行流通，适当分散风险，加快服务创新。三是不形成对商业银行存款的竞争压力。

从技术方案上，数字人民币发行不基于区块链，而保持技术中性。但是在将数字人民币分发到货币系统时，商业银行和大型科技公司可以选择任何技术，包括区块链技术。这使得数字人民币类似于稳定币的设计，一方面具有央行发行的稳定价值，另一方面则可以通过商业机构的竞争促进技术进步。此外，我国央行数字货币还设计了“双离线支付”功能，是指只要手机上有e-CNY数字钱包，收支双方即使在离线状态下也可以实现支付功能，不依赖于网络，与纸币类似。这一设计有利于在现有电子支付覆盖不足的地区推行普惠金融，也有助于应对网络信号中断的极端情景。

从验证方式上，数字人民币不强制要求绑定实名账户并验证持有者身份。但对于未绑定账户的匿名使用者，数字货币仅可进行日常小额支付；如果要进行大额交易，需要绑定账户、核实身份。在这样的机制设计下，我国的央行数字货币既具备了一定的匿名性，也具备了一定的账户身份属性。因此，数字人民币属于半账户式，虽然与账户连接，但有时可以独立于账户，如两个手机都处于离线状态时仍可以进行支付和交易。这个特点有利于数字货币的广泛流通。

二、我国数字人民币的应用

（一）第一批试点地区应用情况

自2020年我国在第一批试点地区开展试点工作以来，数字人民币应用效果明显。一方面，数字人民币与商业银行、支付机构和技术供应商等合作，建立其发行、清算和交易基础设施，第三方机构通过参与数字人民币试点，提供技术支持和支付服务，推动数字人民币在支付领域的应用。另一方面，数字人民币试点地区积极推动数字人民币在零售、餐饮、交通运输等各个行业的应用，促进数字人民币落地。通过在试点地区的推广，相关参与方不断增加，数字人民币的产业链逐步形成，为数字人民币的全面推广打下基础。

1. 深圳

深圳是中国数字经济发展的重要城市。作为数字人民币第一批试点地区之一，深圳市政府与中国人民银行、商业银行等多方合作，推动数字人民币在各个领域的应用，涵盖了公共交通、市民消费等多个方面。截至2022年末，深圳累计开立数字人民币钱包2840.75万个、落地应用场景129.9万个，累计交易376.85亿元。落地应用场景覆盖零售餐饮、生活缴费、交通出行、医疗卫生、政务服务等领域。

2. 苏州

相较于深圳，苏州在数字人民币的覆盖人群、发放额度、应用场景上体现出更大、更多、更广的特点，并且在数字人民币底层技术研发、硬件设备研发、应用场景测试、支付结算等领域贡献明显。截至2023年6月末，苏州累计交易金额12220.85亿元（按照央行口径不含兑入兑出，其中转账8772.69亿元，消费48.16亿元）。全市累计开立个人钱包2775.48万个，人均2.18个（按常住人口1275万计算），月活跃钱包113万个。全市企业在对公结算场景中广泛使用数字人民币，1.2万家规模以上企业对公钱包开通率达100%，企业开立对公钱包超185万个，对公钱包覆盖率达83.2%，月活跃钱包6.3万个。试点以来累计落地应用场景101.16万个，涉及全部24个行业大类，涵盖了日常购物、民生服务、文旅消费、交通出行、财政支付、企业结算、贷款融资、保险应用等各领域。总体来看，数字人民币在个人领域、消费领域持续扩面，在企业（对公）、政府领域全面应用，在银行、保险领域创新突破。

3. 雄安新区

作为首批数字人民币试点之一的雄安新区，最初主要以银行线下推广为主，测试范围则以餐饮业为主。截至2023年5月末，雄安新区全域累计开立个人钱包128.2万个，对公钱包35.6万个，正式投产收单场景2.5万个，业务金额达131.6亿元。作为融合中国城市发展前沿理念的“未来之城”，雄安新区在推广数字人民币的应用上具有天然优势，通过数字货币研发与智能城市建设、数字身份体系构建的协同及有机融合，不断拓宽数字人民币应用场景，探索数字人民币应用新模式。

4. 成都

国家发布第一批数字人民币试点地区后，成都市政府积极推动数字人民币在商业、消费、公共服务等领域的应用。成都率先实现数字人民币在出行场景的应用，推出全国首发场景类数字人民币硬件钱包；提出“数币园区”概念，基本搭建起数币园区应用生态体系；率先打造全国首个数字人民币城乡融合先行先试示范区，突出数字货币小额高频交易和普惠金融特性，赋能乡村振兴。截至2021年底，成都已累计开通数字人民币白名单用户超1000万个，拓展试点场景超22万个。

（二）主要应用场景

具体来说，数字人民币已经在居民生活、企业支付、金融产品、政务服务、乡村振兴等领域成功应用。

1. 居民生活

杭州地铁、绍兴地铁和杭海城际铁路可以用数字人民币App开通“乘车码”功能通乘。浙江义乌在公交场景实现数字人民币免密支付乘坐公交。深圳罗湖区与中国银行深圳市分行、香港八达通集团合作，创新推出数字人民币硬件钱包自助发卡机，来深港人凭八达通App内的港币，可申领对应金额的数字人民币硬件钱包。

此外，在促进绿色生活方面，苏州高铁新城也创新了再生资源分类回收返还数字人民币的应用场景。居民将废纸、矿泉水塑料瓶等可回收废旧物投入回收箱后，相关部门会将与回收废品等价的金额以数字人民币的形式返还到投递人的数字人民币钱包中。这些数字人民币可以用于电动车和电动汽车的充电缴费，促进了居民绿色生活。

数字人民币的离线功能可以在网络联通不足或者数字鸿沟较为严重的人群中发挥巨大价值。对于不会使用智能手机的老年人，四川眉山成功打造全市首个社区康养试点场景——眉山市东坡区阳光养老服务中心，通过硬件钱包“碰一碰”完成支付。2023年，在北京首钢园区举办的中国国际服务贸易交易会中，中国工商银行展台展出了首款与数字人民币硬件钱包深度融合的物联网智能燃气表，这是数字人民币硬件钱包在燃气领域的首次应用。用户可通过数字人民币App等对智能燃气表内数字人民币硬件钱包进行管理，实现燃气表自动购气、用户无感支付流程。离线支付还可以在网络信号较弱、自然灾害发生等极端断网情形下发挥巨大作用，保证居民交易和缴费的正常进行。

2. 企业支付

在企业支付场景下，京东集团在2021年1月使用数字人民币向两家供应商支付了货款，并同时实现了数字人民币的跨行结算，即京东通过在交通银行开立的数字人民币钱包，向紫光数码在中国银行开立的数字人民币钱包进行了对公结算。2021年初，京东集团试点数字人民币发薪，为常驻上海、深圳、成都、长沙、西安的部分员工发放了首批数字人民币工资。2023年以来，数字人民币在工资代发的应用上加速落地。同年3月，江苏宿迁落地首个数字人民币国企工资发放场景，随后中国工商银行江都支行落地了扬州首笔数字人民币代发工资业务，苏州落地了全国首个灵活就业人员、缴存公积金的数字人民币场景，常熟宣布使用数字人民币给公务员发放工资。数字人民币代发工资无须进行任何货币转换，让居民直接使用数字人民币钱包进行消费，使得数字人民币的使用更加便捷，也为商家提供了潜在客户群体。工资代发可以带动更多个人和企业接触和使用数字人民币，从而提高对数字人民币的认知度和接受度，有助于数字人民币的普及和推广。

3. 金融产品

在金融领域，中国工商银行联合银河证券上线“三方存管体系下数字人民币投资场外理财产品”功能，支持数字人民币购买基金产品。2022年6月14日，百信银行向中国再生资源公司成功发放首笔数字人民币票据贴现资金2700余万元，用于支持资源再生行业稳健发展，实现数字人民币在绿色金融领域的创新应用。此次应用是业内首个“数字人民币+票据贴现+绿色金融”的创新案例，打开了百万亿级票据业务应用场景。2023年，全国首个数字人民币增信基金在中国（福建）自由贸易试验区厦门片区启动。该基金创新支付方式，担保费补贴及风险补偿优先以数字人民币支付。

4. 政务服务

数字人民币可以用于各种公共服务的缴费，如税收、社保、医疗费用、学费等。2021年，大连率先成功实现了数字人民币线上缴纳社保费用和个人大额税款。包括大连、北京、深圳、海南等在内的多地税务部门开通并落地数字人民币缴税业务。2023年3月31日，江苏省公共资源交易中心企业服务窗口成功落地“数字人民币+公共资源交易”收款业务，CA数字证书业务办理均可使用数字人民币进行支付，初步实现数字人民币收款业务在公共资源交易领域场景的应用。同日，南京市首笔数字人民币非税缴纳业务在市不动产登记中心成功办理，南京市财政非税电子化管理系统实时同步收到该笔1180元“不动产登记费”收入，标志着南京市首个“数字人民币+非税收入收缴”应用场景正式落地。盐城市公共资源交易中心数字人民币钱包入账1740万元国有资产转让项目竞价保证金，实现数字人民币在国有产权交易领域的应用。

5. 乡村振兴

2022年服贸会上展示的国网光伏项目是中国工商银行与国家电网合作的全国首个“数字人民币+双碳+光伏结算+智能合约+融资租赁”数字化扶农新场景，利用数字人民币智能合约技术，在保障农户无忧享受光伏收益的同时，依照协议约定向国网租赁支付光伏租金，提升支付效率。苏州银行的“苏州农村集体‘三资’云数据管理监督平台”是数字人民币服务乡村振兴的典型案例。该平台综合运用了云计算、区块链、大数据、数字人民币、移动互联网、数据可视化等技术，通过采用先进的分布式微服务技术和加密手段，可以提高农村集体资产和资金的安全性，还有助于避免资产“体外循环”和资金截留挪用等违规事件的发生。此外，数字缴费平台还可以促进农村集体“三资”业务数据的共享和透明度，使相关的政府部门、金融机构和农村集体经济组织能够共同监督和管理，保障数据的真实性和准确性，促进农村集体资产的合理配置和有效利用，从而推动乡村振兴。

第四节

央行数字货币的机遇与挑战

鉴于央行数字货币大都仍处于研发和试验阶段，而中国的数字人民币的探索在所有央行数字货币中是前沿的，故本章将围绕数字人民币，讨论央行数字货币带来的机遇和挑战。

一、央行数字货币可以发挥普惠功能，但需更清晰评估成本收益

对于用户而言，央行数字货币的支付成本比移动支付更低，因为央行是不收取手续费的。对于商家而言，以数字人民币为例，央行目前没有向商家收取设备费用，而且移动支付收取的费用也非常少。此外，数字人民币在业务层面实现了“支付即结算”、无网络交易等，可以提升货币流通效率。这些特点使得央行数字货币对于网络不发达、具有数字鸿沟的群体加强了普惠包容性。不可忽视的是，央行数字货币不仅是现金和电子支付的补充，也对现有电子支付工具形成竞争。市场竞争可以促进移动支付厂商进行普惠化转型，提供门槛更低、成本更少的金融服务，提升整体的金融服务效率，增强金融的普惠性。目前的学术研究对央行数字货币的正面效应提供了支持。这些研究认为央行数字货币能够提升社会总福利水平，也可以增加银行业的竞争，甚至增加企业投资[1]。

虽然央行数字货币具有普惠价值，但不足的是实现这些价值所付出的成本很难统计。实施央行数字货币是一项持久浩大的工程，从设计、发行、支付到运行、保障、升级，涉及大量的投资和成本。从数字人民币的试点情况看，已发生的成本至

[1] 黄益平，肖筱林. 数字货币研究述评：私人数字货币、央行数字货币与数字人民币[J]. 经济管理学刊，2024，3（3）：57-82.

少包括研发费用、商家设备费用、派发红包的费用、宣传费用、商业银行配套费用、系统更新维护费用等。特别是数字人民币采用试点方式，通过行政机制推进。在行政体制中，进入“试点”意味着获得了上级的首肯，可以获得某些特殊政策和重点支持。鉴于此，各地方政府大多努力争取成为试点对象，并且尽其所能调度人力、财力、物力和其他资源，以便达成上级目标，往往由此导致成本不清，业绩不实[1]。目前，对数字人民币的总成本尚无明确的计算。未来央行数字货币是否以及如何对成本收益进行全面评估，是一个需要进一步考虑的问题。

二、央行数字货币的使用率仍较低，商业模式需要进一步探索

使用率不高的问题是许多国家试点和推广央行数字货币时的顾虑之一[2]，也是中国的数字人民币推广中遇到的最大挑战。对于中国用户而言，在已有比较完善和发达的电子支付系统的条件下，采用数字人民币支付，似乎缺乏转换动力和必要性。从对现金的替代来看，全球范围内银行卡、移动支付和虚拟货币的发展也并未对现金形成完全替代。在中国，即便移动支付在近些年加速发展，但是M0依然保持着每年5%左右的增长速度。这意味着现金具有其他形式的货币不可替代的隐匿性以及文化和心理价值。例如，现金的刚性应用场景包括孝敬父母、婚庆、春节压岁钱等场合的红包，在餐厅、宾馆等支付小费等。综合来看，数字人民币与现金和电子支付相比优势并不够突出，使得用户采纳的积极性不高。这又进一步制约了商家参与的积极性。

对于商家而言，安装、完善和升级数字人民币收付结算系统涉及新设施的安装费用以及学习和使用的成本。特别是在用户需求不足的情况下，商家安装新系统的积极性会大打折扣。

[1]　王国刚，胡坤．数字人民币拓展中有待破解的五个难题[J]．福建论坛(人文社会科学版)，2024(2)：54-71.

[2]　CHEN S，GOEL T，QIU H，et al. CBDCs in emerging market economies[R]. BIS Papers，2022：123.

从银行的角度，数字人民币依托“双层架构”进行运营，处于第二层参与运营的商业银行应该成为推广数字人民币的真正主力。但是商业银行一方面需要考虑数字人民币对存款货币的挤出效应；另一方面，在数字人民币相关业务中需投入人员、设备等诸多费用，但商业模式不清晰。

在市场经济中，各类经营性机构支出的经营性费用通常在销售价格中得到补偿。在银行卡、移动支付等发展中，相关费用由商家、银行和客户分别承担。对商家而言，这些费用可通过商品销售数量的增加、支付结算效率的提高、相关费用的替代（包括仓储、人员等）等得到补偿；对商业银行而言，这些费用可通过账户资金的增加、资金使用效率的提高、相关费用的替代等得到补偿；对客户而言，这些费用虽加在商品（或劳务）的销售价格中，但数额不大且价格上升并不明显，也能接受。但在数字人民币钱包现有的推广中，各项费用对商家、银行均属额外支出，对于数字人民币的商业化模式仍处于探索之中。

对此，有研究建议央行可以参照超额准备金利率水平，为目前处于数字人民币第二层的10家商业银行所持的央行数字货币建立单独的账户来计算利息，以激励商业银行进一步推广数字人民币[1]。由于目前大众通过商业银行获取的数字人民币不付息，央行数字货币账户的利息能为商业银行推广数字人民币带来收益。如果商业银行通过这一收益来源建立起商业模式，那么其向用户和商户进行推广的积极性会提高。当网络效应形成，可以起到推广数字人民币的作用。该研究还认为央行数字货币利率可以根据政策调控的需要进行调节，进一步优化货币政策的传导效果，推进利率市场化进程。

三、央行数字货币需关注隐私保护，未来可能改变数据的收集与分析

在数字经济中，大数据的收集和分析是不可或缺的重要环节。科技公司和商户

[1] 刘晓蕾，马长宙，董博文，等. 利率走廊下的央行数字货币研究：基于新货币主义理论与中国现实的探讨[J]. 管理世界，2024，40（3）：74-93，109-137。

通过参与支付服务，可以获得大量客户数据，包括收入、偏好和需求模式等，相关数据也将被用于广告、产品销售和推荐等。因此支付业务在客户与数据积累方面发挥类似于金融基础设施的功能，支撑着数字化的信贷、理财等金融业务。

目前支付数据是由各个银行或支付企业收集获取的。私人企业可能利用用户数据进行价格歧视和大数据杀熟，以提高商业服务利润。因此对于个体隐私保护而言，由央行收集支付数据也许更优。当前，用户对个人数据的使用非常敏感。欧洲央行2021年的一项在线调查结果显示，41%的受访者选择将隐私保护作为接受央行数字货币的重要条件[1]。加拿大银行的一项研究则表明，匿名程度上升会增加公众对零售型央行数字货币的需求，当央行数字货币匿名性达到现金的70%时，家庭流动资产中的央行数字货币持有量最高可达到流动总资产的52%[2]。国际清算银行的调查也表明，只要央行数字货币能够在满足反洗钱、打击恐怖主义融资等需要的同时还能提供足够的匿名性和隐私保护，它就可能取代私营部门提供的现有支付工具，包括商业银行的活期存款、电子支付等[3]。可见匿名性和隐私保护是央行数字货币得到接受的一个重要前提条件。央行数字货币对用户的隐私保护，可以对第三方支付形成一定程度的替代与改进，避免了私人企业对支付数据过度使用的倾向。但基于反洗钱和打击恐怖主义融资的考虑，央行数字货币也无法做到完全匿名。中国数字人民币在设计中采用“可控匿名”，包括“小额匿名，大额实名”和“前台自愿，后台实名”两项措施来保护用户隐私。这意味着公众日常的小额零售支付可以匿名进行，同时通过推送子钱包的方式保证电商平台不能获取用户详细的身份信息，实现对用户核心信息的保护。

---

[1]　European Central Bank. ECB digital euro consultation ends with record level of public feedback[EB/OL].（2021-01-13）[2024-08-05]. https://www.ecb.europa.eu/press/pr/date/2021/html/ecb.pr210113~ec9929f446.en.html.

[2]　LI J Q. Predicting the demand for central bank digital currency: a structural analysis with survey data[J]. Journal of monetary economics，2023，134（5）：73-85.

[3]　CHOI S，KIM B，KIM Y S，et al. Central bank digital currency and privacy: a randomized survey experiment[R]. BIS Working Papers，2023：1147.

但匿名只是对于交易双方而言，对于中央银行并不是匿名的。从理论层面，使用数字人民币的所有交易都能被中央银行监控和记录。以中国为例，中国的移动支付是支付宝和微信支付各自建立一个支付系统，它们自成一体，互不相关。对于建立全面的数字足迹，形成大数据，通过分析衍生新的金融业务而言，这个格局不一定是最理想的状态。央行数字货币则有可能更完整地跟踪资金流动的全过程。这意味着央行能拥有完整的大数据。如果从反腐败、反洗钱和反逃税角度，央行拥有完整的金融交易记录可以减少犯罪。但政府没有商业化的动力，这个数据是否以及如何被有效挖掘利用，可能会成为新的挑战。至少在数字人民币试点项目中，处在第二层的10家商业银行现有的支付和清算系统的数字化，以及各个银行之间系统尚未实现打通。因此，在支付数据的完整性和全面贯通上，还存在不少的技术障碍。

四、搭载智能合约的央行数字货币具有较大的应用潜力，需加强生态建设

智能合约（Smart Contract）是通过加密保护不被篡改的算法化的合约[1]。智能合约有三方面的优点。第一是具有智能性。在商业合同约定条件具备后，可以不依靠法律强制力自动执行。第二是具有灵活性。合约可进行模块式快速拼装，使得面向全量客群提供定制化金融服务成为一种可能。第三是具有高度可验证性，具备成为司法证据的条件。在央行数字货币上加载智能合约，可提升货币的智能性，实现交易的更广泛适用性[2]。因此，各国央行都在积极研究加载了智能合约“可编程”的央行数字货币，以创新便利央行数字货币的使用。

数字人民币搭载智能合约，具有非常广阔的应用空间。例如面对个人消费者，预付费管理是智能合约解决的一个最典型场景。近年来，一些服务行业纷纷推出预付费式消费方式，推出各种美容卡、健身卡、洗衣卡、洗车卡等预付消费卡。但在

[1] MAKAROV I，SCHOAR A. Cryptocurrencies and decentralized finance[R]. BIS Working Papers，2022：1061.

[2] World Bank Group. Smart contract technology and financial inclusion[N]. World Bank Fintech Note，2020：6.

消费者购买了这类“会员卡”后，却面临退卡难、退费难，甚至发卡机构卷款跑路等问题，导致消费者权益受损并难以维权。在数字人民币的设计中，可通过加载不影响货币功能的智能合约，实现数字人民币的可编程性，使数字人民币在确保安全与合规的前提下，根据交易各方商定的条件、规则进行自动支付交易，可以有效防范资金挪用，实现穿透式管理，保障各方利益。2022年9月，中国人民银行数字货币研究所发布基于数字人民币智能合约进行预付消费资金管理服务“元管家”。用户在发卡商户购买预付消费服务，预付资金以数字人民币的形式由运营机构管理，在实际完成消费后划转给商户。一旦商家出现跑路等问题，未消费的部分依然在数字人民币的账户上进行监管，可以很好地解决消费者退款难、追偿难等预付式消费痛点问题。目前多个地方政府和金融机构相继推出了基于该平台的应用，场景涉及教育培训、美容美发、体育健身、旅游住宿、交通运输等。不过，相较传统模式下用户储值成为商户运营资金的部分，智能合约会保证预付金100%的冻结，必须待核销时才能释放，这也在一定程度抑制了商户的使用意愿。对此，可能需要进一步探索以“监管资金生息”或“提供低息融资贷款”等方式解决商户端顾虑。

自动执行的缴费和合同管理不仅可以提高支付的效率，还可以根据预设条件自动执行合同条款，从而减少争议和风险。因此除对预付金进行监管之外，通过智能合约还可以实现自动扣款和自动充值功能，优化用户的体验。“智能合约+数字人民币”还在进军保险应用场景。例如，通过智能合约，可以根据用户驾驶的里程设定需要缴纳的保险费用，为保险领域的数字化创新开拓了新的机遇。

相对于个人消费者端，数字人民币加载智能合约在企业端对公支付体系上的应用落地被寄予了更高期待。智能合约所带来的灵活性可以适用于定向用途、定向人群、定向场景等。例如，智能合约在财政补贴、精准扶贫等政府定向支付场景下的应用，具有重要的创新价值。在过去，这类补贴容易被挪用或者延迟发放。数字人民币搭载智能合约可以实现更为精准且可控的发放。这些补贴资金的去向也可以被监控和分析，从而遏制腐败，并改进财政和货币政策。过去中央银行和财政部缺乏有效的手段来将定向的货币政策落实到微观层面，但通过央行数字货币搭载智能合约，就有可能直接为中小微企业和居民提供流动性支持，使得结构性的货币政策成为可能。因此，这一应用还有可能改变货币政策的形态和作用机制[1]。

在产业端的场景中，供应链金融是最基础也是最关键的应用方向之一。传统的供应链金融业务往往使用企业在银行开立的一般账户以共管模式来实现，面临着资金难以监管、资金使用流向不透明、资金不能实时到账等痛点。基于智能合约，其可自动执行付款到企业的钱包，从而保证资金监管安全。例如，京东科技与中国工商银行合作，依托数字人民币智能合约平台，实现了将京东供应链金融科技平台发放给企业的采购融资款直接以数字人民币形式支付给相关产业集团。从业务流程看，通过合约保证金融机构放款至经销商的对公钱包。京东科技计划让数字人民币智能合约能力作为产品的底层基座，服务于供应链金融产品。

发展数字人民币智能合约需要建立多层次技术生态体系。在最底层，央行端负责提供参与方准入、合约模板注册和交易互联互通等基础设施服务；在中间层，运营机构提供数字人民币的交易、支付服务以及搭建智能合约运行环境；在最上层，其他商业机构负责搭建场景应用平台，满足千差万别的市场需求。然而，要实现这种生态的构建还有诸多挑战。例如，目前数字人民币的智能合约只保证了对公钱包和对公钱包之间的合约能力，但对公的银行账户一端没有这种能力。因此需要数字人民币运营体系中的银行机构参与进来。此外还需要制定互联互通的规范，打通不同的运营机构之间的场景和能力。目前加载智能合约的数字人民币业务商业模式还不清晰，收费的机制尚未建立，还需要探索出可行的商业模式。

五、央行数字货币对于货币国际化具有重要意义，需加强国际合作

货币数字化并不意味着它自然就成为国际货币，但是央行数字货币确实弥补了现有国际支付系统中的一些缺陷。目前的支付系统支付过程分为资金划转与账务处

[1] 黄益平．数字人民币的机会与局限[J]．清华金融评论，2021（3）：28-30.

理，以及信息的交换、处理与清分。在信息传递上，国际银行间收付信息传递主要依靠环球银行金融电信协会（SWIFT）支付系统，存在支付成本高、速度慢、普惠度和透明度不足等问题。例如，跨境支付需要的交易费平均约为境内汇款的十倍[1]。在速度上，平均时效为两小时，最长可达两天[2]。跨境支付较高的门槛进一步限制了参与金融机构的数量和服务范围。跨境支付复杂的流程难以核实信息，造成诈骗、洗钱以及恐怖融资等风险。

更重要的是，现行跨境支付体系在某种程度上维护了美元、欧元等货币的主导地位。这是由于支付系统往往具有较强的网络效应。新兴市场货币的跨境支付需要经过更多的金融中介，这导致交易成本更高、时间更长。中心货币相比外围货币具有更短的交易链，这使得中心货币在跨境支付过程中具有更低的交易成本和更快的交易速度，因而被更多地使用。更多使用会进一步强化中心货币的优势，从而维持该货币的主导地位。

央行数字货币对现有的跨境支付系统可能产生多方面的影响。

第一，央行数字货币可以提升跨境支付的效率，降低交易成本。这是采用分布式账本技术、智能合约技术以及合并资金流和信息流实现的。央行数字货币通过点对点支付，减少对中间代理行的依赖，将支付与清结算捆绑在一起，实现资金与信息传输的统一，大大提升了支付的效率。例如，由国际清算银行（香港）创新中心、泰国央行、阿联酋央行、中国人民银行数字货币研究所和香港金融管理局联合发起的多边央行数字货币桥（m-CBDC Bridge）项目中，应用分布式账本、区块链等新技术，可以直接和大额汇款系统与境内支付系统相连接，将代理银行链中各方经常重复的后台操作推送到自动化的智能合约层，将交易时间从平均3～5天缩短至2～10秒[3]，能更快速安全地完成跨境支付和结算。央行数字货币还能够有效降低

[1]　资料来源：World Bank Group，https://www.worldbank.org/en/about/careers。

[2]　资料来源：Committee on Payments and Market Infrastructures，https://www.newyorkfed.org/medialibrary/media/banking/international/10-CPMI-2015-Bower.pdf。

[3]　BIS Innovation Hub. Inthanon-LionRock to mBridge: building a multi CBDC platform for international payments[R].Innovation Hub Other Papers，2021.

跨境支付清算成本，包括通过算法管理降低同业存放流动性成本，以及通过分布式账本技术、嵌入智能合约等方式降低汇兑成本，减少监管合规成本等。例如，由国际清算银行新加坡创新中心、澳大利亚储备银行、韩国银行、新加坡金融管理局等合作开展的曼陀罗项目（Project Mandala）在基础合规层预先嵌入了外汇管理规则以及反洗钱和打击资助恐怖主义措施，可以实现每一笔交易的自动化合规检查，从而降低交易中的合规成本。通过提高效率、降低成本，基于央行数字货币的跨境支付系统可以增强货币的竞争优势，被更多贸易方选择，从而增加该货币在国际支付中使用的份额，最终推动该国货币的国际化使用，为发展中经济体的货币国际化带来机会[1]。

第二，将智能合约技术嵌入央行数字货币系统，能够实现传统跨境支付业务流程的再造，促进跨境支付的创新发展。例如，传统的贸易金融业务面临多部门协作困难、跨境转账手续烦琐、监管要求复杂等问题。中国人民银行数字货币研究所融合了区块链高通量技术、数字身份技术等，重新设计了应收账款融资、票据再贴现、贸易账款监管等业务流程，并通过智能合约实现了自动、可强制执行的商业合同，以贸易金融区块链平台支撑数字人民币跨境支付场景[2]。由此可见，央行数字货币通过新技术、新场景，改变了传统跨境支付的流程，实现了对现有模式的创新和超越，有可能克服现有国际主导货币的使用惯性，为货币国际化创造有利条件。

第三，央行数字货币可以增强稳定性，规避金融制裁带来的风险。在当前高度不确定的国际环境下，经济制裁数量不断增加，而且大多数制裁由北美和欧洲国家发起，并以阻断美元国际收付、中断SWIFT支付系统使用等为手段。央行数字货币跨境支付系统以多中心、分布式治理的方式实现跨境支付过程中信息流与资金流的统一传输，并不需要SWIFT支付系统作为额外的交易沟通渠道，因此可以避免制裁的影响。

[1] 宋科，孙翼，朱斯迪．央行数字货币能带来货币国际化吗[J]．国际经济评论，2024（6）：103-124.

[2] 狄刚．区块链技术为数字经济贸易金融发展提供新动能[J]．中国金融电脑，2022（1）：19-22.

Chapter 9

第九章

数字金融强国建设需平衡效率与稳定

第一节

数字技术助力金融强国建设

一、英、美金融强国

迄今为止，能够称得上金融强国的只有两个国家：英国和美国。英国的崛起是从16世纪开始的，但真正走上强国之路则是在工业革命之后。然而，第一次工业革命为什么发生在英国，而不是其他国家，英国的金融市场确实也发挥了重要的作用。1215年6月签署的《自由大宪章》，把英国王权限制在了法律之下，确立了私有财产和人身自由不可被随意侵犯的原则。《自由大宪章》中有一条具体的规则，除非获得大封建领主等的同意，否则国王不能随便增加税收。这样，国王如果需要资金，就只能通过市场筹资。英国皇室特许苏格兰人威廉·彼得森等于1694年创办的英格兰银行，初期主要为政府筹措战争经费，并因此取得了货币发行权。正是这个原因，英国就比较早地发展起相对成熟的金融市场，在蒸汽机技术成熟之后，就有可能得到大量的资金投入，建设纺织业、铁路业、航海业等新兴产业。这也说明金融对于经济强盛的关键性作用。

工业革命之后，英国经济变得强大，逐渐成为全球独一无二的金融强国。第一，经济实力的上升，提升了英国的海权，使其成为日不落帝国。第二，产业竞争力上升，出口迅速扩张，英国又把产业利润和出口收入投资到世界各国，进一步提升了其国际经济影响力。第三，基于古典金本位的英镑变成了国际货币，伦敦也成为全球最重要的国际金融中心。可见，金融强国是建立在经济强国、军事强国、航海强国、科技强国等基础上的。当然，金融强国与这几个强国之间的关系也是相互促进、互为因果的。关于金融强国的讨论往往还会涉及法律体系的问题。金融的国际竞争力比较强的几个国家和地区，包括英国、美国、新加坡和中国香港，这些国家和地区施行的基本上是普通法系或海洋法系。如果说英国从工业革命开始崛起成为金融强国，那么第二次世界大战则为其明确地画上了一个句号。不过，第一次世界大战的爆发，在一定程度上标志着德国对英国领导的世界秩序的挑战。虽然英国最终打了胜仗，但其国际金融影响力不可阻挡地走了下坡路。

从英国手中接过金融强国接力棒的是美国。第二次世界大战结束时，美国已经成为全世界没有挑战者的领导者，不管是经济实力、军事实力还是科技实力，美国都处于遥遥领先的地位，一个重要的原因是欧洲的一些国家的经济基本上在战争中被打垮了。二战之后，美国还通过实施马歇尔计划，帮助欧洲重建经济。美国此举既帮助了欧洲，增强了美欧关系，也扩大了美国的国际影响力，同时还让美元走向欧洲、走向世界。1944年，美国邀请各国代表召开布雷顿森林会议，英国代表团团长凯恩斯带着他设计的一个新的世界货币Banco的方案赴会，一到会场，美国代表团团长怀特就告诉他，下一个世界货币是美元，不用再作他想。凯恩斯连把他设计的方案拿出来请各国代表讨论的机会都没有。后来被称为布雷顿森林体系的国际货币体系其实就是两个“盯住汇率”：一是美元盯住黄金，二是其他国家的货币盯住美元。区别于古典金本位，这一安排被称为汇兑金本位。

与英国一样，美国的金融强国也是以强大的综合国力作为基础的。2008年美国次贷危机爆发以后，各国的官员和市场参与者都开始怀疑美元和美国金融竞争力的可持续性。也正是基于这个原因，一批市场人士开始狂热地追捧虚拟货币比特币。但到目前为止，美国作为金融强国，似乎还没有被替代的迹象。这可能是因为即便美国爆发了史无前例的金融危机，但与其他国家相比较而言，其金融体系仍然是最为稳健的。也可能是因为放眼地平线上，还没有看到一个已经逼得很近的挑战者。有意思的是，在美国次贷危机期间，世界各国的资金不但没有逃离美国，反而流向了美国，特别是美国的国债市场。也就是说，即便美国是金融危机的“震中”，与其他国家相比较而言，美国国债仍然是最为稳健的金融资产。

二、数字技术提供了难得的机会

中国能不能成为世界上第三个金融强国？如果说英国的金融强国建设得到工业革命、海权、贸易和投资等因素的支持，美国的金融强国建设得到经济竞争力、美元和国际经济体系等因素的支持，那么数字技术为中国的金融强国建设提供了难得的机会与手段。当然，数字技术不是万能的，也不能提供金融强国建设的全部解决方案。相比较而言，市场制度可能是更为重要的决定因素，包括法律体系、监管框架和政策规定。所以，要建设金融强国，第一要务仍然是继续推进改革，在金融领域真正让市场在资源配置中发挥决定性作用，同时也积极使政府发挥作用，克服市场失灵，维持市场秩序，真正实现有效市场和有为政府的有机结合。从当前的形势看，深化市场化改革是关键，发挥政府的作用也要从改善市场作用、规范市场行为出发，而不是加强行政性的管制。

数字技术起码可以从以下三个方面促进金融强国建设。

第一，数字技术可以帮助提升我国的综合实力，我们可以断定，未来的强国一定也是数字强国。以科技实力为例，我国在一些前沿领域数字技术的创新正在快速追赶欧洲和日本，虽然与美国还存在相当大的距离，但在一些领域，距离也在缩小。如果单纯看专利的数量，我国在区块链技术、计算机视觉和自动驾驶方面的创新已经超过欧洲、美国、日本。当然，如果考虑质量因素，目前我国在上述方面的创新还是明显滞后于美国的[1]。在最近这一轮人工智能创新的竞逐中，我国处于第二梯队，数字经济发展也一样。作为一个发展中国家，取得这样的成绩其实已经非常了不起了，如果保持这个势头，我国有机会更加逼近国际经济技术前沿。

可以说，数字经济为我国经济发展提供了一个新的赶超机会。传统经济的生产函数主要包括劳动和资本两个要素，产出是由两个因素决定的：一是投入的数量，二是生产的效率。在短期内，劳动和资本的投入量不太容易进行大的调整，然而现

[1] 资料来源：中国技术实力的崛起：前沿技术的视角。

在增加了一个新的要素，即数据。对于数据的积累和利用，各国基本上是站在同一条起跑线上的。目前，我国数据的产量全球第二，只是实际使用率会比较低，但各界正在做积极的努力，相信未来一段时期会有比较大的改善。

第二，数字技术可以增强金融强国的六大要素，即拥有强大的货币、强大的中央银行、强大的金融机构、强大的国际金融中心、强大的金融监管、强大的金融人才队伍。如果央行数字货币的试验能够取得成功，那么在建设强大的货币方面就走出了重要的一步。当然，技术只是一个方面的因素，强大的货币仍然需要强大的经济作为支撑，仍然需要开放的资本市场作为手段，仍然需要优质的政策环境作为基础。同样，数字技术可以帮助金融机构更好地识别风险、管理风险、配置资金、进行风险定价，也可以为金融监管提供新的手段。

第三，数字技术可以帮助促进形成金融强国的三大特征，即优质的服务、稳健的系统和强大的国际影响力。前面各章所讨论的内容，基本上从不同的侧面分析了数字技术如何增强、改善金融服务。

三、平衡效率与稳定

近年来，我国的金融政策趋紧，这是因为过去一段时期，金融体系出现了风险、乱象甚至腐败，政策收紧的目的是防范化解风险，这其实是一个非常正常的变化。看各国的历史，金融政策都是在趋紧或趋松之间摇摆的，因为制定金融政策的一个根本目的是在效率与稳定之间求得平衡，由于不同国家、不同时期金融体系的主要矛盾会发生变化，金融政策也会出现相应的调整。比如，在我国改革开放初期，金融体系管制过多，效率很低，所以那个时候的金融政策方向一定是趋松的。但现在在金融体系中积累了不少风险，所以金融政策的方向就趋紧了。

当然，政策趋紧可以采取不同的方法。比如，过去几年，我国的中小型银行发生了不少风险事件，问题很普遍。解决这些问题，既可以采取行政性的手段，直接处理应该承担主要责任的高管，置换掉这些银行中的民营资本，或者直接关停、兼并这些问题银行，也可以采取市场化的做法，既然问题很普遍，那就应该从改善规则入手，目前发现的一些银行出现的问题，基本上属于有规则但没落实的情况。所以，一方面可以对规则作一些必要的修改，另一方面要保证监管规则能够落地，可以考虑引入监管问责制。相比较而言，前一种手段简单粗暴，似乎更有效，但其实不一定具有可持续性，而且容易造成“把婴儿和洗澡水一起倒掉”的问题。后一种办法则更加合理，也更加可持续。

政策收紧到一定程度可能会影响效率，政策趋紧的方向会作出相应的调整。当然，这种政策方向的调整并不一定意味着回到从前，过去一些被证明不合适的做法应该还会被禁止，但政策本身需要在效率和稳定之间求得平衡。因此，本书的最后部分将集中讨论数字金融的监管问题。数字金融创新确实为监管提出了不少新问题，而金融强国建设也离不开强大的金融监管。

第二节

为什么要监管

一、金融监管的定义

金融监管通常是指金融机构需要遵循的一些规则和法律，以及为了实施这些规则和法律所采取的必要监测和落实手段。金融监管框架主要包括监管机构与人员、监管目标与政策。

数字金融的发展给金融监管带来了新的挑战。一方面，一些科技公司在开始参与金融业务的时候，并没有获得相应的牌照。我国分业监管的模式实质上遵循“谁发牌照，谁监管”的原则。在职责不够明晰的前提下，一些监管部门缺乏主动作为的意愿，更不愿意碰那些麻烦已经很大的业务，比如P2P。因而在数字金融领域出现了一些监管空白地带。另一方面，许多数字金融业务的创新性很强，对于实行有效监管，缺乏现成的经验。对于利用数字技术的金融交易，传统的监管方法是否同样有效，这本身就是一个问题。比如，线上投资和数字信贷都有“实时”的优点，如果还是依靠看财务报表和现场检查等监管手段，可能就无法及时发现数字金融交易中的风险因素并对其进行有效的处置。

因此，数字金融交易除了应当受到一视同仁的监管，实现监管全覆盖外，还需要一些监管改革与创新。通常而言，金融监管都会滞后于金融创新。当然，在数字金融的场景里，也不排除监管部门看到数字金融在填补市场空白、满足金融服务需求方面的价值，在主观上存在“让子弹飞一会儿”的意愿。监管部门相对包容的立场，确实也为我国数字金融业务的创新与快速发展提供了宽松的环境。但是，监管不到位也造成了不少风险，从2004年底支付宝上线起，有相当长一段时期，数字金融处于“自由生长”状态。市场上曾经流行一种观点，主张“对互联网金融实行适度的监管”。现在回过头来看，这个思路可能是不合适的。对一些创新性的金融交易需要实行创新性的监管举措，但在监管原则上应该做到一视同仁。

2015年7月18日，中国人民银行等十部委联合发布《关于促进互联网金融健康发展的指导意见》，数字金融的政策环境与政策框架才被提上议事日程。2016年4月12日，《国务院办公厅关于印发互联网金融风险专项整治工作实施方案的通知》则正式开启了一轮全面的监管风暴。2020年10月，马云在上海外滩金融峰会上对金融监管体系的评论，进一步引发了全社会的讨论。过去这些年，实现监管全覆盖已经成为明确的政策立场。与此同时，监管部门也出台了一系列针对移动支付、消费金融、联合贷款、智能投顾等业务的监管政策。2023年7月7日晚，中国人民银行、国家金融监督管理总局、证监会同时披露了一批罚单，被处罚对象涉及蚂蚁金服、腾讯两家平台企业以及中国邮政储蓄银行、平安银行、中国人民财产保险股份有限公司。金融管理部门在联合发布的新闻稿中表示，目前平台企业金融业务存在的大部分突出问题已完成整改，金融管理部门的工作重点从推动平台企业金融业务的集中整改转入常态化监管。当然，适用于数字金融的完整的常态化的监管体系的建立，不可能一蹴而就，这将会是一个不断摸索、逐步改善的过程。

二、个体对个体网络借贷监管的案例

2020年，我国的个体对个体网络借贷平台数量清零，为这个一度十分活跃的数字金融业务画上了句号。从2007年第一家平台拍拍贷开业，到2020年最后一家平台业务停止，个体对个体网络借贷行业用13年的时间印证了一个基本道理：任何金融业务都需具有合乎金融逻辑的商业模式，这也凸显了金融监管的重要性。个体对个体网络借贷平台不管如何定位，都需要有有效的风险管理手段，否则就无法持续。个体对个体网络借贷平台的定位是信息中介，不能做增信，以及比较常见的担保。直白地说，平台只是提供撮合交易的场所，如何交易是双方的事情。这其实有点类似于电商平台，买卖双方自己达成意向、完成交易，平台除了提供交易场所，发挥一定的秩序维持功能，并不直接介入具体的交易。但是，这个逻辑运用到金融领域就不一定合适，因为交易双方本来就不认识，既没有事前识别风险的能力，也缺乏事后确保完成交易的手段。

为了保证业务能够存续、发展，事实上许多平台不得不采取许多“增信”措施。以2009年成立的红岭创投为代表，平台通过提供担保、设立资金池、实行自动投标等做法，把平台转化为相当于金融中介甚至“类银行”的机构，发挥了金融中介的功能，但因为其没有建立相应的机制，很容易出问题。2015年，当时最大的个体对个体网络借贷平台e租宝爆雷，涉及近100万名投资者，它当时在全国约有6000家平台，潜在的风险可想而知。2015年12月28日，银监会发布了《网络借贷信息中介机构业务活动管理暂行办法（征求意见稿）》。2016年8月17日，银监会正式发布《网络借贷信息中介机构业务活动管理暂行办法》。当时的监管政策实际上已经宣告行业最终走向消亡的命运，只是为了防止造成过大的冲击，在执行的过程中出现了一些反复，经过4年的整改才完成使命。

个体对个体网络借贷行业13年完整的生命周期为金融发展历史提供了最新案例，同时为金融监管政策揭示了重要教训。这个行业能够快速兴起，是因为它填补了重要空白，一部分人借不到钱，另一部分人则缺乏相对高回报的投资机会。平台提供了同时解决两方面矛盾的方案。这个行业迅速衰落，则是因为它缺乏一个有效的风险管理机制，其金融逻辑不满足商业可持续的要求，因此，这个行业从一开始就不应该大力发展。后来各界谴责平台经营者不合规、不合法的行为，实际上监管缺位可能是一个更值得反思的问题。从2007年到2016年，个体对个体网络借贷行业野蛮生长，几乎完全没有监管约束，最终酿成了很大的风险。

个体对个体网络借贷行业的经历再次证明了一个金融的基本原理，金融创新与金融稳定之间需要平衡。这一点对于数字金融的创新与监管同样至关重要，一方面，随着互联网、移动终端、云计算、人工智能和大数据等数字技术的应用，金融业务的边界和效率得到了大幅拓展和提升，过去很难做到的事情，现在成为可能，这一点在数字普惠金融领域表现得尤其突出。另一方面，互联网技术的长尾效应可以帮助金融领域海量、快速地获客，解决了触达的问题，而大数据分析则使得过去很难执行的信用风险评估成为可能。除此之外，这样的金融创新也可能带来一定的金融风险。所有的金融交易包括数字金融交易都必须纳入监管框架，否则不仅容易造成新的风险，甚至还可能因为市场参与者的套利行为而放大系统性风险。

第三节

数字金融监管的新挑战

一、我国金融监管体系变迁

改革开放以来，我国的金融监管体系经过了几个阶段的演变。1990年以前，基本上是中国人民银行一家机构独担金融监管责任，之后逐步开始建立分业监管的体系，直到2003年形成“一行三会”（中国人民银行、银监会、证监会和保监会）的架构。后来我国在2017年成立国务院金融稳定发展委员会，强化对“一行三会”政策的协调，2018年初增强了中国人民银行的政策制定功能，同时将银监会和保监会合并，成立新的银保监会，从而形成了“一行两会”的架构，地方的金融工作办公室开始改名为地方金融监管局。2023年初，成立中央金融委员会和中央金融工作委员会，取代国务院金融稳定发展委员会，进一步增强金融政策决策权威性并加强党对金融工作的领导，在银保监会的基础上设立国家金融监督管理总局，同时集中原先分散在各个监管机构的消费者保护局，地方金融监管局则专注于金融监管，不再承担地方金融发展的责任。

改革开放40多年来，我国虽然也在不同阶段发生了不同的金融风险，但基本上较好地维持了金融稳定，没有发生系统性金融危机。但近10年来，我国金融稳定的形势出现了恶化的趋势，金融风险事件变得越来越频繁，2015年股价下跌、人民币贬值，2016年高杠杆引发普遍担忧，2017年地方债务出现风险，2018年理财产品市场发生动荡，2019年一批中小型银行发生负债资产表风险，2020年个体对个体网络借贷平台数量清零，2021年房地产开发商违约，2022年一些村镇银行爆雷。

近年决策层担心发生系统性金融风险，有两个大的背景事件。

一是经济增长模式发生改变，对金融监管提出了新的要求。我国的人均GDP已经从1980年的不到200美元上升到2023年的12000多美元，随着低成本优势的丧失，经济增长模式也要从要素投入型转向创新驱动型，这也提高了经济活动的不确定性，从而对处置金融风险的能力提出了更高的要求。

二是过去主要依靠经济持续高增长与政府兜底维持金融稳定，但现在出现了所谓的“金融风险性三角”，即杠杆率上升、经济增速下降及政策空间收缩。杠杆率上升意味着金融脆弱性提高；经济增速下降既容易引发新的风险，也降低了通过经济增长化解风险的能力；政策空间收缩表明政府无法持续为出现问题的机构兜底。过去依靠兜底和增长维持金融稳定的时候，很多监管政策实际并未落到实处。2019年发生的中小型银行风险提供了一个非常好的案例。一方面，兜底承诺对于大型国有商业银行最为可靠，因为国家本来就是这些银行的大股东，而且这些银行往往具有系统重要性。但这种承诺无法无限制地延伸到所有银行，特别是中小型银行。另一方面，导致中小型银行出现问题的一个普遍原因是银行将大量资金输送给大股东的关联企业，但这是不符合监管规则的，有规则而没有落地，说明监管部门的工作没有做好。如何推进监管改革、提升监管效能，是当前我国金融部门面临的一个重大挑战。

二、数字金融带来的新挑战

数字金融创新对金融监管提出了新的要求，数字技术在金融领域的广泛应用，在提升效率、推动创新和控制风险方面发挥了巨大的作用。但是，一些固有矛盾使得金融监管体系在解决数字金融风险问题的过程中常常显得力不从心。

第一，机构监管的架构在新兴业务和交叉业务领域容易出现监管空白，导致这些领域特别是数字金融领域监管缺失。

在很长时期内，一些影子银行业务和数字金融业务都属于“三不管地带”，机构监管模式很难有效防控风险。出于营利性和同业竞争的动机，金融机构更加倾向于利用机构监管模式下的监管空白以及不同地区监管标准的差异进行监管套利，从事影子银行、网络贷款等高风险溢价的金融业务。在2017年国务院金融稳定发展委员会成立、2018年合并组建银保监会后，政策协调有一定程度的改善，但相关部门之间的信息沟通、数据共享等问题并未得到根本解决。2023年，银保监会转型为国家金融监督管理总局，国务院金融稳定发展委员会被中央金融委员会和中央金融工作委员会取代，政策协调性可能会进一步提升。金融监管主要包含三个基本内容：一是一套规则与法律，二是在实施过程中的监测，三是保证落地的手段。这三个基本内容，现在中国一样不少，但由于规则和法律没有真正落地，执行效果不是很理想，规则往往形同虚设。此外，由于宏观审慎政策框架刚刚开始建立，在实施过程中有时难免会有一些不是很顺畅的做法。比如，一提出要去杠杆，不仅监管部门全力以赴，各级政府也积极作为，因为杠杆率会作为工作业绩考核内容。这就很容易走极端，尤其对于金融问题，在极端之间来回摇摆反而会加剧金融波动，推高金融风险。

第二，监管机构缺乏必要的专业性、灵活性和决策权，容易导致监管政策偏离金融稳定的目标。

金融监管的有效性取决于决策的专业性和决策的时效性。在现行监管体系下，金融监管的决策权与执行权相分离，货币政策和金融政策的最终决策权在国务院而非监管机构，这种设置虽可加强金融监管政策与其他政策之间的协调，但决策的时效性不足。金融监管政策也会受干扰并被用作宏观调控措施，导致监管政策与维护金融稳定的根本任务无关甚至矛盾。比如在经济下行压力上升时，需要加大金融对实体经济的支持力度，如要求调降股票投资的印花税税率，这显然更像宏观政策，而不是监管政策。在数字金融领域，一些监管政策迟迟没有出台，一个可能的原因是有关部门看到了数字金融创新业务在支持普惠金融与经济稳定方面的积极作用，但这无疑也就减弱了对金融风险的关注。

第三，缺乏独立有效的行为监管是中国当前金融监管架构的重要缺陷，这常常影响对公平竞争的维护和金融消费者合法权益的保护。

当前，以防范系统性风险为目的的宏观审慎监管和以维护公平竞争、保护金融消费者合法权益为目的的行为监管，是国际金融监管政策改革的两大重要方向。审慎监管与行为监管在监管目标、分析工具和监管者角色要求等方面均存在差异。但在实践中，对金融机构的行为监管和对金融消费者合法权益的保护常常得不到足够的重视。监管指标体系和评级标准也更加侧重于金融机构稳健经营和风险防范能力，金融机构的行为合规、金融消费者合法权益保护则成为间接目标。在机构监管下，加上我国的体制原因，监管部门往往视自身为被监管机构的领导机构，同时一直以来肩负着行业发展职能。在一些部门与地区，监管部门与被监管机构“打成一片”，甚至发生直接、间接的利益关联。因此，对金融机构的营销方式、金融产品的复杂性、产品定价的合理性、金融合同条款的适当性等涉及金融机构行为合规的监管，往往力度不够，甚至存在监管部门“睁一只眼、闭一只眼”的情况。一旦产品出现问题、产生风险，将会直接损害金融消费者的合法权益。2023年新组建的国家金融监督管理总局集中了金融消费者合法权益保护的功能。

第四，金融创新与金融稳定之间难以实现动态平衡，运动式监管容易引起市场波动且难以保护合理的金融创新。

实现金融创新与金融稳定之间的动态平衡，是全球监管机构面临的难题，而中国金融机构类型和模式的复杂性，进一步增加了针对金融机构创新与稳定的监管难度。当前中国的监管做法，一方面监管不够，另一方面缺乏必要的灵活性。一旦一个行业或一类产品出现风险，监管机构往往倾向于采取“一刀切”式的监管。这种监管做法虽然能直接抑制风险，但是代价巨大：一是容易导致金融产品甚至整个行业大幅萎缩甚至消失；二是容易引起市场剧烈震动；三是难以保护合理的金融创新，易使投资者遭受较大损失。如果在新型业务的发展初期就明确监管主体与监管规则，也许可以减少因监管缺失而造成的道德风险问题，甚至减少野蛮无序生长和金融风险聚集的问题。金融监管采取简单的“一刀切”的做法，不但无法保证必要的创新，而且无法从根本上解决监管有效性低下的问题。

第五，地方金融监管缺乏能动性与有效性，央地监管协调困难及缺乏必要的监管权限和手段是主要原因。

线上非法集资屡禁不止、股权众筹跑路频发等地方金融乱象，严重影响了地方乃至全国的金融稳定，极大地损害了金融消费者的合法权益。调研发现，地方金融监管有效性低下的主要原因在于：第一，中央与地方金融监管机构，以及地方监管相关部门之间缺乏制度性长效协调机制，难以形成监管合力；第二，地方金融监管机构的监管职责缺乏法律依据，权责分离导致事前风险防范不足和事后处置效率低下；第三，地方金融监管机构无行政执法权，缺乏必要的监管手段，加上监管能力有限，难以切实有效地履行监管地方类金融机构的职责；第四，地方金融监管机构兼具发展与监管职能，职责定位不清晰，对地方类金融组织的机构监管模式导致职能分散与监管界限模糊。事实上，地方金融监管局更多的是在行使地方金融发展职能，监管往往让位于行业发展。一些地方P2P、小贷等的风险集中暴露，就与地方金融监管部门大力发展地方金融业，在金融业方面招商引资、放松监管有很大关系。

第四节

国内外的新探索

数字金融需要受到监管，这一点与一般的金融并无差别，所以现行的金融监管框架也同样适用于数字金融业务。但数字金融也会在一定程度上改变金融的业务形态与风险特点，金融监管也需要不断创新以适应这些新特点。数字技术在金融领域的应用，使得数字金融的效率、规模、触达发生了前所未有的改变，过去通过实体分支机构提供的服务，现在可以利用App同时触达全国市场。然而，数字技术也使形态与风险发生了改变，比如网络攻击甚至断电成为重要的系统性金融风险。过去10年来，随着数字金融创新的日益活跃，各国也在不断地创新金融监管，试图在支持金融创新的同时，维护金融稳定的局面。

一、国际数字金融监管经验

目前各国的数字金融监管虽然进展程度不同但都处于探索阶段。不少发展中国家的数字金融呈现自由发展状态，这既是因为数字金融创新解决了不少实际问题，比如以非洲国家的M-Pesa和孟加拉国的bKash为代表的数字钱包为众多老百姓提供了从未有过的支付手段，这些国家的金融监管体系也相对不发达。发达国家的金融监管体系相对完善，在一定程度上也制约了它们的数字金融创新。从全球看，数字金融最为活跃的三个国家是美国、英国和中国。美国主要长于技术，一些数字金融技术原创于美国，比如现在在许多国家都非常活跃的移动支付，早期的雏形都来自美国的PayPal。英国则在业务模式和政策方面表现突出，有很多原创性的举措，第一个个体对个体借贷平台Zopa于2005年3月成立于英国伦敦，“监管沙盒”也是英国发明的。中国的优势主要体现在技术应用和市场规模上，无论是移动支付、数字信贷，还是线上投资、央行数字货币，中国都是走在国际前列的。

（一）英国的数字金融监管实践

英国是全球金融科技发展最为迅速的国家之一，其监管政策也被各国效仿。英国早期实行的也是分业监管的方式，不过自20世纪80年代以来，金融混业经营变得越来越活跃，分业监管的方式就变得不太适应了。2000年6月，英国女王正式批准《2000年金融服务与市场法》，成立英国金融服务监管局，该局成为英国整个金融行业唯一的监管机构，这个机构与英格兰银行分离，权力高度集中。不过在2013年4月，英国金融服务监管局又被两个新的机构取代，即金融行为监管局（Financial Conduct Authority, FCA）和审慎监管局（Prudential Regulation Authority, PRA），这样就形成了“双峰”模式。英格兰银行成立金融政策委员会，负责宏观审慎政策。与多头、分业的监管方式相比，这个框架在应对数字金融发展方面具有十分明显的优势，不太会因业务定位问题而出现监管扯皮或监管空白。事实上，英国大部分关于数字金融的监管政策都是由FCA制定的。

英国的P2P行业受FCA和P2P行业自律协会P2PFA（英国网贷自律组织）共同监管，其监管法规主要由FCA制定的宏观金融法律法规以及行业监管法律法规和行业自律规章构成。2014年3月，FCA发布《关于互联网众筹及通过其他媒介发行不易变现证券的监管方法》，这可能是全球第一个关于P2P的监管规则，其中明确提出了商业行为准则、最低资本金要求、顾客资金保护规则和争议解决方案等，同时还要求P2P公司必须有平台倒闭时保证还款继续回流的计划。2019年6月4日，FCA进一步加强了对P2P平台退出计划的规定，对于平台的营销活动也设置了明确的限制，要求平台在向投资者提供投资建议前进行投资者适当性评估，另外规定了平台需要向投资者提供的最小信息量。显然，FCA对P2P监管的重点是维持公平交易、保护消费者权益以及在必要时确保平台平稳地退出。

英国对互联网银行的监管也很有特点，重视弹性和审慎原则。FCA认为，金融监管的根本是保护消费者利益，虽然网上银行在运行中或许会出现一些安全问题，但不能因此就限制或阻碍网上银行的创新和发展。此外，FCA还认为，在网络经济时代，要努力保持监管的透明度和一致性等。这些都表明英国金融监管部门在平衡创新与稳定方面的努力，这可能也是英国的数字金融创新相对活跃的一个重要原因。

FCA创造性地发展出了“监管沙盒”，以有效测试金融创新产品和服务。“监管沙盒”模式允许金融科技企业在满足一定安全标准的情况下申请有限牌照，在限定的场景和条件下开展相关创新业务，运行一段时间后，监管部门再对其运行情况、风险状况和影响进行测试和评估，并根据测试和评估的结果来决定是否进一步授予其牌照。“监管沙盒”模式给予金融科技企业灵活的空间进行创新，有助于参与式规则制定，即允许监管者规则制定和市场创新的同步动态发展。新加坡、澳大利亚等也先后推出了不同版本的“监管沙盒”，但基本沿袭了英国模式。新加坡的“监管沙盒”只适用于金融科技企业；而澳大利亚对金融科技公司实行许可证豁免制度，规定符合条件的金融科技公司在向澳大利亚证券投资委员会（ASIC）备案后，无须持有金融服务或信贷许可证即可测试特定业务。

（二）美国的数字金融监管实践

美国金融监管的机构体系模式为多头监管。因此，提供特定金融产品的金融科技业务要符合多个部门的监管政策。美国对数字金融的监管更为严格，对金融科技领域的监管模式逐渐从限制型监管转为主动型监管。限制型监管即参照金融科技中的金融本质，无论以何种形态出现的新技术，都按照其涉及的金融业务与功能，有机地融入现有金融监管体系。因此，虽然美国金融市场发达，但强监管限制了美国数字金融的快速发展。2017年，美国国家经济委员会公布“A Framework for FinTech”白皮书，明确指出金融科技监管要从限制型监管向主动型监管转变，即鼓励监管部门和金融科技创业部门交流合作，形成符合双方部门目标的创新方式。

美国数字金融监管分类精准施策。在数字银行方面，美国推进数字银行牌照发放与管理，也对数字银行网络安全发布风险提示。在加密资产风险防范方面，美国证券交易委员会通过提示投资者首次交易发行（IEO）可能违反证券法，加强投资者的警惕性；在数字货币方面，建立数字资产监管法律体系，严厉打击欺诈行为。在监管框架中，金融科技也被应用。美国注重激发行业积极性，共同提升监管科技水平。美国联邦存款保险公司于2021年6月以技术竞赛形式组织金融科技公司开发针对社区银行等机构的财务报告方法。

二、中国数字金融监管经验

我国数字金融监管框架的形成始于2015年，当年7月18日，中国人民银行等十部委发布《关于促进互联网金融健康发展的指导意见》，勾画了数字金融监管的框架：第一，积极鼓励互联网金融平台、产品和服务创新，鼓励从业机构相互合作，拓宽从业机构融资渠道，坚持简政放权，落实、完善财税政策，推动信用基础设施建设和配套服务体系建设；第二，明确了互联网支付、网络借贷、股权众筹融资、互联网基金销售、互联网保险、互联网信托和互联网消费金融等互联网金融主要业态的监管职责分工，落实了监管责任，界定了业务边界；第三，坚持以市场为导向发展互联网金融，遵循服务实体经济、服从宏观调控和维护金融稳定的总体目标，切实保障消费者合法权益，维护公平竞争的市场秩序，在互联网行业管理，客户资金第三方存管制度，信息披露、风险提示和合格投资者制度，消费者权益保护，网络与信息安全，反洗钱和防范金融犯罪，加强互联网金融行业自律，以及监管协调与数据统计监测等方面提出了具体要求。2015年下半年，各监管部门密集出台了一系列监管政策，包括中国人民银行的《非银行支付机构网络支付业务管理办法（征求意见稿）》、证监会的《关于对通过互联网开展股权融资活动的机构进行专项检查的通知》、国务院法制办公室的《非存款类放贷组织条例（征求意见稿）》等。

2015年以来，金融监管部门所做的工作大致可以分为三大类。第一类是整治不规范、难持续的数字金融业务与行为，主要是数字信贷领域的个体对个体网络借贷和现金贷。第二类是将新型数字金融业务纳入正规金融监管框架，主要是在移动支付和数字信贷中的各种助贷和联合贷款。第三类是尝试各种数字金融监管创新，主要是进行金融科技创新监管试点、推动数字金融领域的金融控股公司组建，以及设计围绕央行数字货币的一些政策与规则。

专项整治工作。2016年4月12日，国务院办公厅发布《互联网金融风险专项整治工作实施方案》，正式开启了专项整治工作。这项工作由中国人民银行牵头，并在金融市场司设立了办公室。该方案明确指出，互联网金融领域的风险隐患主要集中在P2P网络借贷、股权众筹、互联网保险、第三方支付、通过互联网开展资产管理及跨界从事金融业务、互联网金融领域广告等领域，专项整治坚持问题导向，集中力量对这几个重点领域进行整治。2017年6月28日，中国人民银行等十七个部委共同发布《关于进一步做好互联网金融风险专项整治清理整顿工作的通知》，对全国的专项整治工作作出了具体安排，要求各省领导小组按照清理整顿的有关要求，完成本行政区域的互联网金融活动的状态分类，形成机构分类清单以及清理整顿状态分类阶段总结报告，并于2017年6月底前报送互联网金融风险专项整治工作领导小组。各省领导小组要在清理整顿开展期间组织自查，及时掌握整治工作落实情况，查找问题、及时纠偏。领导小组将于2017年7月起组织对各地清理整顿的督查和中期评估，确保整治质量和效果。

专项整治工作的一个重点是个体对个体网络借贷业务，2016年8月17日银监会等机构发布的《网络借贷信息中介机构业务活动管理暂行办法》是一个十分重要的政策文件。这个管理暂行办法本着促进网络借贷行业健康发展和满足小微企业、“三农”、创新企业和个人投融资需求的原则，提出维护互联网金融稳定、保护消费者权益、提升互联网金融效率三大监管目标。从本质上来说，网络借贷平台既然被清晰地界定为信息中介，就意味着绝大多数这类平台将很难存续。在个体对个体网络借贷平台的整治过程中，银监会负责政策制定，银监会和地方金融办共同负责政策的执行，但在大部分地区，最后负责网络借贷平台平稳退出的是公安部门。

纳入监管体系工作。一个重点是移动支付的监管。移动支付业务始于2004年底，但开始发放牌照的时间是2010年。2010年6月14日，中国人民银行颁发《非金融机构支付服务管理办法》，并对境内符合资质要求的非金融机构发放支付业务许可证。截至2015年12月15日，中国人民银行总共颁发了270张支付牌照。2015年7月31日颁发的《非银行支付机构网络支付业务管理办法（征求意见稿）》规范了支付机构的业务范围，明确支付机构业务重点为提供支付通道服务，提出支付机构不得为金融机构，以及从事信贷、融资、理财、担保、货币兑换等金融业务的其他机构开立支付账户。对于第三方支付机构来说，虽然不能继续为网络借贷等互联网金融企业开立支付账户，但仍可为其提供支付通道服务，把业务重点放到提供支付通道服务上，将付款人的款项划转至网络借贷等企业的银行结算账户。2017年1月13日，中国人民银行再次发布新规，明确非银行支付（即第三方支付）机构应将部分客户备付金交存至指定机构专用存款账户。建立客户备付金集中存管制度，主要目的是纠正和防止支付机构挪用、占用客户备付金，保障客户资金安全，并引导支付机构回归业务本源。

另一个重点是互联网贷款的监管。2014年、2015年和2016年，银监会分别向微众银行、网商银行和新网银行发放了银行牌照，让大科技信贷正式升级为商业银行业务。2020年4月22日，银保监会颁发《商业银行互联网贷款管理暂行办法》，明确提出要规范商业银行互联网贷款业务经营行为，促进互联网贷款业务健康发展。2021年1月13日，银保监会办公厅联合中国人民银行办公厅共同发布通知，提出商业银行开展互联网存款业务的范围、账目管理、宣传、风险等方面的要求。2021年2月19日，银保监会办公厅发布《关于进一步规范商业银行互联网贷款业务的通知》，对商业银行的互联网贷款风控环节进行规定，对商业银行与合作机构共同发放互联网贷款的出资比例、合作机构集中度管理、贷款总额作出规定。限制互联网贷款的跨地域经营。这一项政策比较清楚地反映了监管部门对于科技公司助力银行贷款的政策立场，数字技术的应用对于商业银行拓展信贷业务、加强风险管理有很大的助益，但其潜在风险也很突出，主要是防范风控过程中的道德风险。对出资比例、机构集中度、跨地域等方面的要求与限制，就是为了防止潜在风险的放大与发散。

监管创新工作。我国数字金融监管创新的一个重要举措是施行中国式的“监管沙盒”。2019年12月，中国人民银行启动金融科技创新监管试点工作，这是在参考英国、新加坡和澳大利亚等国家的“监管沙盒”经验基础上的尝试，是监管部门尝试平衡数字金融创新与稳定之间关系的努力。另一个与数字金融相关的创新是鼓励大型数字金融机构尝试设立金融控股公司。金融控股公司的设立，并不局限于数字金融领域，但大部分大型数字金融机构同时拥有多张金融业务牌照，这与现行以机构监管为主、分业监管的方式是不一致的。通过申请数字金融控股公司的牌照，这些公司就可以在严格遵守监管规则的前提下，更好地发挥数字技术解决金融问题的诸如规模经济和范围经济的优势。最后一个工作重点是建立围绕央行数字货币的政策框架。我国的央行数字货币起步早、进展快，数字人民币经过数年的试点，已经开始走入百姓的生活，但央行数字货币是一个新生事物，如何确保其系统的普惠、公平、效率、稳定与安全，监管部门还需要设计一系列的政策与监管框架。

三、监管问题的总结与展望

如果从2004年支付宝诞生算起，我国的数字金融发展才经历了20个年头。过去我国在数字金融监管政策方面既有成功的经验，也有惨痛的教训。比如，对移动支付业务监管的形成过程相对比较平稳，成功的案例有移动支付，不成功的案例包括个体对个体借贷业务，还有一些业务创新不了了之，包括泛保险领域的水滴筹和相互宝。

金融监管政策的制定滞后于金融业务创新，这是普遍现象，监管者需要学习、了解最新的金融创新的特点，才有可能制定有效的监管政策。但通常来说，监管不应滞后创新太多，否则容易造成大的风险。我国数字金融在发展过程中已经有了不少教训，其实从2016年开始一直是在补课。监管补课有两个方面的内容：一是整治风险，二是制定政策。有一些业务缺乏合理的商业逻辑的支持，比如个体对个体借贷，现在基本上清零了。有一些业务有合理的商业逻辑但做得不够规范，比如线上消费信贷和智能投顾，一方面压缩了业务规模，另一方面完善了业务模式。还有一些较好地发挥了积极作用的业务，比如移动支付和大科技信贷，监管部门制定了一系列的规则，确保其规范发展。另有一些业务处于金融的边缘地带，业务有类金融的属性，但又不完全按照金融的规则运行，比如一些互助性质的保险机制，有不少已经结束运营。

从2023年开始，数字金融特别是平台金融进入常态化监管，意味着专项整治已经告一段落。但常态化监管如何管，对各方来说都是一个新的课题，数字金融监管框架的演变仍然可能是一个动态的过程，但一些大的发展方向应该是明确的，虽然在具体做法上仍然存在非常大的不确定性。为此，我们可以从以下几个方面加以改进。

第一，数字金融监管做到全覆盖。常态化监管的一个重要标志是金融监管全覆盖，即所有的金融交易、金融机构都要受到相应的监管。过去，数字金融业务存在很多空白，一方面，监管部门主观上愿意“让子弹飞一会儿”；另一方面，监管部门也需要时间了解业务的特性并设计相应的政策。但上述过渡阶段已经过去了，数字金融业务也要像一般金融业务一样，受到一视同仁的监管。一个具体的例子是数字金融控股公司的设立。平台企业从事金融业务，其技术优势是平台和数据，可以在触达和风控两个维度帮助提升金融服务的质量，但平台的重要特征除了规模经济，还有范围经济，所以平台金融机构持有多张金融业务牌照是一个十分普遍的现象，蚂蚁金服、腾讯、字节跳动等都是如此。一家机构持有多个金融业务的多张牌照，这与当下分业监管的框架是不匹配的。2020年9月，国务院印发了《关于实施金融控股公司准入管理的决定》，中国人民银行同步印发了《金融控股公司监督管理试行办法》，标志着金融控股公司正式进入持牌监管时代。

第二，监管创新依然是数字金融监管的重要内容。虽然所有的数字金融业务都要做到监管全覆盖、监管一视同仁，但数字技术的应用确实给金融业务与风险带来了不少新的特点，这对监管提出了新的要求。有许多特点并不是从一开始就一目了然的，所以需要数字金融机构与金融监管部门共同探讨风险的特征与监管的手段，央行建立的金融科技创新监管试点机制将来可以在这方面发挥更大的作用。以互联网贷款中的科技公司助贷为例，数据怎么处理？信息怎么共享？责任如何分担？如何才能做到既充分发挥科技的作用，又不放大金融风险，同时还保护金融消费者的合法权益？这些都需要在实践中摸索，形成成熟的监管政策。与此同时，数字金融的新特点意味着传统的金融监管手段不一定适用。传统金融监管强调事前、事中、事后监管，采取现场与场外检查的方法，但数字技术的应用可能会大大提升业务发展与风险传导的速度与广度，如果还是以过去看金融报表的手段实行监管，可能会错失良机。所以，金融监管也要与时俱进，采取监管科技等手段，利用数字技术助力监管，包括审核、监测和处置等。

第三，数字金融监管改革要与一般的金融监管改革同步推进。我国的金融监管框架经过几十年的演变包括最新的一些重构措施，形成了一个新的格局。这个格局是否能够比较好地支持金融系统包括数字金融的稳定，尚需观察。除了监管机构的调整，金融监管效能的提升取决于三个方面的因素：一是清晰的监管政策目标，二是监管部门制定、执行监管政策的权限，三是监管问责。这三个方面的因素实际就是好的金融监管体系的关键要素，缺一不可。但是，我国新的金融监管框架是否已经同时拥有这三个方面的因素，现在还不确定，所以说，改革还在路上。数字金融监管政策的制定是更大范围的金融监管改革的重要组成部分。

金融监管是一个普遍性的难题，即便是市场机制非常成熟的发达国家，也无法完全避免金融风险与金融危机的爆发，所以，金融监管改革是一个持续性的任务。实际上，金融监管与金融风险之间可能存在“道高一尺，魔高一丈”的关系，金融监管只有不断地与时俱进，才有可能较为有效地管理金融风险，避免发生大的金融危机。我国改革开放40多年，经济建设取得了巨大的成就，金融部门也作出了重大贡献，但金融监管体系的构建一直明显滞后。其中一个重要原因是我国实行的是渐进式改革，长期以来，维持金融稳定主要靠经济持续高增长与政府兜底这两大法宝，没有形成有效的市场化监管机制。现在，随着经济发展进入新阶段，这两大法宝的有效性明显下降。如此一来，提升监管效能就成为十分迫切的任务，而数字金融发展又在上述任务之上提出了新的挑战。也就是说，监管效能的提升既要解决体制性的问题，又要面对技术性的挑战，这是我国金融监管改革的一个特殊性问题。

结　语

当前，中国金融体系正面临三个方面的重要任务：一是守住不发生系统性金融风险的底线，二是提升金融服务实体经济的质量，三是支持金融强国建设。完成三个方面任务的政策应对在方向、节奏、重点上不一定是全部相互吻合的。比如要管住风险，可能会在一定程度上影响金融服务的质量，而金融强国建设要求进一步的开放，会对宏观层面的风控工作提出新的挑战。因此，高效的政策统筹和协调十分重要，比如加强监管，多用一些市场化的手段，少采取一些行政性的管制。建设金融强国，短期更多地要管住效率的提升，在监管框架稳健之后，再考虑金融体系的开放。数字技术既可以为协调上述措施提供空间，也可能增加实施的复杂性。但未来的金融发展离不开数字技术，所以无论是改善效率，还是管住风险，抑或是提升国际影响力，都需要走数字化的道路，这是本书最核心的结论。

最后，对本书的讨论进行一个综述性的总结。

第一，中国的金融改革从中国人民银行一家机构开始，经过近半个世纪的努力，已经建成一个庞大的金融体系，这个体系也确实具有一些独特之处，包括政府对金融运行的干预、监管效果的欠缺以及商业银行主导。这个体系在过去比较好地支持了经济增长，并维持了金融稳定。但最近金融支持实体经济力度不足和系统性金融风险抬头的矛盾变得相对突出，尤其是随着经济增长模式从要素投入型转向创新驱动型，金融模式也需要与时俱进地转变，才能支持我国经济走高质量发展之路。

第二，2023年中央金融工作会议提出建设金融强国的要求，为下一步的金融改革和金融发展指明了方向，金融强国的关键特征包括优质的服务、稳健的系统和强大的国际影响力。会议同时提出要做好科技金融、绿色金融、普惠金融、养老金融、数字金融五篇大文章。这里，数字金融的含义可能与其他四篇大文章不同，如果说科技金融指的是金融服务科技创新，绿色金融指的是金融服务绿色发展，那么数字金融应该指的是利用数字技术提升金融服务的质量，而不是狭义地指金融服务数字经济。

第三，英国和美国建设金融强国主要依赖的是综合实力，包括科技实力、军事实力、经济实力等。我国建设金融强国首先要通过进一步深化改革，创造良好的制度与政策环境。而数字技术创新也提供了一个十分难得的机会，技术改造金融服务，是过去几百年来一直在发生的事情。现在跟随第四次工业革命的步伐，数字技术已经在金融领域得到越来越广泛的应用。未来的金融强国应该是数字金融强国，所以金融强国建设也应该走数字化道路。

第四，过去20年，我国的数字金融创新已经走在了世界前列，未来一定还会有非常大的变化。虽然大部分数字技术和商业模式不是中国原创，但在一些领域，我国的数字金融机构的应用做得非常好，特别是在移动支付和大科技信贷领域，无论市场规模、渗透率还是服务质量，都处于国际领先地位。我国的央行数字货币研发也走在全球主要经济体前列。这些都表明，走数字化的金融强国之路，我国已经打下了非常好的基础。当然，也要清醒地看到，在另外一些领域，尚未取得最后的成功，比如数字保险和智能投顾，也有不少失败的惨痛教训，特别是在个体对个体网络借贷领域。

第五，随着数字金融领域的专项整治政策被常态化监管替代，我国的数字金融创新也在走入新的发展阶段。从创新业务看，拓展的重点可能会从支付、信贷转向保险、投资和央行数字货币。从创新主体看，可能会从过去以科技公司为主转向以金融机构为主。从依托的平台看，过去主要是消费互联网，未来物联网和供应链可能会发挥更大的作用。从创新的主战场看，过去基本上在国内市场，现在已经逐步走向国际市场、跨境交易，国内的一些机构在东南亚市场很受欢迎。总之，我国的数字金融创新还刚刚起了个头，未来还有很多想象的空间。但趋势很清楚，未来数字技术将会被应用到金融的每一个角落、每一个环节。这也说明为什么金融强国建设必然是一个数字化的过程。

第六，金融政策要平衡效率和稳定，同样，金融强国建设也要保持二者之间的平衡。目前，我国的金融政策方向是趋紧，这是因为过去一段时期发生了不少风险、乱象和腐败现象，但在趋紧的过程中需要保留一定的市场空间，如果矫枉过正，可能会影响数字金融创新，最终会妨碍金融强国建设。与此同时，数字金融创新也确实为金融监管带来了新的挑战，数字技术给风险的形成与传导带来许多新的特征，金融监管政策也需要与时俱进，既要做到监管全覆盖，防范化解金融风险，也要积极支持金融创新。央行已经在实行的金融科技创新监管试点的做法，值得进一步改进与推广。